문제를 해결하는 기획

일 처리 5단계 SK 경쟁력의 비밀

문제를 해결하는 기획

한봉주 지음

프롤로그

"선진기업이라 할지라도, 언제까지나 성장할 수는 없다. 외부 환경에 변화가 없다 해도 내부에서 문제를 갖게 되기 때문이다. 외부의 병균이 접근하지 못하는 건강한 육체라도, 그 육체의 성장을 따라가지 못해 생기는 내장 질환에 시달리는 경우가 있는 것과 마찬가지다."

상전벽해桑田碧海라고 할까? 과거의 역사가 말해주듯 기업도 유기체와 같이 끊임없이 흥망성쇠를 반복한다. 우리나라 100대 기업의 지난 30년간 생존율은 16퍼센트, 기업의 평균 수명은 30년에서 조금 모자란다. 세계 500대 기업의 지난 50년간 생존율도 14퍼센트에 지나지 않는다. 이렇듯 현대는 모범답안이 없는 시대다. 과거에는 겪어보지 못한 문제가 늘 발생하기 때문이다. 오늘날처럼 문제를 해결하는 기획이 요구되는 시대는 없었다.

급변하는 환경과 불확실성의 증가로 오늘날의 경영환경은 날로 어려워지고 있다. 이런 환경 아래에서 올바른 대응방안을 만들 수 있는 기획은 기업의 성패를 좌우한다고 해도 과언이 아니다.

기획은 아무도 생각하지 못한 독특한 방법으로 문제를 해결하는 일이다. 그러므로 당연히 힘들고 어렵다. 바로 이 때문에 기획이 더욱 가치를 지니게 되는 것이다.

문제를 해결하는 기획이란 문제가 일어난 후에 그것을 해결하는 기획뿐만 아니라 문제의 발생을 사전에 예방하기 위한 기획을 말한다. 이제 다른 어떤 능력보다 문제를 해결하는 기획력은 현대를 살아가는 직장인들이 갖추어야 할 필수적인 능력이 되었다. 그렇다면 우리가 회사에서 기획을 하는 진정한 이유는 무엇일까?

"인정을 받기 위해"
"능력으로 평가되니까"
"승진하기 위해서"
"돈을 버는 데 필요해서"

……

이밖에 개인의 가치나 성향에 따라 정말 다양한 대답이 나올 수 있다. 하지만 기획을 하는 진정한 이유는 일의 본질을 정확히 이해하고 해결방안을 치열하게 찾는 과정에서 자신의 잠재력이나 가능성을 발견하고 개발하기 위한 것이라 할 수 있다. 그래서 어찌 보면 기획은 회사를 위해서가 아니라 자신을 위한 것이기도 하다.

사실 회사 입장에서 보면 구성원 개개인이 하고 싶은 일에 대해 관심을 별로 갖지 않는다. 뿐만 아니라 그런 일을 하게 하지도 않는다. 오직 기획만이 회사에서 자신이 하고 싶은 일을 하게 만들 수 있는 유일한 방법이다.

자신이 하고 싶은 일을 한다는 것은 열정을 불러일으키는 일이며 자신의 잠재성이나 가능성을 발견하게 만드는 일이다. 궁극적으로 직장이라는 땅 위에 굳건히 발을 딛고 서서, 자신이 꿈꿔 오던 모습을 달성하는 자아실현의 모습을 이룰 수 있게 하는 일이다.

그러나 학교에서 배운 것 가운데 직장생활을 하면서 사용하고 있는 지식이 무엇인가 물어보면 학교 교육의 현실을 그대로 알 수 있다. 예컨대 미분과 적분을 사용한 적이 있는가? 로그 함수를 사용한 적이 있는가? 이러한 질문에 한결같이 사용한 적이 없다고 대답할 것이다.

지금까지 우리가 받은 교육은 특별한 사람을 평범한 사람으로 만든

다음 그중에서 제일 점수가 높은 사람 순서대로 순위를 매기는 시스템이었다. 그러다 보니 어떤 교육에서도 기획하는 법을 배우질 못했다. 심지어 어느 누구도 기획이 중요하다고 말해주는 사람이 없었다. 결국 학교에서의 교육은 직장생활에서 필요 없는 것만 가르치고 있는 셈이다. 그러다 보니 오늘도 직장인은 꿈과 미래를 이야기하는 대신, 하루하루 어렵고 힘든 업무 속에 파묻혀 살아가고 있다.

나는 SK그룹 내 여러 회사SK네트웍스, SK주식회사, SK텔레콤에서 10년 이상 기획업무를 경험하면서 '이렇게 기획하는 게 맞는 건가?'라며 끊임없이 의문을 품었다. 그러다가 '좀 더 논리적으로 접근할 수 있는 방법은 없을까?', '어떻게 하면 좀 더 올바른 시사점이나 결론을 낼 수 있을까?', '뭔가 중요한 해결방안을 빠뜨린 건 아닐까?'라는 질문에 한 가지 공통적인 답변을 발견하게 되었다.

경영계획 수립, 전사 교육체계 수립, 기업문화 개선, 사업전략, 조직구조 개선, HR 제도 등 분야가 다르더라도 문제를 해결하는 방법은 결국 하나로 귀결된다는 것이다. 재료는 다르지만 같은 틀에서 각각 뽑으면 모양은 같으나 맛은 전혀 다른 떡이 만들어지는 것과 마찬가지였다. 이처럼 문제를 해결하는 데 공통적으로 적용할 수 있는 SK 나름대로 틀이 바로 '일 처리 5단계'다.

하지만 문제는 일 처리 5단계에 맞게 기획하는 방법을 배우는 데 왕도가 없다는 것이다. 상사에게 깨지고 여러 가지 시행착오를 겪으면서 경험적으로 터득하는 방법뿐이었다. 더구나 특별한 학습이나 학문적 체계를 갖추고 있지 않을 뿐만 아니라 이론이나 방법론도 확립되어 있지 않아 기획하는 방법도 사람마다 각양각색이었고 더욱이 누구에게 가르치기에는 턱없이 부족했다. 분명히 뛰어난 기획자와 그렇지 않은 기획자 사이에는 무엇인가 다른 것이 있는데도 말이다.

이 책은 회사에서 리더나 구성원들이 무슨 일을 하든, 공통적으로 적용할 수 있는 '일 처리 5단계 기획의 방법'을 내 나름대로의 경험을 바탕으로 정리한 알뜰한 기록이다. 태어날 때부터 기획을 잘하는 사람이라면 이 책이 필요치 않을 것이다. 하지만 그렇지 않다면 뛰어난 기획자의 무엇인가를 구체적으로 인식한 다음 그 방법을 모방해보는 것이, 혼자 비지땀을 흘리는 것보다 훨씬 빠르게 기획하는 방법을 터득하는 길이다.

모쪼록 이 책을 통해 이 시대를 살아가는 많은 직장인이 기획에 대한 편견을 버리고 자기만의 꿈과 희망, 그리고 열정을 이룰 수 있었으면 좋겠다. 어떤 그물에도 걸리지 않고 어떠한 벽으로도 막을 수 없는 오직 당신만의 기획으로 당신의 꿈을 실현해나가길 바란다.

마지막으로 이 책이 독자에게 전달되도록 격려해주시고 애써주신 분들께 진심으로 감사를 드린다. 특히 김홍묵 원장님께 감사의 말씀을

드리고 싶다.

"자신이 지닌 능력을 후배들의 성장을 위해 도움을 주면 좋겠다."는 말씀 때문에 이 책이 세상의 빛을 보게 되었다. 감사하는 마음을 가슴 깊이 새기며 여기에 기록해둔다.

한봉주

차례

프롤로그 4
당신의 기획력 수준을 알아보는 시간 12

Chapter 1 일이란 해결해야 할 문제다
- 문제의 본질은 무엇인가 21
- 문제를 어떻게 발견할 것인가 30
- 문제의 3가지 유형 39
- 문제해결은 어떻게 할 것인가 52

Chapter 2 기획은 문제해결의 수단이다
- 기획은 일의 시작과 끝이다 69
- 문제의식은 기획의 출발점이다 76
- 기획은 하나의 스토리다 86
- 기획에서 기획서까지 93
- 기획에서 필요한 3가지 역량 99

Chapter 3 기획서, 어떻게 작성할 것인가
- 기획서 작성의 기본원칙 113
- 좋은 기획서의 5가지 조건 121
- 기획서 작성의 표준 절차 133
- 기획서를 구조화하라 151

- 문장 표현의 4가지 핵심원칙   155
- 차트를 적절히 활용하라   163
- 상사에게 효과적으로 전달할 수 있는 기획서 작성 요령   169

Chapter 4   일 처리 5단계 기획서 작성방법

- 입체적 Location을 파악하라   184
- 목표 달성을 위한 핵심과제, KFS를 추출하라   200
- KFS 목표 수준을 설정하라   228
- 문제점을 도출하라   242
- 문제점 해결방안의 수립 및 실행   252

Chapter 5   일 처리 단계별 분석 도구

- 격의 없이 자유로운 회합 방식, 캔미팅 도구   267
- 입체적 Location 파악 도구   281
- KFS 추출 및 목표수준 설정 도구   303
- 문제점 도출 도구   315
- 문제점 해결방안 수립 및 실행 도구   321

에필로그   332
참고문헌   335

당신의 기획력 수준을 알아보는 시간

이 책을 읽기 전에 스스로의 기획력에 대해 가볍게 진단해보는 시간을 갖고자 한다. 각각의 문항을 읽고 자신의 상황에 맞는 점수를 적어보자.

1 전혀 그렇지 않다. 2 그렇지 않다. 3 보통이다. 4 조금 그렇다. 5 매우 그렇다.

	나는 평소에	점수	합계
1	문제의 본질에 대해 이야기할 수 있다.		A ( )
2	문제와 문제점은 구분할 수 있다.		
3	예상치 못한 문제가 발생해도 침착하게 문제의 유형을 구분할 수 있다.		
4	문제를 해결하는 구체적인 프로세스를 알고 실행할 수 있다.		
5	기획과 계획의 차이를 이야기할 수 있다.		B ( )
6	어떤 사건이나 현상에 대해 지니고 있는 근본원인을 파악할 수 있다.		
7	자신이 맡은 일을 상대에 따라 적합한 스토리를 만들어 감흥을 줄 수 있다.		
8	상사를 설득시켜 나의 주장을 공감시킬 수 있다.		

9	기획서를 작성하는 나름대로 정해둔 나만의 원칙을 가지고 있다.		C (　)
10	기획서를 작성하는 절차를 가지고 준수하고 있다.		
11	기획서를 상사의 입장에서 작성할 수 있다.		
12	복잡한 내용은 도표(차트)를 이용하여 설명할 수 있다.		
13	일을 다양한 관점에서 입체적으로 분석해서 구체적인 이유와 근거를 제시할 수 있다.		D (　)
14	문제를 해결하기 위해 핵심이 되는 과제나 일을 추출할 수 있다.		
15	도전할 만하고 달성 가능한 일의 목표를 설정할 수 있다.		
16	문제의 근본원인을 찾아내서 해결방안을 분명하게 제시할 수 있다.		
17	미팅이나 회의 시 다양한 도구를 활용해서 창의적인 생각을 이끌어낼 수 있다.		E (　)
18	일을 입체적으로 분석하는 도구를 활용할 수 있다.		
19	핵심이 되는 과제나 일을 추출 및 목표를 설정할 때 도구를 활용할 수 있다.		
20	문제점 도출 및 해결방안을 수립할 때 도구를 활용할 수 있다.		
	총계		

01. 나의 기획력 수준은 어느 정도인가

먼저 총점을 중심으로 나의 기획력 수준을 진단해보자. 평소에 주어진 일을 문제해결 프로세스에 따라 얼마나 체계적으로 수행하고 있으며 자료와 정보를 얼마나 잘 관리하고 있는지, 기획서 작성능력은 어느 정도이고 분석 도구는 얼마나 잘 활용하고 있는지 알려주는 진단이다.

뛰어난 기획자의 점수는 83점이다. 자신의 진단 점수를 보고 어느 정도 수준인지 확인해보도록 한다. 또 어느 부분이 높고 낮은지 알아보고 나름대로 대응전략도 생각해본다.

100점	80점	60점	40점	20점	0점
탁월	양호	보통	부족	위기	

02. 그룹별 점수가 의미하는 것은?

각각의 그룹이 시사하는 점은 다음과 같다.

A · 문제의 본질과 유형, 문제를 해결하는 방법에 대한 점검(Chapter 1)

B · 기획의 목적 및 방법, 필요 역량에 대한 점검(Chapter 2)

C · 기획서 작성 원칙 및 절차, 작성 방법에 대한 점검(Chapter 3)

D · 일 처리 5단계 문제해결 프로세스에 대한 점검(Chapter 4)

E · 일 처리 단계별 도구 활용에 대한 확인(Chapter 5)

03. 당신의 기획력과 뛰어난 기획자의 수준을 비교해보면?

각 그룹별 점수를 다음 표의 기준과 비교해보면 자신의 수준은 어느 정도이며 어느 부분을 보완해야 하는지 알 수 있다.

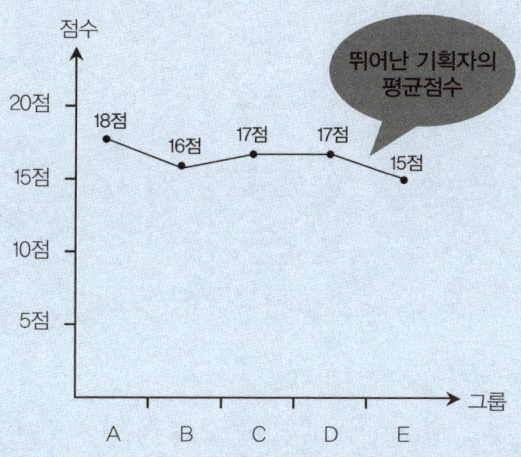

04. 결과 해석

각 그룹별 총 점수에 대한 결과해석을 보고 이 책의 활용방법을 생각해보자.

- 16~20점 : 문제를 해결하는 기획을 하는 데 전혀 문제가 없다. 당신은 각각의 그룹에 해당하는 챕터를 읽을 필요가 없다. 단지 주위 사람들의 기획력을 향상하는 데 도움을 주려면 이 장을 읽어보라.

- 11~15점 : 문제를 파악하고 해결하는 방법과 기획 역량을 이미 가지고 있다. 다만 해당 그룹에 해당하는 챕터를 꼼꼼히 읽고 부족한 점을 찾아 보완할 수 있는 방법을 연구하라.

- 1~10점 : 기획의 초보 단계다. 그러나 지금부터 기획력 향상을 시도해도 늦지 않다. 자신의 기획력을 점검하고 효과적인 역량 향상 방안을 찾아 실천하면 지금이라도 늦지 않다.

Chapter 1
일이란 해결해야 할 문제다

"우리가 가진 중요한 문제들은 그 문제를 만들었을 때와
똑같은 사고 수준에서는 해결이 불가능하다. 질문을 멈추지 않는 것,
그것이 중요하다."
– 알버트 아인슈타인

과거에서 현재까지, 그리고 앞으로도 우리 주위에는 무수히 많은 '일'이 존재했고, 존재하고, 존재할 것이다. 도대체 '일'이라는 것은 무엇을 말하는 것일까? 예를 들어 이집트에 있는 피라미드를 만드는 일을 가정해보자.

이 경우 무거운 돌을 높은 곳으로 쉽게 옮길 수 있는 방법이 일이 된다. 즉 높은 곳으로 무거운 돌을 옮기는 문제가 일인 것이다. 무거운 돌을 아무런 도구도 사용하지 않고 직접 옮길 수도 있지만 돌 아래에 통나무를 깔면 마찰력이 감소하여 힘을 적게 들이면서 끌어올릴 수도 있다. 이처럼 사람들은 아주 오래 전부터 무거운 물체를 쌓거나 옮길 때 지레, 도르래, 빗면 등의 도구를 사용해 쉽게 문제를 처리해왔다.

회사에서의 일도 마찬가지다. 회사에서 일이란 기업 경영에서 발생하는 해결해야 할 문제이다. 지금 아무런 문제가 없다면 그 회사는 일이 없는 것이다. 하지만 그것은 단지 문제가 없는 것처럼 보일 뿐 아직까지 문제가 발생하지 않았거나 발견하지 못했을 뿐이다. 급변하는 환경과 불확실한 상황에서 회사의 성패는 눈에 보이지 않는 문제를 발견하고 해결하느냐 아니면 하지 못하느냐에 달려 있다고 해도 과언이 아니다.

  그렇다면 상사로부터 지시받은 일이나 눈에 보이지 않는 문제를 해결하는 단초는 어디서부터 찾아야 할까? 이런 어려움을 만나면 시야가 좁아져 온통 눈앞의 문제에만 시선이 고정되고 만다. 그러나 이때 숲 전체를 펼쳐 보려고 시도한다면, 그 시도 자체만으로도 현재 문제에 대한 새로운 이해의 실마리를 찾을 수 있다. 이처럼 발생한 문제를 해결하거나 사전에 예방하는 일을 하도록 조직구조와 제도가 설계되어 운영되는 것이 바로 시스템System이라고 할 수 있다.

  결국 회사의 성패는 이 시스템의 운영에 있다. 2013년 포브스Forbes가 선정한 '세계에서 가장 혁신적인 기업 100' 리스트에서 우리나라 기업의 이름은 찾으려야 찾을 수가 없었다. 리쿠텐Rukuten을 비롯한 일본 기업은 11개, 바이두Baidu를 포함한 중국 기업은 5개나 올라있는데 말이다. 다행히 패스트 컴퍼니Fast Company가 선정한 '세계의 가장 혁신적인 회사 50' 리스트에는 삼성이 17위를 차지했다. 하지만 우리나라 기업은 삼성 단 한 곳뿐이다. 왜 그럴까? 우리의 기술력이나 교육 수준, 그리고 혁신에 대한 관심과 노력을 생각할 때 의아한 상황임이 분명하다.

  이는 크고 작은 문제해결 시도들이 마땅히 성과로 이어지는 시스템으로 운영되지 못했다는 것을 의미한다. 대부분은 눈에 보이는 문제로, 특히 이미 발생한 문제를 중심으로 해결을 진행한 탓이라고 볼 수 있다. 더불어 다른 회사의 성공 사례를 벤치마킹하여 그대로 사용한 경우도 많다. 눈에 보이지 않는 문제를 해결해야 하는 필요가 여기에 있다.

  더 중요한 것은 한때 성공한 회사가 몰락하는 이유는 문제가 있어서가 아니라, 그 문제를 발견하는 사람이 없어 해결방안을 실행하지 못했기 때문이라는 것이다. 결국은 사람이 답이다. 그러므로 문제의 본질과 유형을 알고 문제를 해결하는 방법을 터득하는 것이 가장 먼저다.

문제의 본질은 무엇인가

"지금 우리가 보고 있는 것은 단지 껍데기에 불과하다.
중요한 것은 눈에 보이지 않는다.
사람이 어떤 것을 정확하게 볼 수 있는 건 오직 마음으로 볼 때이다."
– 생 텍쥐페리, 《어린 왕자》 중에서

어떤 사람의 눈에는 확실하게 보이지만, 어떤 사람의 눈에는 전혀 보이지 않는 문제가 있다. 엄밀히 말해 눈에 보이지 않는다고 해서 문제가 없는 것은 아니다. 아직까지 문제를 발견하지 못했거나 인식하지 못하고 있을 뿐이다. 예를 들어 2001년 미국의 911테러의 경우 미국의 입장에서 보면 테러는 의심할 여지 없는 범죄이며 문제다. 그러나 테러를 자행한 오사마 빈 라덴Osama bin Laden은 종교적 신념을 근거로 '테러가 곧 정의'라며 자신의 행위를 정당화시켰다. 문제에 대한 인식이 결여된 것이다.

이와 같이 입장이나 장소, 시대 상황에 따라 문제를 보는 시각은 사람마다 달라진다. 그렇다면 변하지 않는 진리인 죽음의 경우는 어떨까? 사람은 누구나 언젠가는 죽는다. 그러나 죽는 방법은 사람마다 다르다. 집이나 병원에서 숨을 거두면 문제라고 여기지 않는다. 하지만 교통사고로 죽으면 '문제가 있다'라고 생각한다. 자살하는 경우에는 어떨까? 또 일터에서 일하다 죽은 경우에는 어떨까? "거리에서 사람을 죽이면 범죄자가 되지만, 전쟁에서 사람을 죽이면 영웅이 된다."는 찰리 채플린Charles Chaplin의 말처럼 무엇이 문제인지를 결정하기란 쉽지 않다. 문제라는 단어만큼 사용하는 사람이나 상황에 따라 자의적으로 사용되는 말도 없는 것 같다.

우선, 눈에 보이는 문제에 대해 생각해보자. 휴대전화가 고장 나서 전화통화를 못하고 있다면 누구나 문제가 발생했다고 생각한다. 음식이나 의약품 같은 사람에게 직접적인 것들, 나아가 회사의 제도나 전략과 같은 조직적 산물 또한 본래의 기능을 수행하지 못하면 우리는 문제가 발생했다고 판단한다.

그러나 문제는 '휴대전화 고장'처럼 눈에 보이는 것만 있는 것이 아니다. 오히려 눈에 보이지 않는 문제가 압도적으로 많다. 그런데도 대부분의 사람들은 눈에 보이거나 들은 것만으로 문제의 내용이나 심각성을 판단하곤 한다. 이러한 오류를 피하려면 '팩트Fact'에 대한 객관적인 평가를 바탕으로 상호간의 관계를 정확하게 파악해, 놓치거나 누락된 부분은 없는지 살펴보고 팩트을 밝히는 습관이 필요하다.(기업에서는 '사실'이라는 말보다 '팩트'라는 말을 많이 사용한다. 그러므로 이 책에서는 팩트라는 용어를 사용하기로 한다.)

이처럼 문제를 발견한다는 것은 쉬운 일이 아니다. 더구나 눈에 보이는 문제는 언제든지 쉽게 대처가 가능하지만 눈에 보이지 않는 문제는 문제인지 모르고 쉽게 지나치거나 간과하는 경우가 많다. 예를 들어 우리나라 국민 사망원인 1위인 암의 경우를 보면, 겉으로 드러나지 않는 암세포의 존재를 깨달았을 때는 이미 치료시기를 놓친 경우가 적지 않다. 회사에서의 문제도 마찬가지다. 문제가 발생한 뒤에 허겁지겁 대책을 강구하는 일보다 더 중요한 일은 눈에 보이지 않는 문제를 발견하고 그것이 중요한 문제인지 아닌지, 긴급한 문제인지 아닌지, 또 근본원인은 무엇인지를 명확하게 이해해 사전에 예방하는 것이다. 복구보다는 사전 예방이 비용이나 시간의 손실이 훨씬 적게 들기 때문이다. 그런 면에서 보면 회사는 문제를 사전에 발견하여 예방하는 일을 하며 운영되는 시스템이라고 할 수 있다.

일이란 문제의 해결방안 수립과 실행이다

회사에서 직장인이 필요한 문제 발견 능력이란 한마디로 '눈에 보이지 않는 문제를 간파하는 능력'이다. 예컨대 건설 현장에서 작업인부가 추락해 사고를 당했다고 하자. 추락사고가 발생한 것은 보이는 문제이다. 그렇다면 보이지 않는 문제는 무엇일까?

이 질문은 사고의 근본원인이 무엇인지 따져보아야 한다는 것이다. "왜 추락했을까?", "인부의 부주의 때문인가?", "인부는 안전장치를 착용하고 있었는가?", "안전 시설물은 제대로 설치되어 있었는가?" 등이 눈에 보이지 않는 문제다. 문제를 발견한다는 것은 이처럼 보이지 않는 문제의 원인을 파악하는 것을 말한다. 만약 안전지침이나 시설물 기준을 준수하지 않아 사고가 발생한 것이라면, 미리 확인하는 과정만 있었어도 사고를 예방할 수 있었을 것이다. 눈에 보이지 않는 문제를 간파해야 하는 중요성이 여기에 있다.

회사에서 눈에 보이지 않는 문제는 "어떻게 하면 시장점유율을 높일 수 있을까?", "어떻게 하면 구성원의 실력을 향상시킬 수 있을까?", "고정 비용을 줄이려면 어떻게 해야 할까?" 등 무수히 많은 경우가 있다. 일의 중요성이나 긴급성의 차이는 있겠지만, '신규투자'와 같이 중요한 일이 있는가 하면, '회의'와 같은 긴급하지 않는 일도 있다. 이처럼 회사에는 많은 '일'이 존재한다.

그렇다면 회사에서의 '일'이라는 것은 무엇을 말하는 것일까? 공통점은 '의사결정이 요구'된다는 것이다. 다시 말하면, 의사결정이 요구되는 '문제의 해결방안 수립과 실행'이라는 의미를 가지고 있다. 예를 들어 신규투자의 해결방안은 투자를 할 것인지, 아니면 하지 않을 것인지를 의사결정하고 나서 그것을 실행하는 것이다. 회의의 경우 중요성이나 긴급성을 고려해서 안건을 선정하여 논의한 후 의사결정이 내려지면 문제가 해결된 것이다.

일반적으로 해결방안을 실행에 옮기는 것은 자신이 내린 의사결정을 되돌릴 수 없다는 것을 의미한다. 예를 들어 의사결정자가 중국에 신규투자를 하기로 의사결정을 해서 실행했다면 바로 투자 금액을 회수하는 것은 불가능하다. 회의도 마찬가지로 회의가 끝나고 나서 안건 산정이 잘못됐다고 후회해 본들 소용이 없다. 따라서 일을 할 때는, 특히 되돌리기 어렵고 중요한 의사결정을 해야 하는 문제라면 더더욱 올바른 해결방안이 필요하다.

문제란 바람직한 수준과 현재 수준 간의 차이다

앞서 일이란 의사결정이 요구되는 '문제의 해결방안 수립과 실행'이라고 정의했다. 그렇다면 '문제의 본질'은 무엇일까? 신규투자로 새로운 성장 동력을 만드는 바람직한 수준과 현재 수준의 차이, 적합한 안건으로 회의하는 바람직한 수준과 현재 수준의 차이라고 할 수 있다.

결국 문제는 '바람직한 수준 To-be과 현재 수준 As-is 간의 차이 Gap'이며, '해결이 필요한 문제'이다. 기업에서는 바람직한 수준을 '목표'란 말로 바꾸어 사용하고 있다. 한마디로 바람직한 수준은 '어떻게 되었으면 좋겠는가?' 하는 미래의 전망을, 현재 수준은 '어떻게 되어 있는가?' 하는 지금의 상태를 말한다. 여기서 '차이'는 바람직한 수준과 현재 수준

[그림 1-1] 문제의 본질

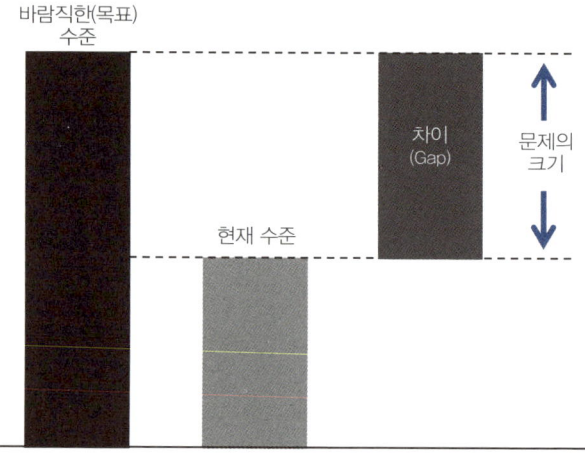

이 어긋났음을 의미한다. 그 어긋남이 크면 클수록 간격은 더 벌어지고 차이는 더 커진다. 만약 두 수준이 일치한다면 바람직한 수준과 현재 수준 사이에는 어긋남이나 간격이 존재하지 않는다. 그러면 문제도 존재하지 않는 것이다.

두 수준을 비교할 때는 동일한 기준을 적용해야 한다. 예컨대 바람직한 수준의 기준은 길이 단위인 미터$_m$로 표시하고, 현재 수준의 기준은 무게 단위인 그램$_g$으로 표시한다면 서로를 비교할 수 없다. 수준을 비교할 수 없으면 둘 사이의 차이를 발견할 수 없고 당연히 문제가 무엇인지도 가늠할 수 없다. 즉 문제는 두 수준이 비교되지 않으면 차이를 측정할 수 없고, 측정할 수 없으면 문제를 해결할 수 없는 것이다.

예를 들어 올해 매출 목표를 1000억 원으로 설정했고 현재까지 매출이 600억 원이라면 그 차이는 400억 원이므로 '매출 400억 원 미달'이 문제다. 제품 생산성을 95퍼센트로 설정했지만 현실적으로는 90퍼센트에 머물렀다면 '생산성 5퍼센트 저조'가 문제다. 또 마케팅 기획서를 보고하기로 약속한 기간이 3개월이었는데 4개월이 걸렸다면 '1개월 보고 지연'이 문제다. 이와 달리 '키가 작다'는 문제는 해결이 불가능하다. 이처럼 해결할 수 없거나 해결할 의사가 없는 대안은 문제로 취급할 필요가 없다.

바람직한 수준에서 '바람직한'이란 말은 두 가지가 충족되었을 때 성립한다. 첫 번째는 그 결과에 대해 자기 자신이 만족해야 한다는 것이다. 이러한 태도를 심리학에서는 '미켈란젤로 동기 Michelangelo Motive'라고 부른다.

미켈란젤로가 티칸 시스틴Sistine 성당에 4년에 걸쳐 아무의 도움도 받지 않고 343명의 인물이 들어간 천정 벽화를 그렸다. 벽화 크기가 183평방미터나 되는 대작이었다. 하루는 사다리에 올라가 천장 구석에 인물 하나하나를 꼼꼼히 그려넣고 있었다. 그때 그가 고생하는 모습을 보고 한 친구가 이렇게 말했다.

"이보게, 그렇게 구석진 곳에 잘 보이지도 않는 것을 왜 그려 넣으려고 그 고생을 하는가? 그래 봤자 누가 알겠는가?"

미켈란젤로가 대답했다.

"그거야 내가 알지."

미켈란젤로처럼 누가 알아주든 말든, 잘 보이지 않는 구석구석까지 혼신의 힘을 다해 자신이 만족할 수 있는 상태가 '바람직한 수준'이라고 할 수 있다.

두 번째는 그 결과를 사회가 인정해야 한다는 것이다. 자기 자신이 만족한다고 해도 사회가 그것을 인정하지 못하면 바람직한 것이 아니다. 회사에서 일하는 것이라면 회사가 인정해야 한다. 예를 들어 직장생활을 하다 보면 퇴근 후 동료들과 밤늦게까지 술을 마시는 경우가 흔히 있다. 하지만 이는 본인 입장에서는 스트레스를 푸는 행위일지 몰라도 가족 입장에서 보면 인정하기 힘든 행위다. 즉 밤늦게까지 술을 마시는 행동은 바람직한 수준이 아닌 것이다.

정리해보자. 일에는 '문제'와 '해결방안'이라는 두 가지 측면이 존재한다. 다시 말해 일에는 바람직한 수준과 현재 수준 간의 차이에서 발생하는 '문제'와 여기에서 파생되는 '해결방안'이 존재한다. 그러므로 '일을 한다'는 것은 바람직한 수준과의 차이인 '문제'를 발견하고, 그 문제를 해결하기 위한 구체적인 '해결방안'을 수립해서 실행하는 작업이라 할 수 있다. 그래서 기업이 망하는 건 문제가 있어서가 아니라, 그 문제를 발견하는 사람이 없어 해결방안을 실행하지 못했기 때문이다. 결국은 사람에게 답이 있다.

누군가 당신에게 '회사에서의 일이란 무엇입니까?' 라고 묻는다면 당신은 뭐라고 답하겠습니까?

_____
_____
_____
_____
_____
_____
_____
_____

문제와 문제점에 대해 자신만의 정의를 내려봅시다.

문제란 _____ 이다.

문제점이란 _____ 이다.

문제를 어떻게 발견할 것인가

> "단 한 번도 실수해보지 않은 사람은 한 번도
> 새로운 것을 시도한 적이 없는 사람이다."
> – 알버트 아인슈타인

　환경의 변화가 적은 시대에는 주어진 질문에 올바르게 대답하는 것에 중점을 두었고, 해결방안들도 어쩌면 미리 정해져 있는 경우가 많았다. 또한 그런 해결방안들 가운데 가장 적절한 방안을 고르기만 해도 간단히 문제를 해결할 수 있었다.
　하지만 오늘날 같은 불확실성 시대에는 과거의 판단기준이나 경험으로 어떠한 현상이나 사물을 올바르게 이해한다는 것이 쉬운 일이 아니다. 그럼에도 회사의 성패는 얼마나 적극적으로 눈에 보이지 않는 문제를 발견하고 해결하느냐에 달려 있어서 그 어느 때보다 문제해결력이 중요해졌다. 이런 새로운 환경에서 '지금까지 이렇게 해왔으니까' 하는 수동적인 태도로 상사가 지시한 일만 한다면 결코 문제를 발견하지도, 해결할 수도 없다. 그러나 다행히도 문제가 발생하기를 기다리는 것이 아니라 '어떤 문제가 숨어 있는가?'를 찾기도 하고, '어떤 문제를 해결해야 하는가?'를 적극적으로 생각해서 일하는 사람도 있다. 직장에서의 성공은 여기서 확연히 달라진다.

문제가 없다는 것 자체가 가장 큰 문제

최근 불황을 겪고 있는 기업 CEO들의 상당수가 "도대체 문제의 원인이 무엇인가?"라고 토로한다. 즉 문제가 무엇인지조차 모른다는 얘기다. 반면 "우리 회사는 아무 문제가 없다."는 CEO들도 있다.

일이란 기업 경영에서 발생하는 문제를 해결하는 것이다. 아무 문제가 없다면 해야 할 일이 없다는 것인데, 이런 경우 대개 문제가 없는 것처럼 보일 뿐이지 아직까지 문제가 일어나지 않았거나 찾지를 못했을 뿐이다. 그리고 보면 '문제가 없다'는 생각 자체가 가장 큰 문제인 셈이다.

문제가 무엇인지 모르는 경우는 3가지 원인에서 비롯한다. 첫째, 정보가 부족해서 문제를 발견할 수 없는 경우이다. 둘째, 정보는 있지만 문제를 도출하는 방법을 모르는 경우이다. 셋째, 경험이 부족해서 문제를 분석하는 능력이 부족한 경우이다.

결국 무엇이 문제인지 발견할 수 있다면 문제의 절반은 해결되었다고 판단해도 과언이 아니다. 하지만 반대로 나머지 절반을 생각해보면 문제를 발견하는 것은 결코 쉬운 일이 아니며, 문제를 발견하지 못했다면 아무리 해결을 시도해도 성공할 수가 없다. 그래서 문제해결 과정에서 가장 중요하고 어려운 부분이 바로 '근본적인 문제를 발견하는 것'이라는 것이다.

앞에서 문제란 '바람직한 수준과 현재 수준 사이의 차이'라고 정의했다. 공식으로 표현하면 다음과 같다.

$$문제 = 바람직한\ 수준 - 현재\ 수준$$

아래의 사례를 읽고 A씨의 입장에서 문제는 무엇인지 생각해보자.

> A씨는 오랜만에 고향 후배를 만나 술을 마시고 집으로 돌아가기 위해 차를 몰았다. 집에 가는 도중 갑자기 내린 폭우로 길이 미끄러워졌고, 그로 인해 도로 곳곳에 빗물이 고인 웅덩이가 생겼다. A씨는 때마침 나타난 도로의 빗물 고인 웅덩이를 피하려다 교통사고가 나서 병원 응급실에 실려 가야 했다. 이 경우 무엇이 문제일까?

각자의 생각에 따라 다양한 답이 나올 수 있다. '음주운전이 문제다',

'폭우가 문제다', '빗물이 고인 웅덩이가 문제다', '고향 후배를 만난 것이 문제다', '차를 가져간 것이 문제다', '도로관리를 방치한 관할 도로관리공단이 문제다' …….

똑같은 상황을 두고 왜 이런 다양한 답변이 나오는 것일까? 문제를 보는 시각이 사람마다 다르기 때문이다. 시각이 달라지는 주요 원인은 크게 3가지로 정리해볼 수 있다.

첫째, 상황을 미리 예측하여 판단하기 때문이다. 둘째, 부분적인 것에 집착하여 전체를 보지 못하기 때문이다. 셋째, 객관적으로 판단하지 못하기 때문이다.

자, 그렇다면 무엇이 문제인지 찾아보자.

먼저, A씨 입장에서 바람직한 수준은 무엇인가? 음주운전을 했든 안 했든, 폭우가 내리건 말건, 빗물이 고인 웅덩이가 있든 없든, 집에 무사히 도착하기만 하면 된다.

다음으로 현재 수준은 어떠한가? 교통사고가 나서 병원 응급실에서 치료를 받고 있다. 마지막으로 두 수준의 차이를 도출해보면, 집에 무사히 도착하지 못하고 교통사고가 발생한 것이다. 즉 '교통사고 발생'이 문제인 것이다. 음주운전, 폭우, 빗물이 고인 웅덩이는 '문제의 원인'이 되며, 이러한 문제의 원인 가운데 해결방안을 수립하고 실행할 수 있는 음주운전과 빗물에 고인 웅덩이를 '문제점'이라고 한다. 이 두 가지 문제점 중에서 자신의 힘으로 통제할 수 있는 음주운전이 근본적인 문제점이고, 자신의 힘으로 통제할 수 없는 폭우는 제약조건이 된다.

문제의 재발을 막기 위해서는 근본적인 문제점을 발견하는 것이 매우 중요하다. 사실 일상생활에서는 문제와 문제점을 특별히 구별하지 않는다. 하지만 기획에서는 이 두 가지가 분명히 다르기 때문에 꼭 구분해서 사용해야 한다. 그 이유는 문제점을 지적할 때에는 그것을 해결할 방안까지 내놓을 수 있어야 하기 때문이다. 때로는 문제점을 알면서도 해결할 수 없거나 필요가 없는 경우가 있는 탓이다.

일반적으로 하나의 문제에 대해 문제점은 여러 가지로 나타날 수 있다. 다만 문제점이라도 대책을 세울 수 없거나 굳이 해결할 필요가 없는 문제점은 제외해야 한다. 즉 결과로 일어난 것이 문제이고 문제점은 문제의 원인 중에 대책을 세울 수 있는 것이거나 개선이 가능한 것을 말한다. 그래서 기획에서의 문제점과 개선점은 같은 의미로 쓰인다.

그렇다면 '문제를 해결한다'는 의미는 무엇인가? 바로 바람직한 수준과 현재의 수준을 동일한 수준으로 맞춰서 문제의 크기를 0으로 만드는 과정이라고 할 수 있다. 나아가 '일을 한다'라는 것은 문제를 해결하는 과정이 된다. 따라서 문제를 해결하려면, 즉 일을 하려면 문제점을 파악하는 것이 중요하다. 여러 가지 원인들 중에서 대처할 수 있는 것과 없는 것을 구별하여 대처할 수 있는 문제점으로 분류한 것에 대해 해결방안을 도출해야 한다는 뜻이다.

위의 사례처럼 음주운전이라는 근본적인 문제점을 알게 되면 몇 가지 해결방안을 생각해낼 수 있다. 교통사고 전과 후로 문제의 크기를 0으로 만드는 해결방안을 보면, 사고 전 해결방안으로는 '술을 마실 것 같으면 차를 가져가지 않는다', '가지고 갔더라도 대리운전이나 대중교통을 이용한다' 등을 들 수 있다. 반면 사고 후 해결방안으로는 '관할 도로관리공단에 연락해서 도로에 있는 웅덩이 보수를 요청한다' 등을 들 수 있다.

이와 같이 문제점은 원인 중에서 대책을 세울 수 있고 대책을 세울 필요가 있는 것을 말한다. 이 두 가지 요건을 합해 '해결해야 하는 원인'이라고 한다. 반면 원인이라고 생각할 수는 있지만 문제점이 아닌 경우도 있다.

> 예1 | 지구온난화를 야기하는 화석연료 사용을 제한하는 '교토의정서'에 의해 새로운 법률이 발표돼 기존 설비로는 더 이상 제품을 생산할 수 없게 되었다. 하여 설비 교체에 지불한 비용 때문에 이번 분기의 이익이 감소했다.

> 예2 | 이라크에 직접 투자해서 원유 플랜트를 건설하는 도중에 이라크 전쟁이 발발하여 프로젝트가 중단되었다.

〈예1〉의 경우는 법률에 의해 이익이 감소되었고, 〈예2〉의 경우는 이라크 전쟁이 일어나 프로젝트가 중단되었다. 모두 원인을 확실히 알 수 있지만, 기업으로서는 어떻게 손을 쓸 방법이 없기 때문에 문제점으로 지적해 논의해봐야 별 의미가 없다. 이처럼 대책을 마련할 수 없는 원인은 문제점이라고 할 수가 없다.

1912년 4월 15일에 침몰한 타이타닉호의 문제와 문제점들이 무엇인지 잠시 생각해보자.

· · ·

화이트 스타 회사의 호화 여객선인 5만 2천 톤의 타이타닉호가 1912년 4월 10일 잉글랜드 남해안의 사우샘프턴을 떠나 뉴욕으로 처녀 항해에 나섰을 때, 이 배는 그때껏 물에 떴던 최대의 선박이었다.

그러나 타이타닉호는 목적지에 닿지 못했다. 나흘 후 오후 11시 40분, 호화로운 에드워드 왕조풍 건조물이자 과학기술적 쾌거의 상징인 이 거대한 배는 맑은 하늘을 뒤로 하며 빠른 속도로 고요한 바다를 나아가던 중 빙산과 충돌했다. 충돌의 여파로 타이타닉호 측면에는 길고 깊은 상처가 생겼고, 이 거대한 배가 결코 침몰하지 않게 도와줄 것이라 믿었던 수밀격실水密隔室에는 하나씩 물이 차기 시작했다.

점차 공포가 고조되면서 2시간 40여 분이 지나자, 타이타닉호는 65도 각도로 기울어졌으며, 뱃머리 쪽부터 대서양의 얼음 같은 물 밑으로 가라앉기 시작했다. 고작 20대의 구명보트에는 2200명의 승무원과 승객 중 절반만이 탈 수 있었고, 그나마 일부는 반쯤 빈 채로 물에 띄워졌다. 다음 날 아침 정기선 카르파티아호가 705명의 생존자를 구해냈지만, 타이타닉호의 선장

에드워드 스미스를 포함한 1,517명은 배와 함께 가라앉았다.

· · ·

타이타닉호의 문제는 무엇인가?

_____
_____
_____
_____
_____
_____
_____

문제점들은 무엇인가?

_____
_____
_____
_____
_____
_____
_____
_____
_____

문제의 3가지 유형

"아는 것이 힘이다."
— 프랜시스 베이컨

회사에서 자신이 직면한 문제가 어떤 유형에 해당되는지는 반드시 파악해야 한다. 왜냐하면 문제를 해결하는 과정과 방법의 형태가 문제의 유형에 따라 달라지기 때문이다.

회사에서 현재의 수준과 바람직한 수준과의 차이에서 발생하는 문제는 미래의 것이냐, 과거와 현재의 것이냐에 따라 '이상추구형', '원상회복형', '사전해결형' 3가지 유형으로 나눌 수 있다.

이상추구형은 앞으로 어떻게 할 것인가 하는 경영차원의 문제이다. 원상회복형은 이미 일어난 실무차원의 문제이고, 사전해결형은 개선하고자 하는 관리차원의 문제이다. 이미 일어난 문제는 원인지향적이고, 미래를 위한 문제는 목적지향적이다. 그럼 우리가 외출하기 전에

[그림 1-2] 문제의 유형

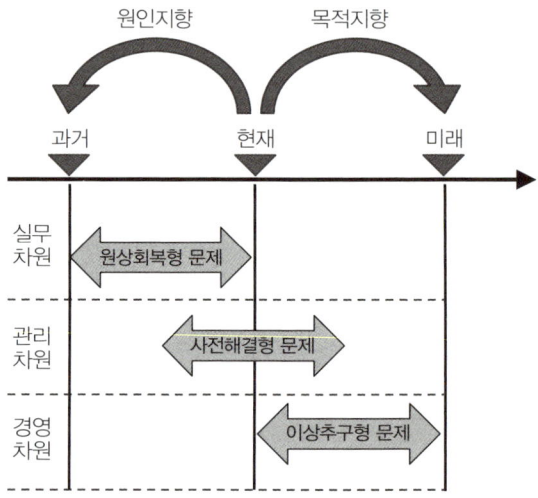

하는 행동으로 문제의 유형을 구분해보자.

이상추구형 문제는 화재나 도둑을 방지하기 위해 미리 소화기나 보안시스템을 설치하거나 점검하는 것이다. 사전해결형 문제는 외출하기 전에 화재의 위험이 있는 가스레인지의 불을 끄는 것, 합선 위험이 있는 3개 이상 코드가 꽂힌 콘센트에서 코드를 뽑는 것, 귀가하는 길에 콘센트를 구입해 와서 한 콘센트에 코드를 2개씩만 꽂는 것 등이다. 원상회복형 문제는 외출하고 돌아와 보니 도둑이 들어 귀중품을 도난당한 경우 경찰에 신고를 하는 것을 들 수 있다.

이상추구형 문제

[그림 1-3] 문제의 유형별 특징

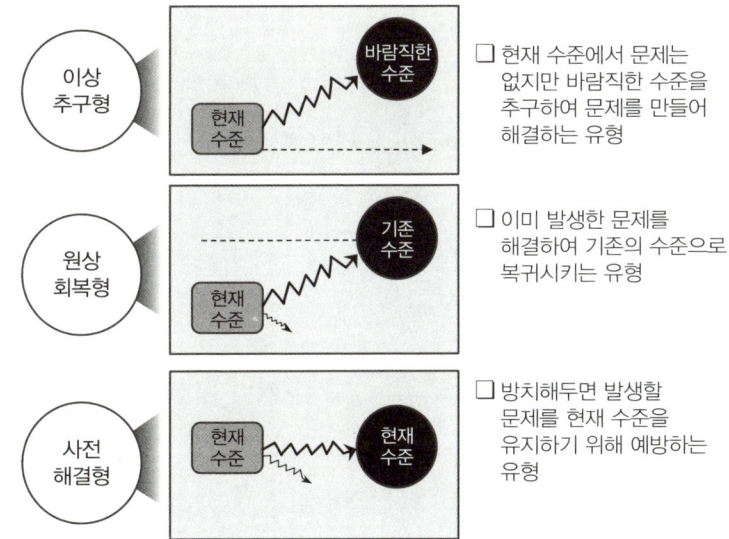

이상추구형 문제는 현재 수준에서 특별한 문제가 발생하지 않아 별다른 조치나 해결 노력이 필요치 않지만, 바람직한 수준을 더 높게 추구함으로써 '문제가 아닌 것을 문제라고 인식하는 것, 소위 의도적으로 만든 문제'라고 할 수 있다. 다시 말해 보다 높은 바람직한 수준을 새로 설정함으로써 의도적으로 만들어낸 문제이다.

이것은 현재의 만족스러운 수준을 거부하고 더 높은 목표를 지향하도록 만드는 데 목적이 있다. 회사의 CEO가 교체되었을 때에는 안정적인 경영 상황임에도 불구하고 현재 수준을 위기로 간주하여 새로운 비전바람직한 수준을 수립하곤 하는데 이것이 대표적인 예이다. 매년 수립하는 조직의 경영계획도 마찬가지 경우라고 할 수 있다.

이상추구형 문제는 두 가지로 나눌 수 있다. 하나는 전혀 새로운 목표를 설정하는 '개발문제'이고, 또 다른 하나는 미래의 위험에 대한 '회피문제'이다. 개발문제는 지금까지 경험해보지 않은 전혀 새로운 분야에 진출하는 신제품 개발, 사업 다각화, 합병·제휴와 같은 사업 재구축, 현지에 공장을 건설하는 해외 진출 등 새로운 기회를 창출하기 위한 경우에 발생하는 문제를 말한다.

회피문제는 미래의 다양한 위험을 예상하여 미리 대책을 준비해두기 위한 문제이다. 가령 급격한 환경 변화나 강력한 경쟁사의 출현, 자연재해, 전쟁이나 테러 등 미래에 발생할 수 있는 다양한 위험에 대응하는 문제다. 위험 자체를 회피할 수 없다면 위험에 닥쳤을 때 손실을 최소한으로 줄일 수 있는 방법을 찾아야 하기 때문이다.

이 문제 유형에서 유의할 점은 사람마다 가치관이나 입장, 시간의 흐름 등에 따라 바람직한 모습이 다양하기 때문에 바람직한 수준을 어디에 둘 것인가 하는 점이다. 덧붙이면 바람직한 수준이 너무 높으면 문제를 해결하려는 의욕이 상실되고, 반대로 수준이 너무 낮으면 문제해결에 도전하려는 의욕이 생기지 않는다.

또한, 바람직한 수준이 명확하지 않으면 예상되는 문제를 도출하거나 구체적인 해결방안을 수립하기가 어렵다는 점도 고려해야 한다. 이를 해결하기 위해서는 주어진 시간과 가용자원 한도 내에서 도전할 만

[그림 1-4] 이상추구형 문제의 영역

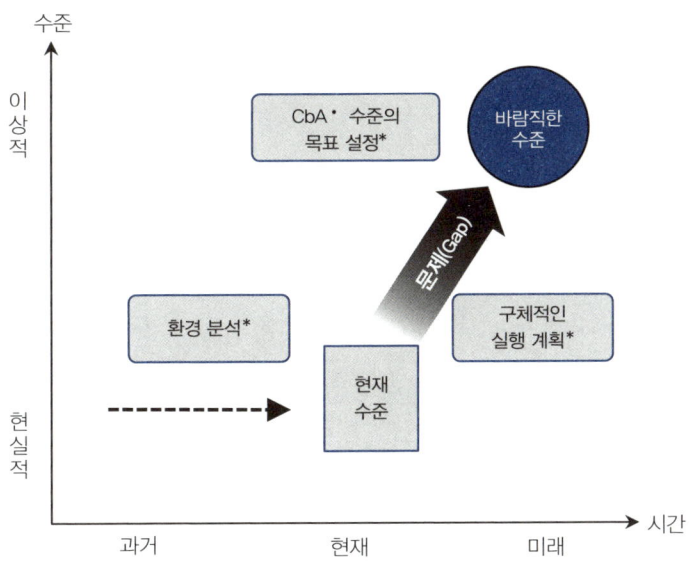

- Challenging but Achievable, 도전할 만하고 달성 가능한 목표 설정
* 표시는 과제의 영역을 나타냄

하고 달성할 수 있는 CbA$_{Challenging\ but\ Achievable}$한 목표를 설정하는 것이 바람직하다. 그리고 그 목표 수준과 현실이 얼마나 다른가$_{Gap}$ 하는 문제를 분석하여 구체적인 해결방안을 수립해야 한다.

원상회복형 문제

원상회복형 문제는 한마디로 이미 일어난 문제를 말한다. 원래의 바람직한 수준과 현재 수준의 차이에 대한 원인을 규명하여 원래의 수준으로 회복함과 동시에 그 수준을 지속적으로 유지하고자 재발을 방지하기 위한 문제라고 할 수 있다. 문제의 소재가 명확하기 때문에 넓은 의미에서 보면 '눈에 보이는 문제'이다.

제품 불량, 고객 불만, 교통사고 등 객관적으로 문제를 인지할 수 있다는 것이 이 문제의 특징이다. 한마디로 말하면 '엎질러진 물'이라고 할 수 있다. 우선 이 문제를 인지했을 때에는 엎질러진 물에 대해서 왜 문제가 발생을 했는지와 무엇이 문제인지를 규명하고 원인을 찾아내 이에 대한 대책을 강구해야 한다. 원인을 규명할 때는 바닥이 미끄러웠는지, 컵이 불량인지 등 사실에 근거해서 정확한 근본원인을 파악해야 한다.

이렇게 하는 이유는 문제의 재발을 방지하기 위해서이다. 가령 지붕에서 물이 새서 바닥이 미끄러웠다면 이를 보수하는 것이 근본적인 해결이라고 할 수 있다. 이때 만약 물받이 양동이를 교체했다면 문제의 원인을 잘못 판단한 것이므로 엉뚱한 해결을 한 것이 된다.

문제가 발생했는데 눈에 드러난 현상에 대해서만 대증요법을 취한다면 근본적인 해결이 되지 않는다. 바닥이 미끄러웠던 근본원인인 물이 새는 지붕은 보수하지 않은 채 바닥 청소만 한다면, 다음에 비가 내릴 때에도 바닥은 다시 젖을 것이다. 즉 문제가 재발할 것이다.

이를 해결하려면 팩트를 기반으로 현재 문제의 상태를 파악하고 원

[그림 1-5] 원상회복형 문제의 영역

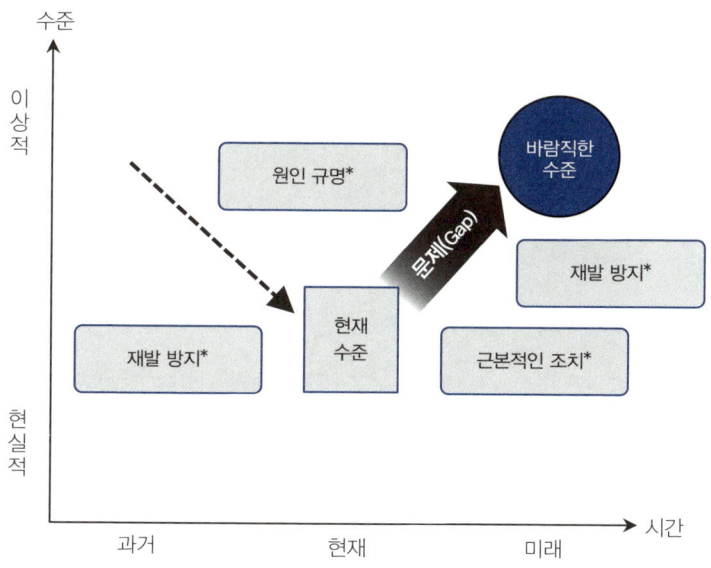

*표시는 과제의 영역을 나타냄

인을 정확히 규명해야 한다. 예를 들어 어떤 사람이 빈번하게 두통을 앓는다. 집에 있는 두통약을 먹고 괜찮아졌지만, 근본적인 치료라고 할 수는 없다. 얼마 지나지 않아서 다시 두통이 생길 수 있기 때문이다. 이 경우 병원을 방문하여 정밀 진단을 통해 정확한 근본원인을 밝혀야 한다. 두통의 원인이 시력에 맞지 않는 안경이나 뇌종양으로 나타난다면 전혀 다른 치료가 필요할 것이므로 두통약 복용은 대증요법에 지나지 않는다. 이처럼 문제의 원인은 발생한 다양한 팩트를 정확히 분석해야 알 수 있다.

원상회복형 문제를 잘 관찰해보면, 미리 설정한 목표나 기준에서 벗어난 '일탈문제'와 예정 목표나 과제가 달성하려는 기대에 미치지 못한 '미달문제'로 나눌 수 있다. 예컨대 토익시험에서 800점을 목표로 공부했다고 하자. 그런데 성적을 받아 보니 700점이었다. 700점을 받은 건 되돌릴 수 없는 팩트다. 즉 목표를 달성하지 못했으므로 목표에서 벗어난 일탈문제에 해당한다.

한편, 다음 달 토익시험을 일찍 준비하기로 마음먹고 지난달 시험의 오답노트를 작성하기로 했다고 하자. 하지만 회사의 급한 업무로 인해 당초 목표한 대로 오답노트를 정리할 수 없었다면 이는 시험 결과와 상관 없이 당초 목표한 일정에 맞추지 못한 것이므로 미달문제로 볼 수 있다. 즉 일탈문제는 최종 목표의 수행 여부를, 미달문제는 일정기간을 두고 달성 여부를 가리는 좀 더 작은 개념이라고 보면 된다.

사전해결형 문제

사전해결형 문제는 현재는 딱히 드러난 문제가 없지만, 이대로 방치해두면 미래에 큰 문제가 발생할 것으로 예측해 의도적으로 문제를 만들어 미리 해결하려는 문제를 말한다. 미래를 위해 잠재적 리스크를 분석하면, 당연히 현재 수준과의 사이에 차이가 발생하고 문제가 나타난다. 즉 일이 벌어지고 나서 당황하며 대처하는 것보다 사전에 미리 예방방안을 마련해둠으로써 적절한 대응이 가능하다는 것이다.

이 문제는 현재 수준에 만족하지 않고 '이대로 괜찮은가?', '좀 더 개선할 여지가 없을까?' 하고 한번쯤 의심해볼 때 나타난다. '나타난다'라고 표현한 이유는 문제의식이 없으면 보이지 않는 문제이기 때문이다. 예를 들면 누구나 자동차를 안전하게 운행하기를 원한다. 안전한 운행을 가로막는 문제들 중에 미끄러짐이 있다. 그래서 자동차의 미끄러짐을 발생시키는 여러 가지 문제점을 찾아낸다. 그중에서 비가 오거나 눈이 내릴 때 미끄러짐 현상이 발생하기 쉽다는 점에 주목한다. 그래서 평소에 타이어 마모 상태를 자주 점검해 교환 조치를 취하는 등 가능한 한 위험 요인을 제거한다.

이렇게 눈에 보이는 문제는 해결하기 쉽다. 하지만 눈에 보이지 않는 문제일 때에도 '이대로 괜찮을까?', '위험을 사전에 예방하는 방법은 없을까?' 하는 문제의식을 가질 때 해결방안을 찾을 수가 있다. 위의 예를 보면 미끄러짐이 발생했을 때를 대비하여 핸들 조작법을 연습하거나 에어백을 장착하고 보험에 미리 가입을 해두는 것이다. 그러나 이러한 예방방안을 마련하더라도 문제점을 100퍼센트 미연에 방지하기란 어렵다. 가령 미끄러짐을 방지하고자 비나 눈이 오는 것을 멈추게 할 수는 없다. 다만 비나 눈이 내릴 때 자동차를 운행하지 않는 것은 가능하다.

[그림 1-6] 사전해결형 문제의 영역

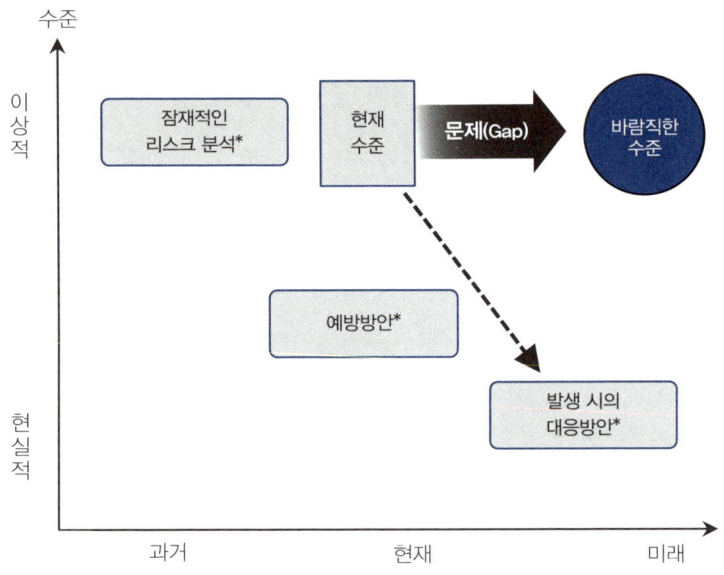

* 표시는 과제의 영역을 나타냄

 사전해결형 문제도 마찬가지로 개선문제와 강화문제 두 가지로 나눌 수 있다.

 '개선문제'는 문제를 미리 찾아냄과 동시에 그것들이 어떤 관계로 연결되어 있는지를 규정한 예방방안과 발생 시의 대응방안을 함께 수립할 수 있다. 다만 지금 상태 그대로 놔두면 일어날지도 모르는 문제인가, 아니면 가까운 미래에 발생할 수도 있는 개선문제인가를 혼동해서는 안 된다. 그리고 당연히 일어날지도 모르는 문제보다는 가까운 미래에 발생할 수도 있는 개선문제를 분석하는 것이 중요하다. 매년 받는 종합검진에서 의사가 건강수치는 정상이지만, 혈압과 혈당이 다소 높으니 염분을 적게 섭취하고 폭음·폭식을 자제하라고 충고했다면, 이는 가까운 미래에 일어날 수 있는 위험을 피하기 위해 혈압과 혈당을 정상화해서 건강한 상태로 만들려는 것이므로 개선문제라고 볼 수 있다.

'강화문제'는 어떤 현상의 단점결점을 개선하기보다는 '현재 구성원의 실력을 강화할 수 없는가?', '현재의 지식이나 정보 공유 시스템을 더 활성화시킬 수 없는가?'와 같이 어떤 장점을 더욱 발전시켜 현재 수준을 강화하려는 문제이다. 예를 들면 기업에서 많이 활용하고 있는 TOC Total Quality Control, 종합적 품질관리나 TQM Total Quality Management, 종합적 품질경영이 대표적이다.

강화해야 할 장점을 찾아내 지금보다 효율성을 높이고 생산성을 향상시키기 위한 노력, 제품의 품질을 높이거나 고객만족도를 향상시켜 기업 이미지를 제고하기 위해 노력하는 것 등이 모두 강화문제에 속한다. 병원 한 번 가보지 않을 정도로 건강체질이지만, 몸을 더 멋지게 만들고 싶어서 헬스클럽에 다니며 몸의 근육을 키우려고 노력하는 것도 같은 경우다.

다음 S사 사례를 읽고 문제의 유형을 모두 파악해보자.

⋯

S사는 전년도 연 매출이 1조 원을 자랑하는 유명 패션 브랜드 회사다. 수출 비율은 전체의 50퍼센트이고 주요 수출국은 유럽이다. 최근 이 업계는 패션 트렌드 변화주기가 급속도로 빨라져 신제품 개발 경쟁이 치열해지는 시장 상황과 불황에 따른 수요부진 때문에 큰 고민에 빠져 있다. 이에 수출 70퍼센트 확대와 신제품 개발을 통해 전체 매출을 1조 2000억 원으로 신장시키려는 방침을 세우고 있다. 이 회사의 A브랜드 사업부는 올해 회사 전체 매출 목표 중 4000억 원 달성을 계획하고 있다. 사업부장은 유럽시장에서 경쟁우위를 선점하기 위해서는 A브랜드의 선택과 집중이 필요하다는 판단 아래 신제품 모델을 완성하고 양산화 설비도 확충했다. A브랜드 사업부 신제품은 연초부터 유럽시장으로 수출했고, 국내에서도 패션 매장을 통해 고객에게 선보였다. 국내외 모두 가격은 이전보다 15퍼센트 정도 높였지만 판매마진은 그대로 유지했다. 모든 것이 순조로운 듯 보였으나, 그해 중반 무렵 갑자기 외환시장에서 급격한 원화가치 상승 현상이 일어나 연말에 이르러 A브랜드 신제품 매출은 2000억 원까지 떨어지고 말았다.

⋯

문제해결은 어떻게 할 것인가

"점수는 공격이 낸다. 하지만 경기를
이기는 것은 수비다"
- 미식축구 경기에서 자주 언급되는 말

지금까지 사용해온 문제해결 방식을 이제는 바꿔야 한다. 사실 문제해결이라는 말 자체가 부정적으로 인식되기도 해서 왠지 친근감이 덜하지만 문제를 해결하기 위해서는 지금까지 알고 있거나 습득한 정보뿐만이 아니라 근본원인을 정확히 이해하고 유익한 정보를 분석하여 새로운 해결방안을 도출하는 문제해결 프로세스 방식으로 바꿔야 한다. 이러한 측면에서 강력한 문제해결 프로세스가 바로 '일 처리 5단계'이다. 일반적으로 문제를 해결하기 위해서는 3가지가 중요하다.

- 문제를 둘러싸고 있는 환경을 이해하는 것
- 유익한 정보를 수집하는 것

[그림 1-7] 환경분석 프로세스

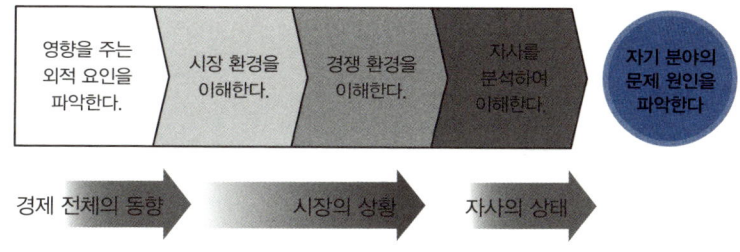

- 문제해결 프로세스를 완벽하게 구사하는 것

문제를 둘러싸고 있는 환경을 이해하라

보통 문제의 해결방안은 눈에 드러난 현상에서 찾는 경우가 대부분이다. 그러나 그렇게 해서는 본질적인 문제를 포착하기 어렵다. 본질적인 문제를 파악하려면 거시적인 관점에서 시작해서 미시적인 점을 보는 것이 중요하다. 특히 문제와 관계가 있음직한 정보들을 찾아 조사할 필요가 있다. 예를 들어 '경제 전체의 동향 → 시장의 상황(고객과 경쟁) → 자사의 상태 → 자기 분야의 문제'로 주변에서 일어나고 있는 환경을 프로세스로 파악하는 것이 중요하다. 환경분석 프로세스는 크게 4단계로 이루어진다.

먼저 1단계는 영향을 주는 외적 요인을 파악한다. 이때 회사는 주변 환경을 결정하는 것이 아니라 고객이나 경쟁 회사, 혹은 규제 완화나 기술 혁신 등 외적 요인에 의해 매우 큰 영향을 받고 있음을 잊어서는 안 된다. 이러한 외적 요인이 회사에 어떤 영향을 주고 있는가를 항상 이해해야 하는 것이다. 예를 들어 해외에 진출한 기업이나 해외 정세에 영향을 받는 기업일 경우 거시적인 관점에서 세계 경제 성장률 등 글로벌한 시각이 필요하다.

2단계는 고객과 경쟁 등 시장 환경을 파악하고 어떤 일이 일어나고 있는가를 이해하는 것이다. 여기서도 전체에서 세부적인 흐름으로 파악하는 것이 중요하다. 시장 환경을 파악할 때는 크게 4가지로 생각해 볼 수 있다.

1. 시장의 큰 흐름을 파악한다. 시장이 성장하고 있는지 아니면 감소하고 있는지, 또는 정체되고 있는지를 제일 먼저 알아야 한다. 그러나 시장이 성장하지 못하고 있어도 비관할 필요는 없다. 그 속에서도 반드시 성장하고 있는 부분이 있을 것이기 때문이다.
2. 시장을 구성하고 있는 것을 보다 작게 나눌 수 있는 항목을 생각하고 관찰한다.
3. 그 항목들의 중요도를 고려하여 자료를 수집한다. 그러나 여기서 사고를 멈춰서는 '핵심이 무엇인가?'를 알 수 없다.
4. 뭔가 변화와 특징이 없는가를 살펴보고 어떤 현상과 팩트가 발생하고 있는지를 포착해야 핵심이 무엇인지 알 수 있게 된다.

3단계는 경쟁 환경이 어떻게 되어 있는지를 이해하는 것이다. 여기서도 '전체에서 세부로', '큰 것에서 작은 것으로'라는 흐름으로 파악하는 것이 중요하다. 하지만 우수 기업을 찾아내고 그 대응 방법을 이해하는 것도 중요하다. 경쟁 환경을 파악할 때는 3가지를 유념한다.

1. 경쟁상대가 누구인지 파악하고 업계에 어떤 영향을 미치고 있는지를 이해해야 한다. 다만 경쟁상대가 시장에 미치는 영향이 크지 않다면 상세하게 조사할 필요가 없다.
2. 진입 기업의 평균적인 수준을 보고 구조를 이해한다. 업계 평균치를 살펴보면서 수익구조를 이해하는 것이 중요하다.
3. 우수 기업의 대응 방법을 이해한다. 우수 기업에게는 반드시 공통적인 대응 방안이 있다. 이것을 찾아 배운다.

이 중에서 경쟁상대가 누구인지 파악하는 것이 가장 중요하다. 지금까지 예상조차 하지 못했던 기업이 경쟁상대가 될 수도 있기 때문이다. 가령 최근 패스트푸드 업종의 경쟁상대는 누구일지 생각해보자. 바로 휴대전화일 수 있다. 패스트푸드점의 큰 고객은 청소년이다. 하지만 휴대전화 통화료나 게임 등 데이터료로 지출되는 비용이 커지면서 패스트푸드점을 이용하는 횟수가 줄어들고 있다. 전혀 새로운 분야에서 경쟁상대가 나타나거나 아예 경쟁상대가 변한 것이다. 그래서 경쟁상대가 누구인가를 파악하는 것은 매우 중요한 일이다.

　마지막 4단계는 자사의 비전, 사업과제, 사업 전략 등을 파악하고 핵심 역량을 어떻게 활용해야 하는지를 이해하는 것이다. 여기서도 '큰 것전체에서 작은 것세부'이라는 흐름으로 파악하고, 나아가 왜 그러한 결과가 되었는지를 분석한다. 자사를 파악할 때는 크게 4가지를 살펴볼 수 있다.

1. 경영이념, 장기적인 목표, 바람직한 미래상 등에 대한 정의를 먼저 파악한다. 이러한 비전에 대한 내부 구성원들의 인지, 이해수준을 확인하고 공감 정도 또한 파악한다. 이러한 개념이 정의되어 있지 않다면 우선 명확한 개념부터 정립해야 한다.
2. 자사또는 고객사에서 인식하고 있는 사업과제와 이슈에 대한 내용과 방향성에 대해 일정 수준의 이해가 필요하다. 사업과제는 단기와 중장기로 구분해서 파악하는 것이 좋다. 사업과제에 대한 내부 구성원 간의 인식의 격차를 파악하는 것도 중요한데, 이러한 분석을 통해 내외부 커뮤니케이션을 위한 과제를 자연스럽게 도출할 수 있다. 이슈 분석은 최근 자사에 가장 많은 영향을 끼치거나 구성원이 관심을 가지고 있는 이슈를 파악하고 원인을 분석하는 것을 말한다. 이러한 이슈가 자사에 긍정적 혹은 부정적인 영향을 미치는지를 확인한다.

3. 사업과제를 달성하기 위해 어떠한 사업전략을 추진하고 있는지를 살펴봐야 한다.
4. 타사에 비해 압도적으로 우월한 핵심역량을 파악한다. 자사의 핵심역량을 최대한 연계하고 강화한 마케팅 전략은 강력한 무기가 된다.

유익한 정보를 수집하라

문제를 둘러싸고 있는 환경을 이해했다면 그에 맞는 유익한 정보를 수집해야 한다. 정보수집 또한 하나의 로직논리이라고 할 수 있다. 그래서 순서를 정해서 정보수집을 하게 되면 쉽고 효율적이다.

우선 목적과 배경을 아는 것이 중요하다. 이를 위해 상사가 무엇을 요구하고 있는지를 이해해야 한다. 뛰어난 기획자는 상사에게 이 문제의 해결을 통해서 무엇을 얻고 싶은지에 대해 설명을 듣는다. 단순하게 지시를 받는 것과 상사에게 목적과 배경에 대하여 설명을 듣는 것은 차이가 크다. 상사의 기대치는 곧 목적과 배경이 되고, 이것을 확실하게 알아두면 거기에 맞는 정보를 모으고 분석할 수 있기 때문이다.

다음으로는 정보원을 명확히 파악한다. 정보원에 대해 자세히 알게 되면 생산성이 높아지고 정보의 질도 향상된다. 반대로 정보원에 대한 지식이 없을 경우 정보수집에 상당한 시간과 노력이 소요되고 투자한

[그림 1-8] 정보수집 프로세스

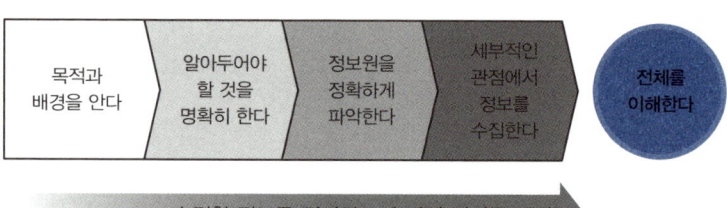

시간에 비해서 정보로서의 가치도 떨어진다. 여기서도 중요한 것은 처음부터 세세한 부분을 찾는 것이 아니라 전체를 파악할 수 있는 정보부터 찾는 일이다. 즉 '큰 것전체에서 작은 것세부'으로 내려가는 흐름이다. 그러나 정보를 대량으로 수집하거나 수집된 데이터를 상세하게 분석한다고 해도 그것들의 전체를 이해하지 않는 한 문제 발견으로 연결되지는 않는다. 필요한 정보의 함축된 의미에서 핵심을 추출하여 전체를 이해해야 문제를 발견할 수 있다.

문제해결 프로세스를 완벽하게 구사하라

문제해결 프로세스는 중요한 논리적 흐름으로 문제해결의 과정에서 주요 부분을 놓치거나 누락시키는 일을 없게 한다. 즉 문제를 해결하

[그림 1-9] 문제해결 기본 프로세스

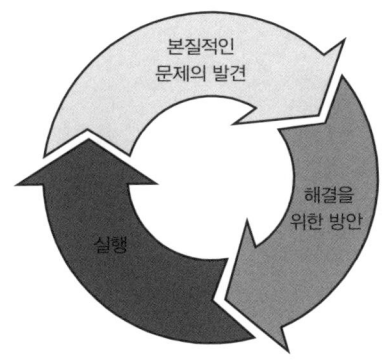

기 위해 본질적인 문제를 먼저 발견하고 해결방안을 직접 실행으로 옮기게 한다. 이러한 문제해결을 위한 기본 프로세스는 '문제를 발견한다 → 그것을 해결하기 위한 방안을 수립한다 → 그 방안을 실행한다'로 이루어진다.

최근에 활용되고 있는 대표적인 문제해결 프로세스는 맥킨지, 식스 시그마, 도요타 등 매우 다양하다. 하지만 문제해결 프로세스가 사람마다 제각각이면 여러 사람들이 함께 참여해서 일할 때 혼란이 가중되고 일 처리가 지연된다.

SK는 일상의 경영활동을 수행하는 데 있어 리더나 구성원들이 공통적으로 적용할 수 있는 문제해결 프로세스를 '일 처리 5단계'로 정리하였다. 덧붙여 말하면 일 처리 5단계란 조직 내에서 구성원이 일을 빈틈 없고 야무지게 처리하기 위해 거쳐야 할 5단계로 구성된 문제해결 기

[그림 1-10] 일 처리 5단계 프로세스

모든 일이 입체적으로 구성되어 있다는
관점에서 자신의 위치를 파악하는 것이다.

회사 Beter Company의 목표 달성 위해 개인 및 단위조직이
해야 할 가장 핵심이 되는 과제나 일을 말한다.

KFS의 목표 수준을 설정하는 것이다.

목표 수준에 도달하는 데 있어 장애가 되는
장애요인를 모두 파악하는 것이다.

장애요인 제거활동이야말로 경영성과로
직결되는 실천의 단계일 뿐 아니라 두뇌활동이
가장 많이 요구되는 단계이다.

법으로 한시적인 일 처리 활동이 아니라 일을 중심으로 한 모든 요소를 대상으로 바람직한 수준과 현재 수준의 차이, 즉 문제를 해결하기 위한 일상적인 경영활동을 말한다.

일 처리 5단계에서는 문제를 '장애'로, 문제점을 '장애요인'으로, 해결방안은 '제거방안'으로 부른다. 하지만 이 책에서는 보편적으로 이해할 수 있는 단어인 문제와 문제점, 해결방안을 사용하기로 한다.

[빈틈없고 야무진 문제해결을 위한 체크리스트]

내외부환경

- 외적 요인 고객, 법규 등이 회사에 어떠한 영향을 주고 있는지 파악하고 있는가?
- 시장 환경 고객 흐름 등에서 어떤 일이 일어나고 있는지 파악하고 있는가?
- 경쟁 환경 경쟁 상태, 수준 등이 어떻게 되어 있는지 파악하고 있는가?
- 자사의 비전, 사업과제, 사업 전략 등에서 핵심역량을 어떻게 활용해야 하는지 파악하고 있는가?

정보수집

- 정보수집의 목적과 배경을 정확히 알고 있는가?
- 핵심 정보를 수집할 수 있는 정보원을 알고 있는가?

문제해결 프로세스

- 중요한 논리적 흐름으로 문제해결의 과정 근본원인 발견, 해결방안 도출, 실행에서 주요 부분을 놓치거나 누락시키지 않는 문제해결 프로세스를 가지고 있는가?

Chapter 2

기획은 문제해결의 수단이다

"우리가 가진 중요한 문제들은 그 문제를 만들었을 때와 똑같은 사고 수준에서는 해결이 불가능하다. 질문을 멈추지 않는 것, 그것이 중요하다."
– 알버트 아인슈타인

앞으로 경험하게 될 직장생활은 지난 세대가 경험했던 '열심히 일하기만 하면 회사가 보상해준다'라는 통념과는 상당히 달라질 것이다. 이제 회사는 조직이 직면한 문제를 발견하고 해결을 통해 새로운 부가가치를 창출할 수 있는 기획을 할 수 있는가를 강하게 요구하고 있다.

하지만 많은 직장인들이 기획을 통해 자신의 잠재력이나 가능성을 발견하지 못할 뿐만 아니라 스스로 만족하는 성과도 내지 못하고 있다. 왜 그럴까? 한마디로 문제를 해결하는 기획을 못하기 때문이다. 이로 인해 직장인들에게 가장 많이 나타나는 현상이 '기획 회피주의'다. 충격적인 사실은 현재 자신의 상태가 기획에 대해 회피적이라는 사실 자체도 자각하지 못하고 있다는 데 있다. 그렇기 때문에 당연히 아무런 대안도 찾지 않는 것이다. 결국 이러한 사람들은 곧 닥칠 환경 변화의 회오리바람에 큰 혼란을 겪게 될 수 있다. 직장에서의 퇴출, 새로운 취업 기회의 상실 등이 쉽게 예상할 수 있는 문제들이다.

두 번째 현상은 '기획의 확대형'이다. 즉 객관적으로 보기에는 큰 기획이 아닌데도 지나치게 그 기획에 몰입한 나머지 엄청난 기획인 것처럼 생각하기에 이른다. 그러기에 현재 자신의 기획을 굳은 의지로 추진해나가려는 노력보다는 현재 닥쳐 있는 기획에 오히려 모든 사고와 활동마저도 지배당해버린 듯 행동한다.

예를 들면 간단히 해결될 기획도 과장되게 포장하여 혼자 해결이 어렵다는 이유를 들어 동료에게 도움을 요청하는 것이다. 이렇게 슬그머니 기획을 동료에게 떠맡기고 그 기획이 완료되면 자신이 한 것처럼 상사에게 보고한다. 하지만 이것은 기획을 통해 자신의 잠재력이나 가능성을 발견할 수 있는 기회를 스스로 자살시키는 행위와 같다.

이 두 가지 문제점 모두 '문제해결을 위한 기획 능력의 부재'에서 기인한다고 볼 수 있다.

기획이란 한 사람의 삶에서도, 직장생활에서도 가장 필수적인 능력이다. 그렇기 때문에 '기획을 한다'란 말은 '능력이 있다' 혹은 '경쟁력이 있다'는 말과 같은 의미로 쓰이게 된다.

기획이 실행되면 기업뿐 아니라 여러 가지 일을 배울 수 있어 자신에게도 좋다. 실제로 문제 하나를 해결하는 데에는 2~3줄로 간단하게 기획되지만, 이를 실행하는 데에는 10페이지가 넘는 체크리스트와 운영 매뉴얼을 작성해야 한다.

가령 기획서에는 '우천 시에도 실행한다'라고 한 문장으로 간단하게 정리할 수 있지만, 실제로는 '우천 시 프로그램'을 별도로 준비해야 하는 것이다. 결국 기획하는 일련의 과정들은 다음과 같은 긍정적인 영향을 미친다.

- 일의 본질을 이해하는 데 도움이 된다.
- 일을 보는 시야가 넓어지고 문제의식을 키울 수 있다.
- 일 처리 능력을 강화할 수 있다.
- 일에 대한 자신감이 향상되고 의욕이 증가한다.

이와 같은 긍정적인 영향은 자신감 증대로 이어져 더 많은 기획을 통해 높은 성과를 내게 한다. 그러면 회사 내에서 새로운 일을 부여 받을 가능성이 확대되며 궁극적으로 자신이 꿈꿔오던 모습을 달성하는 자아실현을 이룰 수 있게 된다.

기획은 일의 시작과 끝이다

"좋은 것은 위대한 것의 적이다."
– 짐 콜린스

세상 진리 중에서 불변의 진리는 '변화하지 않는 것은 없다'는 것이다. 변하지 않는 것이 있다면 죽는 것뿐이다. 기업도 마찬가지로 환경 변화에 민감하게 대응하지 않으면 살아남을 수 없다. 이렇듯 변화를 배제한 경영은 생각하기 힘들다. 결국 경영 환경의 변화에 효과적으로 대응하기 위해서는 기획이 필요하다. 즉 기업이 변화하기 위해 하는 모든 일은 기획이라고 할 수 있다.

기획의 어원적 정의를 보면 도모할 '기企'와 그을 또는 계획할 '획劃', 즉 회사로 보면 변화 계획을 도모하는 것을 말한다. 영어로는 Planning이며 Why to do that?왜 할 것인가?와 What to do?무엇을 할 것인가?를 명확히 하는 것이다. 반면에 계획Plan은 How to do?어떻게 할 것인가?를 결정하

[그림 2-1] 기획과 계획의 차이

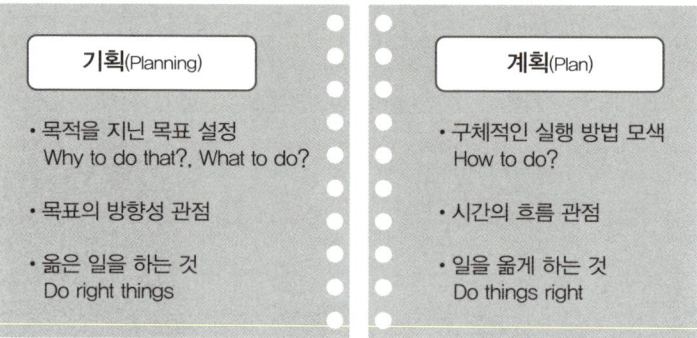

는 것이다.

분명 기획과 계획은 어느 정도 중복되는 교집합 영역이 존재한다. 하지만 기획은 계획이 아니며, 기획 또는 계획 그 자체로 독립적이지도 않다. 이러한 의미에서 기획과 계획은 3가지 확연한 차이점을 갖고 있다.

첫째, 기획이 일을 왜 해야 하는지를 명확히 하고 목표를 설정하는 역할이라면, 계획은 기획된 목표를 실행하기 위한 구체적인 방법을 모색하는 것이다. 둘째, 기획은 목표를 어느 지점에 둘 것인가 하는 방향성에 주안점을 두는 반면, 계획은 시간의 흐름에 따라 진행되는 기간적인 특성을 지닌다. 셋째, 기획은 옳은 일이 무엇인가를 찾는 과정이라면, 계획은 그 일을 어떻게 옳게 실행할지 방법을 찾는 과정이다.

그렇다면 회사에서 기획은 왜 하는 것일까? 바로 환경변화에 대응하기 위해 옳은 일을 하되 보다 '효과적'으로 하고, 같은 효과를 내더라도

[그림 2-2] 기획의 목적

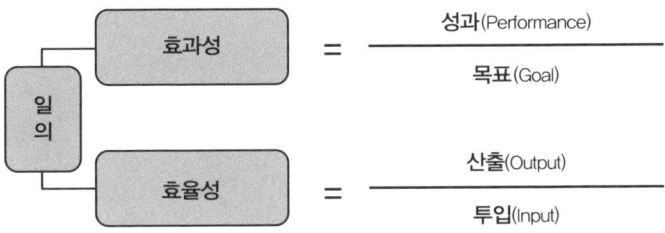

'효율적'으로 하기 위해서다. 여기서 일의 효과성은 목표 대비 높은 성과를 말하고, 일의 효율성은 투입 대비 높은 산출을 말한다. 이렇듯 기획을 하는 이유는 일의 효과성과 효율성을 높이기 위한 것이다. 이를 명확하게 하지 않으면, 기획은 쓸데없는 일이 되어버린다.

일의 효과성과 효율성은 새로운 가치를 만드는 '창의성'이 있을 때 가능하다. 사전적 의미로 창의성이란 "새로운 관계를 지각하거나, 비범한 아이디어를 산출하거나, 또는 전통적 사고유형에서 벗어나 새로운 유형으로 사고하는 능력"을 말한다. 이 능력은 선천적으로 타고날 수도 있지만, 후천적으로 길러지는 면이 더 크다. 근거 없이 순간적으로 떠오르는 생각이 아니라 오랜 시간 다양한 경험을 바탕으로 현재의 의미를 끄집어내야 하기 때문이다.

창의성의 출발점은 어떤 일이든 '더 효과적이고 효율적인 방법은 없을까?' 하는 질문에서 시작한다. 창의성이 발휘되면 새로운 방법으로 새로운 가치를 만들어낼 수 있다. 결국 기획이란 일을 효과적이고 효율적으로 수행하기 위해서 발생되는 문제에 대해 실행방안을 제안하고 실제로 그것을 창의적으로 실행해나가는 과정이라고 이해하면 된다. 즉 새로운 비즈니스를 창조하고 싶을 때, 경영 환경을 개선하고 싶을 때, 또는 비즈니스 자체를 더욱 발전시키고 싶을 때 필요한 것이 바로 기획이다.

지금까지 기획은 흔히 기획팀에서만 하는 업무로 인식되어 왔다. 하지만 각 팀별로 관점이 다를 뿐, 사실 회사 내의 모든 팀들은 기획 업무를 하고 있다. 예를 들어 전략기획팀이나 기획조정실이 전사 관점에서 미래 방향을 새롭게 결정하는 기획을 한다면, 다른 팀에서는 전사 관점의 기획을 실행하기 위해 영업기획, 인사기획, 재무기획, 생산기획 등 부분 기획을 하는 것이다. 이들 기획들은 상호 유기적인 관계로 이루어져야 일의 효과성과 효율성을 높일 수 있다. 결국 회사 내의 모든 팀이 기획 업무를 한다고 해도 과언이 아니다.

비단 팀뿐만 아니라 각 구성원들도 각자의 업무와 관련되는 기획을 진행하고 있다. 다루는 문제가 각기 다르고 부서마다 업무 특성이 다르기 때문에 세부적으로 들어가면 그 유형이 각기 다를 수밖에 없지만 대체적으로 사업전략, 경영과제, 업무개선 등을 기획이라고 할 수 있다. 사업전략 기획은 '신사업 추진계획'이나 'LTE 기술 개발계획' 같은 회사의 사업전략을 결정하는 기획이다. 경영과제 기획은 매년 조직의 경영계획에 맞추어 수립하는 과제를 위한 기획이다. 업무개선 기획은 시스템이나 제도, 일하는 방식 등을 개선하기 위한 기획이다. 이렇듯 일상 업무 중에서 발생하는 문제에 대한 해결형 기획이 필요한 경우는 매우 다양하다.

회사에서 기획하고 실행하는 일은 가장 핵심적인 업무에 해당한다. 상사가 회사의 전략과 관련한 상황과 문제를 정확하게 인식하고 의사결정을 할 수 있도록 관련 정보와 해결방안을 제시하는 기획을 하기 위해서는 다음 사항을 고려해야 한다.

상사의 입장에서 알아야 할 핵심 문제 중심이어야 한다

기획자는 자신이 알고 있는 정보를 장황하게 나열하지 말고, 상사가 한번 보고 이해할 수 있도록 핵심 문제를 명확하게 해야 한다. '나의 10분'이 '상사의 10분'과 같지 않다는 사실을 유념해야 한다.

다양한 관점을 반영하여 분석적이고 종합적이어야 한다

문제를 해결하는 기획은 특정 이해관계자나 조직 관점이 아닌 중립적이고 공정한 입장에서 종합적이고 균형 있게 기획하는 것이 무엇보다 중요하다. 의사결정에 도움이 되도록 객관적 통계와 정보를 사용하여 분석적이고 종합적으로 기획해야 한다.

문제에 대한 근본적인 해결방안이 도출되어야 한다

문제를 해결하는 기획은 '끊임없는 문제의식'이 전개되는 과정이다. 상사는 기획자의 이 같은 숨은 노력을 금방 알아챌 수 있다. 문제의 1차적 원인 현상만 찾아서는 곤란하며, 원인의 원인이나 배경을 찾아 문제의 본질을 파악하고 실효성 있는 해결방안을 기획해야 한다. 근본적인 원인을 해소하지 않으면 언젠가 해당 문제는 다시 반복되고, 추진하려는 일까지 아주 쓸모없게 되어버린다.

상사가 결정해야 할 사항이 분명하게 제시되어야 한다

상사가 "도대체 내가 무엇을 결정해야 하지?"라는 의문이 생기지 않도록 결정해주기를 바라는 해결방안을 명확하게 기획해야 한다. 기획자는 해결방안을 제시하는 데 조금도 주저함이 있어서는 안 된다.

지금까지 자신이 기획한 일과 계획한 일을 한 가지씩 생각해보고 일의 효과성과 효율성 측면에서 설명해보자.

기획한 일
_____
_____
_____
_____
_____
_____

계획한 일
_____
_____
_____
_____
_____
_____

문제의식은 기획의 출발점이다

"호기심은 열정을 낳는다. 그리고 열정은 문제의식을 낳는다.
그리고 이 문제의식을 갖고 있는 사람을 우리는 '리더Leader'라고 부른다."
- 진희정, 《손석희 스타일》 중에서

문제의식이란 어떤 문제가 일어나기 전에 사건이나 현상이 지니고 있는 원인을 발견하는 능력이다. 흔히 상사들은 부하직원에게 "문제의식을 가지고 일하라."고 당부한다. 부하직원들 또한 늘 문제의식을 가지겠다는 대답을 한다. 그러나 지금까지 없던 문제의식이 저절로 생길 리 만무하다.

우리는 지금껏 문제의식이 있느냐 없느냐를 따지기 전에 문제가 발생하면 그제야 해결해나가는 방식으로 업무를 처리해왔다. 발생하지 않는 문제보다 발생한 문제를 해결하기 위해 노력해온 것이다. 하지만 이미 눈앞에서 발생한 문제를 해결하는 경우에는 문제의식이 생기기가 어렵다. 눈에 보이는 문제는 별도의 문제의식 없이도 바로 문제를 알 수 있는 탓이다.

그렇다면 문제의식은 어디에서 생기는 것일까? 일을 효과적이고 효율적으로 하려고 하면 어떤 경우든지 문제의식이 생기게 된다. 그때부터 눈에 보이지 않는 문제나 해결하기 힘든 문제가 슬며시 모습을 드러낸다. 반면 현재의 상황을 바꾸려는 의지가 없고 '이대로도 좋은데'라며 안이하게 업무를 대하는 사람에게는 문제의식이 생기지 않는다.

문제의식을 가진 기획자는 문제는 반드시 해결해야 할 대상이라고 생각하고, 원인 및 배경을 논리적으로 밝혀 해결해야 하는 핵심 문제점이 무엇인지를 명확히 제시하고 해결방안을 실행하고자 한다. 가령 자동차 정비사가 자동차를 시운전해보고 어디가 문제인지 단번에 알아내는 것처럼 사건이나 현상의 원인을 날카롭게 파악하는 것이다.

좀 더 나은 미래의 바람직한 수준이 있는데 그렇게 하지 못하는 이유는 무엇일까? 이것이 현재에 대한 문제의식이며 모든 기획은 여기서 출발한다고 해도 과언이 아니다. 그리고 문제의식은 언제나 문제가 있다는 생각과 함께 해결할 수 있는 방안도 제시가 가능해야 한다.

다행스러운 것은 문제의식이 뛰어난 사람들의 공통적인 특징을 찾을 수 있다는 것이다. 그들의 공통점을 살펴보면 다음 4가지 질문의 답을 찾는 과정에서 문제의식이 생긴다는 것을 알 수 있다.

더 좋은 방법이 없을까

일하는 방식에서 '더 좋은 방법이 없을까?'를 고민하는 것이 문제의식의 출발점이다. 가령 새로 추진하는 일은 사람마다 역할과 방식이 있지만 대개 '더 좋은 방법이 없을까'를 고민하는 과정에서 필연적으로 눈에 보이지 않는 문제가 발생한다. 그래서 문제의식 뒤에는 항상 목표의식이 숨어 있다. 다시 말해 문제의식을 갖는다는 것은 분명한 목표를 갖고 상황을 파악한다는 것을 의미한다.

반대로 목표가 없는 사람에게는 문제의식이 있을 수 없다. 따라서 문제의식을 가지려면 자신이 이 일을 왜 하는지, 목표가 무엇인지를 명확하게 깨달아야 한다. 목표가 확실해야 그 목표를 달성하기 위해 일하는 방식을 어떻게 개선할지, 어떠한 문제를 해결해야 하는지를 결정할 수 있기 때문이다.

예를 들어 친구가 집을 장만했다는 소식을 듣고 자극을 받아 내 집을 사고 싶은 욕구와 내 집을 장만하겠다는 목표를 가지고 실행하는 것은 큰 차이가 있다. 다른 사람으로 인해 문제의식이 생기는 것이 꼭 나쁘다고 할 수는 없지만, 가능하면 스스로 납득할 만한 목표를 갖는 것이 중요하다. 집을 사기 위한 현재의 수준과 바람직한 수준의 차이를 알았다면 어떻게 그 차이를 줄일 수 있는지 구체적인 저축 계획 등을 세워 실행하는 것이 필요하다.

왜 이렇게 일을 해야 하나

'왜 이렇게 일을 해야 하나?'라는 문제의식이 평지풍파를 일으키는 발상의 전환을 이끌어내는 경우가 있다. 즉 '왜'라는 질문에 기획의 목적과 이유가 있는 것이다. 누군가가 만들어낸 방식과 틀만 답습하다 보면 신선한 해결방안을 발견할 수 없는 것처럼 '이렇게 해야 한다'는 고정관념과 규정의 틀을 벗어나 '왜'라는 질문을 해야 혁신의 새로운 세계를 만날 수 있다.

예를 들어 오프라인의 제왕이던 코닥이 온라인 시대의 패자로 전락한 이유는 무엇일까? 코닥은 조지 이스트먼George Eastman이 1888년 창립해 사진 혁명을 이끌었던 선구적 회사다. 1976년 코닥은 필름 시장에서 약 90퍼센트, 사진기 시장에서 약 85퍼센트의 점유율을 가질 만큼 큰 성공을 거두었다. 이런 코닥이 2012년 1월 19일 맨해튼 법정에 파산신청을 냈다. 코닥이 디지털 시대에 제대로 대응하지 못해 파산하게 된 점은 잘 알려져 있다. 그러나 코닥이 1975년 세계 최초로 디지털 카메라를 발명한 업체라는 사실을 아는 이들은 많지 않다. 이는 소니Sony보다 6년이나 빠른 것이었다.

그렇다면 코닥은 왜 급격히 몰락하게 된 것일까? 월스트리트저널은 '이렇게 해야 한다'는 5가지 고정관념 때문이라고 분석했다.

첫째, 고화질 종이사진의 가치는 변치 않는다는 고정관념이 있었다. 자신들이 발명한 디지털 카메라가 오히려 필름 시장을 잠식하지는 않을지 하는 걱정에서 코닥은 끝까지 자유롭지 못했다.

둘째, 디지털 카메라의 등장으로도 오프라인 네트워크현상소는 유명무실해지지 않을 것이라는 고정관념이 있었다.

셋째, 남성은 여성보다 카메라를 구입하지 않을 것이라는 고정관념이 있었다. 그래서 여성 중심 마케팅에만 집착했다. 하지만 남성은 여성과 달리 사진을 인화해서 간직하지 않는다. 단지 디지털 카메라로 사진을 찍은 뒤 한번 훑어보고 저장해두기 때문에 오히려 더 많은 구입을 한다.

넷째, 필름과 디지털의 시너지 효과에 대해 집중하는 등 근본적인 변화가 필요 없다는 고정관념이 있었다.

다섯째, 과거 브랜드 파워에 대한 고정관념이 있었다.

이 고정관념들이 125년을 넘게 이어오던 기업을 침몰시킨 것이다. 하지만 코닥은 지금까지의 고정관념을 탈피해 기업 상품과 서비스에 주력하는 새로운 업체로 거듭나 뉴욕증권거래소에 다시 상장되었다.

지금 이대로 좋은가

'지금 이대로 좋은가?'라는 문제의식은 시간의 틀을 벗어나게 해준다. 인간은 시간의 흐름 속에서 이뤄온 반복적인 행동을 지나치게 신뢰하려는 경향이 있다. "언제부터 해온 일인데……."라는 질문이 생각을 지배할 때 새로운 방법은 결코 나타나지 않는다. 과거의 사람, 과거의 일밖에 만날 수 없다. 이처럼 현실에만 안주하려는 무기력함이나 게으름은 문제의식을 저해하는 요인이라고 볼 수 있다.

'지금 이대로 좋은가?'라는 질문을 해야 그 일을 처음 시작할 때, 그 사람을 처음 만날 때로 돌아가 볼 수 있다. 세상에 태어나서 처음으로 이 일을 하듯, 처음으로 상대를 만난 듯해야 삶이 새로워진다. 예를 들면 칼로 면도를 할 때에는 가끔 베이기도 하고 면도도 잘 되지 않는다. 이럴 때 "오늘 따라 왜 이리 실수가 많지?", "내일은 좋아지겠지.", "오늘 같은 날만 있겠어?" 하고 무심코 지나쳐 버린다면 문제를 해결할 수 없다. 칼 면도기에 대해 문제의식을 가지고 "부주의로 베이는 상처가 없도록 하려면 어떻게 해야 할까?", "무리한 면도로 일어나는 피부 트러블을 없애는 방법은 없을까?"를 떠올리고 고민을 해야 문제가 해결된다. 이것이 질레트면도기의 시작이다.

다른 쪽에서 보면 어떻게 보일까

'다른 쪽에서 보면 어떻게 보일까?'라는 문제의식은 관점의 틀을 벗어나게 해준다. 박찬욱 감독의 영화 '올드보이'는 존재를 알 수 없는 누군가에 의해 15년간 갇혀 있던 주인공 최민식이 자신을 감금한 사람과 이유를 찾아내는 과정을 그렸다. 영화에서 최민식이 자주 했던 말을 기억하는가? "누가 나를 가뒀을까?, "왜 가두었을까?라는 질문이었다. 그러나 이 질문은 주인공이 처한 상황을 해결해주지 못했다. 영화 속 대사에서 우리는 이 '올바른 질문'에 대한 하나의 단서를 얻게 된다. 바로 유지태의 질문 중 "틀린 질문을 하니까 맞는 대답이 나올 리가 없잖아."라고 말하는 대목에서다.

즉 '대답'이 아니라 '질문'이 틀렸다는 사실이다. "왜 15년 동안 감금해두었을까?"가 아니라, "왜 15년 만에 풀어주었을까?"가 맞는 질문이라는 점이다. 질문에 대한 의문을 품게 되면서 관점이 반전되는 신선한 충격을 준다. "왜 15년 동안 가두었을까?"라는 질문은 '닫힌 질문'이다. 닫힌 질문은 '닫힌 생각', '갇힌 관점'을 하게 한다. 그러나 "왜 15년 만에 풀어주었을까?"라는 질문은 '열린 질문'이다. 열린 질문에 대한 대답을 생각을 하다 보면 '열린 관점'을 가지게 된다. 명심해야 할 것은 열린 관점은 올바른 질문에서 시작된다는 것이다. 질문도 틀릴 수 있다는 사실이다. 질문이 틀렸다고 생각하는 순간, 전혀 새로운 다른 관점을 갖게 되는 것이다. 이제 '이것은 올바른 질문인가?'라는 생각부터 해보자.

'자살'을 거꾸로 읽으면 '살자'가 되듯, 관점을 바꿔야 지금까지 보지 못했던 새로운 문제를 발견할 수 있다. 하나의 색안경을 쓰고, 하나의 편견을 가지고 세상을 고정된 각도에서 바라보면 그게 다 그거다. 여러 종류의 색안경을 통해 세상을 바라봐야 새로운 세계가 보이는 것이다. 다시 말해 판매자 입장에서 고객의 입장으로, 부하 입장에서 상사 입장으로 바꾸어 봐야 더 넓은 세계를 볼 수 있다. 예를 들면 1909년 진공청소기라는 상품이 처음 공개된 이후 약 80여 년 동안 후버는 '여성을 위한 최고의 가사 도우미'라는 별칭과 함께 진공청소기 시장에서 절대적 우위를 유지한 마켓리더였다. 그러나 2005년 후버의 시장점유율은 19.5퍼센트에서 13.5퍼센트로 떨어졌다. 반면 다이슨의 시장점유율은 13.8퍼센트에서 20.7퍼센트로 증가했다. 이후 2011년 다이슨의 시장점유율은 영국 약 40퍼센트, 미국 약 27퍼센트를 기록하며 진공청소기 시장의 독보적 리더 자리에 오른다. 어떻게 이런 일이 일어났을까? 그것은 다이슨이 만들어낸 문제해결의 가치를 후버는 미처 보지 못했기 때문이다. 다이슨 제품이 나오기 전 청소기는 모두가 먼지봉투가 달려 있는 모델이었다. 이 모델은 먼지봉투가 먼지로 가득 차면 흡입력이 약해진다는 문제가 있었다. 이 문제를 해결하고자 후버는 먼지봉투를 좀 더 편하게 교체할 수 있는 방법을 생각했고, 다이슨은 전혀 다른 쪽인 먼지봉투를 없애는 방법을 생각했다. 그래서 개발한 것이 탈수기에서 물이 빠지는 것처럼 원통 안의 먼지를 회전시켜 벽 쪽으로 몰리게 한 제품이다.

　다이슨의 제품은 대성공을 거두었다. 후버는 뒤늦게 먼지봉투가 필요 없는 진공청소기 시장에 뛰어들었지만 이미 마켓리더로 자리매김한 다이슨의 성장을 막을 수는 없었다. 이후 후버는 먼지봉투 없는 청소기의 주요 원리인 3중 와류 시스템 Triple Vortex System 에 대한 특허 분쟁에까지 휘말렸다. 영국 법정은 후버가 다이슨의 특허를 침해했으며 총 600만 파운드를 손해배상하라고 판결을 내렸다.

회사의 일 중에서 당신이 생각하기에 효과적이고 효율적이지 않는 일을 한 가지 떠올려 보자. 그리고 그 일을 4가지 관점에서 생각해보자.

더 좋은 방법이 없을까?
_____
_____
_____
_____
_____
_____
_____

왜 이렇게 일을 해야 하나?
_____
_____
_____
_____
_____
_____
_____

지금 이대로 좋은가?
_____
_____
_____
_____
_____
_____

다른 쪽으로 보면 어떻게 보일까?
_____
_____
_____
_____
_____
_____

기획은 하나의 스토리다

"스토리텔링은 인간 본성에 대한
메타포이다."
– 로버트 맥기 교수

기획에서 말하는 스토리는 전달하고자 하는 '메시지'를 의미한다. 커뮤니케이션이란 상사와 내가 공을 주고받는 테니스처럼 메시지를 교환하는 것이다. 이때 메시지는 듣는 사람에게 자신이 말하고 싶은 내용의 요약, 또는 자신이 주장하고 싶은 내용의 핵심이 된다. 다시 말해 메시지는 상대방에게 특별한 의미를 주는 이야기가 되는데, 이때 상사에게 아무런 감흥이 일어나지 않고 태도나 행동에도 아무런 영향을 주지 못한다면 그 스토리는 죽은 것이나 다름없다. 결국 살아 있는 스토리가 없는 기획은 결론이나 해결방안이 없는 애매모호한 메시지에 불과할 뿐이다.

기획을 할 때는 먼저 어떤 입장에서 스토리를 생각하느냐를 파악해야 한다. 가령 신제품을 출시했는데 반응이 좋아 많이 팔리는 경우 제품 생산을 위해 야근까지 해야 하는 상황은 사장에게는 문제가 아니다. 오히려 좋은 일이다. 그러나 일하는 직원들에게는 근무 여건이 더 힘들어지는 것이므로 문제일 수 있다.

성공한 기획이 담고 있는 5가지

이렇듯 직원이 보는 눈과 관리자나 경영자가 보는 눈은 다르다. 나아가 같은 회사 직원이라도 직무가 다르면 동일한 문제를 두고도 정반대의 입장을 보이는 경우가 있다. 즉 사람에 따라 또는 입장에 따라 문제에 대한 스토리가 다를 수밖에 없으며, 결국 문제의 당사자가 누구인가, 어떤 입장에서 스토리를 풀어야 하는가에 따라 스토리의 핵심과 관점, 전개 방법이 달라져야 하는 것이다.

예컨대 흥행에 성공한 영화들의 공통점은 관객의 입장에서 스토리가 탄탄하다는 데 있다. 이러한 스토리에는 5가지의 기본 구성 요소가 포함되어 있는데, 스토리에 담긴 '열정', 보는 사람들을 끌어모으는 '영웅적 캐릭터', 영웅적 캐릭터로 해결해야 하는 '문제영웅이 반드시 맞서 싸워야 하는 악당', 문제해결을 가능케 하는 '깨달음의 순간', 세상과 당사자들의 '변화'가 바로 그것이다.

마찬가지로 성공한 기획도 스토리가 탄탄하다. 기획에서 '열정'은 기획이 제안하는 '새롭고 독특한 가치'이며, 이것은 상사의 관심에 불을 지펴 더 많은 것을 보고 싶게 자극을 한다. 영웅적 캐릭터는 '명확한 해결방안'이다. 기획의 명확한 해결방안은 기획자의 목마름을 해결해주는 아바타적 역할을 한다. 악당은 해결해야 하는 '핵심문제'이다. 깨달음의 순간은 핵심문제를 해결하기 위한 '아이디어'이다. 마지막으로 변화는 기획의 결과로 얻게 되는 '높은 성과'이다. 이렇듯 성공한 스토리는 새롭고 독특한 가치, 명확한 해결방안, 핵심 문제, 아이디어, 높은 성과로 구성된 메시지가 담겨 있다.

이러한 메시지를 추출하려면 개별 정보를 분석하여 '상위 메시지'와 '하위 메시지' 두 종류로 구성해야 한다. 상위 메시지는 참고로 기획의 전체적인 결론, 주장, 의미 등을 말하는 개념이다. 반면 하위 메시지는 개별적인 상황에 대한 결론, 주장, 의미를 말하는 개념이다. 기획에서 개념은 커뮤니케이션하기 쉽도록 한마디로 표현한 것을 말한다.

상위 메시지와 하위 메시지들을 하나의 흐름으로 연결하면 전체 스토리라인이 구성된다. 다만 탄탄한 기획의 스토리가 되려면 다음과 같은 3가지 전제조건이 있다.

결론이 분명하게 나타나야 한다

메시지에는 기획자가 주장하는 시사점이나 해결방안이 무엇인지 명확하게 담겨 있어야 한다. 이것이 곧 메시지의 '결론'이다.

결론은 메시지를 통해서 기획자가 상사에게 전달하고자 하는 핵심 내용을 말한다. 그러므로 결론이 없는 기획은 '단팥 빠진 찐빵'과 다름 없다. 예를 들어보자. 휴대폰 단말기 소매유통사업 진출에 대한 기획을 하는데 "소매유통사업 진출은 사업의 수익성과 경쟁사의 동향을 검토 후 의사결정을 해야 한다."라는 두루뭉술한 결론이 제시되었다면 어떨까? 이와 같은 모호한 결론으로 기획을 위한 기획을 해서는 안 된다는 말이다. 결론은 소매유통사업에 '진출하자' 아니면 '진출하지 말자'로 분명하게 제시되어야 한다.

또한 결론은 다의적으로 해석되어서는 곤란하다. 같은 결론을 보고 사람마다 다르게 해석한다면 이 역시 모호한 결론과 마찬가지다. 결론에 조건이 명시되어 있는 경우가 바로 그러하다. 가령 결론이 "원칙적으로 A지만 상황에 따라서 B일 수도 있다.", "판매수익의 움직임을 보면서 투자금액을 판단한다.", "세계 경제가 성장하면 해외로 진출한다." 등일 경우 '상황에 따라서~', '판매수익의 움직임을 보면서~', '세계 경제가 성장하면~'과 같은 조건은 사람에 따라 해석을 다르게 할 수 있으므로 유의해야 하는 것이다.

모호한 결론은 자칫 상사에게 책임회피, 변명이나 핑계로 변질되어 비칠 수가 있다. 만약 조건을 제시해야 한다면 누가 보더라도 명확한 판단이 될 수 있도록 정량적 수치 또는 객관적인 기준으로 제시하는 것이 좋다. 예를 들면 "A 전략으로 추진하되 매출이 전년 대비 120퍼센트 미만에 머문다면 B전략으로 전환한다.", "매출 수익이 전년 대비 80퍼센트로 떨어지면 신규 투자를 재검토한다.", "서비스에 대한 고객의 불만이 증가하면 고객서비스 강화 교육을 실시한다." 등으로 결론을 제시해야 판단의 오류가 적어진다.

결론에 도달하게 된 논리와 근거가 명확해야 한다

결론에 도달하게 된 논리와 근거는 팩트에 의해 입증되어야 한다. 이는 결론의 신빙성을 제고하기 위해서다. 이처럼 메시지에 담겨야 하는 또 하나의 중요한 조건이 바로 '논리와 근거'다. 물론 메시지에는 결론이 가장 중요하다. 하지만 결론에 대한 논리와 근거가 제시되지 않는다면 상사에게 메시지의 신뢰를 줄 수 없다.

예를 들어 "당사의 매출을 확대하기 위해서 영업력을 강화해야 한다."라는 결론은 논리와 근거가 제시되어 있는 메시지로 보이지만 실제로는 그렇지 못하다. 영업력 강화가 왜 필요한지에 대한 충분한 근거가 없기 때문이다. 영업력이 없어 어떠한 문제가 있는지, 매출을 확대하기 위해서는 왜 영업력이 중요한지 등이 근거로서 입증되어야 논리적인 메시지라고 할 수 있다.

또한 결론과 근거 사이의 거리가 너무 먼 경우 설득력이 떨어진다. 예를 들어 "글로벌 금융위기로 인해 시설투자를 중단해야 한다."라는 결론은 글로벌 금융위기와 시설투자 중단 사이의 논리적 연결이 너무 멀다. 즉 글로벌 금융위기는 회사 경영에 여러 문제를 만들었고, 이러한 문제를 해결하기 위해서는 여러 해결방안이 있는데, 이중에서 시설투자 중단을 의사결정할 필요가 있다는 몇 단계의 논리적 흐름이 더 추가되어야 하는 것이다. 이러한 경우에는 글로벌 금융위기와 시설투자 중단 사이를 연결시키는 논리적 중간 내용들을 크기에 따라 순서대로 정리한 다음 시설투자 중단에 가장 근접한 내용을 근거로 삼는 것이 바람직하다.

새로운 관점이 있어야 한다.
탄탄한 기획을 위한 스토리를 만든다는 것은 기존의 방식을 그대로 따르는 것이 아니라 새로운 시각에서 바라보고 재해석하는 것을 말한다. 이를 통해 새로운 생각의 지평을 열어 기업의 차별화된 경쟁요소를 만들어나갈 수 있게 된다.
예를 들어보자. 최근 현대자동차의 경쟁자는 누구인가? 도요타?, 제너럴모터스? 아니다. 바로 구글이다. 현재의 구글은 무인자동차 개발에 박차를 가해 상용화를 앞두고 있다. 구글이 보유한 위치기반 검색기술은 인터넷이라는 공간에만 머물러 있지 않았다. 무인자동차라는 새로운 영역에서 새로운 지평을 여는 새로운 관점이 된 것이다. 기획에 있어 필요한 것이 바로 그것이다.

자신의 스토리를 다른 사람에게 전달할 메시지로 작성해보자.

자신의 성격
_____
_____

자신이 내세울 수 있는 강점
_____
_____
_____

자신의 약점
_____
_____
_____

앞으로 희망과 꿈
_____
_____
_____

기획에서 기획서까지

"시작하는 재주는 위대하지만
마무리짓는 재주는 더욱 위대하다."
– 헨리 워즈워스 롱펠로, 미국의 유명한 시인

"기획은 좋은데, 회사의 현재 상황으로는……."
"독특한 생각이라 이해하기가 힘들어서……."
"실행하더라도 기대효과가 그리 크지 않을 것 같아서……."

아무리 뛰어난 기획이라도 고객에게 채택되지 않으면 그 기획은 무용지물이다. 그래서 고객이 누구인지 확인하지 않으면 낭패를 보기 쉽다. 회사에서의 기획은 대개 1차 고객과 최종 고객이 다르며, 1차 고객을 통과해야 최종 고객으로 갈 수 있다. 이때 기획의 1차 고객은 '바로 위 상사'가 되고 최종 고객은 CEO가 된다.

회사에서 대부분의 기획은 상사가 어떤 과제와 문제를 부여했을 때 성립된다. 이렇듯 기획은 태생적으로 상사를 설득하여 채택시켜야 하는 숙명을 안고 있다. 지금까지 성공한 기획의 공통점도 수많은 상사들로부터 공감을 이끌어낸 설득력 있는 내용이었다. 그래서 좋은 기획이란 상사에게 '채택된 기획'이라고 할 수 있다. 결국 회사에서 뛰어난 기획자란 문제를 발견하고 실행 가능한 구체적인 해결방안으로 정리해서 실행에 옮길 수 있도록 상사를 설득시킬 수 있는 사람이다. 그러나 기획을 말로 표현하여 상사를 설득하기는 한계가 있다. 구두로 표현하는 단어는 정확하게 전달하기도 어렵고 정리도 충분하지 않다. 그래서 생각을 정리하여 문장으로 표현하는 기획서가 필요한 것이다.

상사가 매력을 느끼는 기획이 되려면

제품이나 서비스는 고객이 만족할 때 그 가치가 있다. 기획도 마찬가지로 철저히 고객지향적이어야 한다. 그렇게 하려면 상사의 성향을 파악하여 선호하는 장표 형식으로 작성해야 한다. 또한 상사의 의중 및 목적에 따라 기획의 내용 및 방향을 잡아가야 한다. 그렇지 않으면 아무리 멋있고 내용이 충실하다 해도 한낱 휴짓조각에 불과할 수 있다. 게다가 기획 내용에 아무런 매력도 느끼지 못한다면 상사는 읽어도 관심을 가지지 않는다.

상사가 매력을 느끼는 기획이 되려면 일의 '목적'과 '목표'를 염두에 두어야 한다. 다시 말해 '이 기획을 왜 해야만 하는가?'라는 일의 목적부터 명확히 해야 한다. 상사로부터 자주 듣는 "본질이 무엇이냐?"라는 질문은 일의 목적을 명확히 하라는 말과 같다. 즉 일의 목적은 기획의 본질이다.

일의 목적을 분명히 했으면 이어서 '실행을 통해 얻을 수 있는 목표'가 무엇인지 고민한다. 일의 목표는 일정 기간 내에 도달 또는 달성해야 할 바람직한 수준을 말하며, '기간'과 '수준'이라는 두 가지 개념이 반드시 들어가야 한다.

조직의 '올해 매출 목표'에는 "한 해 동안 얼마의 매출액을 달성하겠다."라는 뜻이 담겨 있다. 개인적인 목표도 마찬가지다. 만약 '잘 먹고 잘 사는 것'이 목표라면 이것은 목표가 아니다. 꿈이고 희망사항일 뿐이다. 기간도 없고 수준도 없기 때문이다. 이것이 목표가 되려면 돈이 구체적으로 얼마나 필요한지 수준을 정한 후 언제까지 그 돈을 모을 것인지 기간을 명확히 해야 한다.

그렇다면 기획서에서 상사가 가장 궁금하게 여기는 요소는 무엇일까? 곰곰이 생각하다 보면 기획서에 반드시 담아야 할 내용이 무엇인지 간단하게 추출할 수 있다.

우선 상사가 가장 먼저 살펴보는 것은 '무엇을'에 관한 사항일 것이고, 그 다음은 '어떻게' 하겠다는 것인가 하는 부분일 것이다. 그러므로 무엇을 누가 추진할 것이며, 비용은 얼마이고, 기간은 언제까지, 협업이 필요한 동료는 누구인지 등이 담겨야 한다. 이에 더해 실행했을 때 기대효과와 리스크는 없는지 등을 살펴볼 것이므로, 이 또한 누락시켜서는 안 된다.

그래서 기획서를 두고 상사를 설득시키기 위한 기획을 담은 문서라고 하는 것이다. 문서마다 목적이 있게 마련인데, 기획서의 목적은 바로 '상사를 설득하며 기획을 실현'하는 것이라 할 수 있다.

기획에서 기획서까지

그렇다면 기획에서 기획서까지의 절차는 어떻게 될까? 예를 들어 상사한테 "신입사원 교육 프로그램을 기획하라."는 업무지시를 받았다면 가장 먼저 무엇을 할 것인가?

먼저 상사가 원하는 니즈needs를 분명히 파악해야 한다. 대부분의 직장인이 그저 상사가 시키니까 기획서를 작성한다고 하는데, 주어진 일이니까 한다는 수동적인 자세로 임해서는 제대로 된 기획서가 나올 수 없다. 수동적인 자세는 일 사이에 숨겨져 있는 문제를 찾아내지 못하기 때문이다.

'상사가 듣고 싶은 내용이 무엇일까?' 이런 능동적인 자세를 지녀야 그 일의 목적과 본질을 제대로 발견할 수 있고, 상사가 원하는 문제를 분명히 파악할 수 있다. 결국 가장 좋은 기획서는 상사가 듣고 싶어하

[그림 2-3] 기획서와 일반 문서의 성격

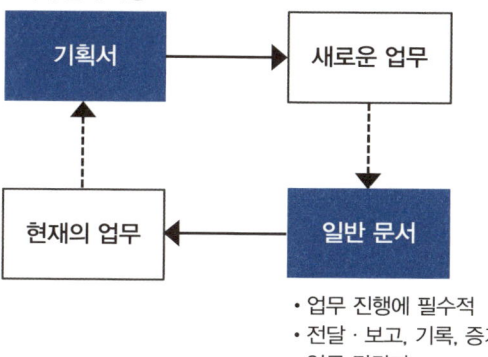

는 '무엇을', '어떻게' 할 것인지가 명확히 담겨 있는 기획서라고 할 수 있다.

상사가 원하는 니즈를 파악했으면 그 다음으로는 '이번 신입사원이 어떤 사람들일까?', '무엇을 학습시켜야 할까?' 등을 생각해야 할 것이다. 이런 질문과 관련되는 정보를 가능한 한 많이 수집하고, 수집된 정보를 세밀하게 분석해야 한다. 또한 분석 결과를 바탕으로 문제와 문제점을 명확히 하고 해결방안을 여러 각도로 찾아보아야 한다. 이때 무엇보다도 중요한 것이 '실행 가능성'이다. 아무리 훌륭한 아이디어가 있어도 실행할 수 없는 해결방안이라면 '실패한 아이디어'에 불과하다. 해결방안은 반드시 실행을 전제로 수립되어야 한다.

마지막으로 구체적인 계획, 일정, 예산 등을 잡아 실행에 옮길 수 있도록 세부 실행계획을 만들어야 한다.

기획서는 회사에서 유일하게 일정한 양식이나 정해진 형식이 없는, 어떤 형태든지 허용되는 서류이다. 상사가 채택하지 않으면 보존하지 않고 폐기해버려도 상관없는 서류이기도 하다. 이러한 특성 때문에 오히려 어떻게 작성해야 좋을지 갈피를 잡지 못하는 경우가 많다. 그러나 반대로 생각하면, 양식이 없다는 것은 나만의 기획서 스타일을 뽐낼 기회라는 의미이기도 하다. 자신의 개성을 표현하고, 자신이 가진 실력을 펼칠 절호의 기회인 것이다. 그래서 기획서는 누구나 쓸 수 있다.

기획서가 지닌 또 다른 특징은 현재의 업무 수행에 필요한 문서가 아니라는 점이다. 기획서는 일반 문서와 성격이 엄연히 다르다. 일반 문서는 업무 진행을 위해 만들어지지만, 기획서는 반대로 업무 개선을 위한 제안, 새로운 제도 도입, 신상품 개발 및 판매 계획 등 새로운 업무를 위해 만들어진다. 이러한 의미에서 일반 문서가 현재형이라면 기획서는 미래형이라고 할 수 있다.

기획에서 필요한 3가지 역량

> "깊은 샘에서 펌프로 물을 퍼 올리려면
> 한 바가지쯤의 마중물이 필요한 것이다."
> – 이병주, 《행복어 사전》 중에서

기획을 잘하는 사람들은 어떤 특징이 있을까? 지식이나 경험이 많고, 실행력이 있으며, 논리적으로 사고하는 등 다양한 특징이 있을 것이다. 이런 특징이 뛰어난 기획자의 핵심이라면 '무엇을 할 것인지'와 '어떻게 할 것인지' 기획의 본질을 명확히 알고, 수집된 정보를 정확히 분석하며, 그것을 논리적으로 표현하여 상사를 설득시킨다는 한 바가지쯤의 마중물을 가지고 있다는 것은 이들의 공통된 핵심역량이다.

사물이나 현상을 꿰뚫어 보는 통찰력

통찰력insight Skill이란 한마디로 사물이나 현상의 본질을 꿰뚫어 보는

[그림 2-4] 뛰어난 기획자의 공통점

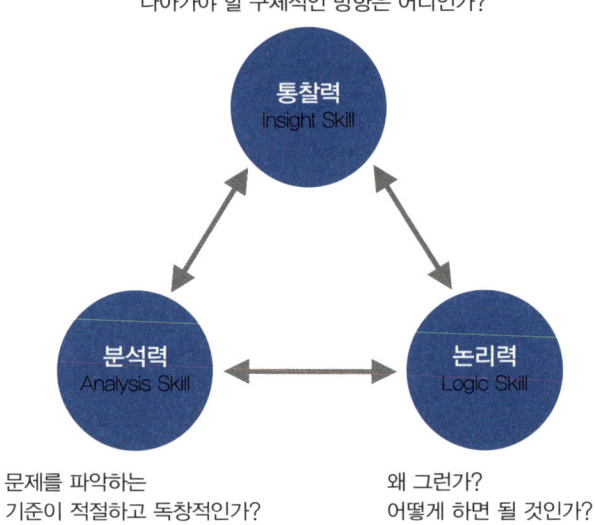

힘이다. insight에서 in-은 '~안에'라는 뜻을 비롯해 시간, 사람, 장소에 따라 '~에서', '~쪽에', '~을 타고', '~의 상태에서', '~속에서', '~하여', '~을 입고' 등의 의미가 있다. 여기에 '시력', '시야', '시계', '광경'을 뜻하는 sight가 결합하여 그 의미가 더욱 분화된 것이다. 다시 말해 눈만 시력, 시야, 시계, 광경을 인지할 수 있는 것이 아니라 마음도 그렇다는 의미이다. 그래서 통찰력을 '마음의 눈in-sight'이라고 하는 것이다. 사물이나 현상을 눈이 아닌 마음으로 보고 끊임없이 사고하는 훈련을 통해 통찰력이 생기면 눈에 보이지 않는 문제의 본질도 꿰뚫게 된다. 결국 기획에서는 통찰력을 통해 정보를 가공하고 변형하는 과정에서 얻는 시사점이나 해결방안이라고 할 수 있다.

그러나 통찰력은 하루아침에 길러지지 않으며 오랜 경험을 통해 조금씩 쌓일 뿐이다. 일에 대해 전체와 부분을 세심하게 관찰하는 일이 반복되고 쌓여야 통찰력이 단련되고 향상될 수 있다. 즉 숲과 나무를 동시에 볼 수 있어야 한다는 말이다. 이와 함께 그 문제를 둘러싸고 있는 환경의 흐름을 볼 수 있는 눈이 있다면 더할 나위 없이 좋다.

전체와 부분을 볼 수 있는 힘은 무엇보다 시스템적 사고에서 시작된다. 시스템적 사고란 단순히 부분의 합으로서의 전체가 아니라 개체들이 상호작용을 일으켜 가치를 확대·재생산해내는 속성을 말한다.

또한 무슨 일을 하든지 이 일과 관련된 사람들이 누구이며, 이 일을 하면 어떤 영향을 미치는가를 생각해보는 사고를 의미한다. 즉 전체를 보는 사고이자 모두가 윈윈Win-Win하는 사고방식이다. 예를 들어 R&DResearch&Development 부서라면 연구만 하는 것이 아니라, 연구기획부터 기술 및 제품개발, 성능 테스트에 이르기까지 모든 단계에서 마케팅과 전략부서 등 타 부서와의 협력을 염두에 두고 일을 진행해야 한다. 독자적인 연구개발에만 전념할 경우 애써 개발한 기술이 상용화되지 않거나, 심지어 회사 전체에 커다란 비용부담만 안기는 결과를 초래할 수 있다. 이러한 통찰력을 기르려면 5가지 습관을 들이면 좋다.

첫째, 매일 새로운 지식을 축적하고 분류한다.

둘째, 일주일에 한번 신간 훑어보거나 책의 핵심과 콘셉트를 파악한다. 특히 독자가 아닌 저자의 관점으로 접근하면 보다 많은 정보와 영감을 얻을 수 있다.

셋째, 잡지의 커버스토리를 주목한다. 잡지의 커버스토리는 기획의 백미로서 소재, 근거, 메시지, 그래픽 등을 어떻게 표현했는지 배울 수 있는 자료가 되므로 꼼꼼히 살펴볼 필요가 있다.

넷째, 개념어로 된 경제경영서를 주목한다. 예를 들어《블링크》라는 책에는 'The Power of Thinking without Thinking 생각하지 않은 생각의 힘'이라는 내용이 있다. 이 밖에《아웃라이어》,《티핑포인트》,《탤런트코드》등 개념어로 된 책을 읽으면 통찰력을 얻는 데 도움이 된다.

다섯째, 법칙이나 이론을 숙지하는 것이다. 깨진유리창 법칙, 파레토 법칙 등 보편적인 이론을 숙지하면 통찰력을 기르는 데 도움이 된다.

정보를 정확히 분석하는 분석력

분석력 Analysis Skill은 사물의 현상을 정확히 분석할 수 있는 능력이다. 정보수집이 끝나면 수집된 정보를 분류하고 그 속에 담겨 있는 의미를 찾아내는 분석활동이 이어진다.

분分이란 '나누는 것'이다. 크고 복잡한 자료나 정보를 그대로 바라보면 그 속에 무엇이 있는지 보이지 않는다. 하지만 나누어 보면 그 안에 무엇이 있는지 보이기 시작한다. 가령 제품을 마케팅하기 위해서는 시장을 나누어야 어떻게 할지가 보인다. 이것을 시장세분화라고 한다.

석析은 '쪼개는 것'이다. 안에 있는 것을 속속들이 들여다보려면 나눈 것을 쪼개고 들어가 그 안을 들여다보아야 한다. 이렇게 분석分析이라는 말은 "크고 복잡한 자료를 나누어 보고 쪼갠다."라는 의미를 지니고 있다. 결국 어려운 문제를 들여다볼 때는 수집한 정보를 가능한 한 여러 조각으로 나누어 잘게 쪼개야 그 안에 들어 있는 의미나 가치를 알아낼 수 있다는 말이다.

기획을 할 때는 정보가 지닌 가치나 의미를 판단하여 문제를 발견하고 해결방안에 활용할지 여부를 결정해야 한다. 잘못된 정보를 믿고 결정하거나 중요한 의미가 숨겨져 있는 정보의 가치를 간과하면 절호의 기회를 놓치거나 위기를 맞을 수 있다. 정보가 지닌 가치에 대한 정확한 분석을 해야 하는 중요한 이유가 바로 여기에 있다.

분석을 잘하려면 챕터5에서 소개한 분석 도구와 기법들을 알아두면 도움이 될 것이다.

원인과 결과의 인과관계를 파악하는 논리력

논리력 Logic Skill은 표면적인 현상을 원인과 결과의 인과관계로 파악하여 근본원인과 해결방안을 규명하는 능력이다. 수집된 정보를 분석한 뒤, 자료를 잘 정리하여 보고를 해도 상사를 설득시키지 못하는 경우가

[그림 2-5] 논리력 패턴

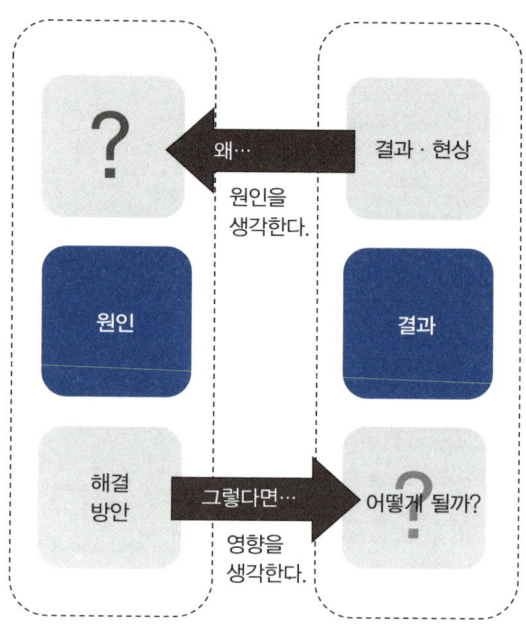

종종 있다. 그래서 단순히 논리적으로 생각하고 논리적으로 표현하는 것에 그치지 않고 문제를 어떻게 밝혀내고, 그 해결방안을 어떻게 조합하고, 상사를 어떻게 설득할 것인가 하는 점이 중요하다.

진정한 논리력은 상사가 "아, 그렇구나!", "명확하고 확신이 든다.", "좋아, 한번 해보자!"라고 실행에 긍정적인 영향력을 끼치는 것이다. 반대로 "논리는 그렇지만…….", "맞기는 한데…….."라는 반응이 나온다면 공허한 논리일 뿐, 상사를 움직이는 논리가 아닌 것이다.

문제해결을 위한 첫 단계로서 해결방안을 도출하려면, 먼저 문제 발생의 인과관계와 구조를 이해하고, 문제의 진정한 원인을 논리적으로 밝힐 수 있어야 한다. 논리력의 기본은 다음과 같다.

- why? 왜 그런지 원인을 생각해야 한다.
- how? 그렇다면 어떻게 해야 할 것인가? 해결방안을 생각한다.

Why?를 철저히 반복하는 것은 사물을 논리적으로 생각하는 데 있어 필수적이다. 상식이라 불리는 것을 깨부수고, 진실에 접근해 문제해결을 하려면 철저히 Why?를 추구해야 한다. 가령 고혈압 환자일 경우 일차적으로는 검사를 통해 원인을 찾긴 하겠지만 한 번으로 그치지 말고 Why?를 반복하는 검사를 계속해서 근본원인을 찾아야 하는 것이다. 그래서 근본원인이 비만이나 운동부족에 있는 것으로 밝혀졌다면, 그제야 식이요법이나 적당한 운동이 해결방안이 될 수 있는 것이다. 이 경우 단지 현상만을 보고 혈압강하제를 처방하는 것은 대증요법을 취하는 것과 같다.

한편, 현재 일어나고 있는 문제를 해결하려면 How?를 철저히 되물어, 상식의 벽을 넘는 해결방안을 찾아내는 논리력이 있어야 한다. 흔히 '예전부터 그랬으니까……', '그런 전례가 없어서……'라는 이유로 사고를 정지시키는 경우가 있는데 이는 제대로 된 How?가 아니다. '사람들이 흔히 그렇다는 것이 늘 올바른 것일까?', '기존 방식은 반드시 성공하는가?', '전례가 없다고 실패하는가?' 등의 How?에서 논리력은 시작된다.

   시대나 환경 변화에 따라서 동일한 해결방안이 다른 결과를 낳을 수 있다. 그래서 시대의 트렌드를 읽는 것이 문제해결에서 더욱 중요하다. 논리력이 중요한 이유는 사소한 의사결정부터 중요한 의사결정까지 그 결정을 현명하게 판단해주기 때문이다.

Chapter 3

기획서,
어떻게 작성할 것인가

"대학에서는 학생들이 장래 회사의 사원이 되었을 때 필요한 아주 가치 있는 한 가지를 가르치고 있는데, 극소수의 학생들만이 그것을 배우기 위해 노력한다. 그것은 다름 아닌 아주 기초적인 기술로서 어떤 아이디어를 정리하여 글로 쓰거나 말로 표현하는 능력이다."
– 피터 드러커

직장인이라면 기획서를 비롯한 각종 문서를 작성하는 데 많은 시간을 보낸다. 그만큼 직장생활에서 기획서 작성은 중요한 업무 중 하나이다. 직장생활에서 기획서가 중요한 이유는 공식적인 의사소통을 할 때 가장 중요한 수단이 되기 때문이다.

회의나 미팅에서 사용하는 말과 행동은 기획서 형태로 정형화되어야 비로소 책임 있는 의사결정이 가능해진다. 간단한 의사결정은 기획서 없이 몇 마디 말로도 가능하지만 복잡한 문제해결이나 책임이 따르는 의사결정은 말만으로는 끝낼 수 없다. 문제가 복잡하고 책임이 무거울수록 기획서는 눈부시게 빛난다.

현대와 같은 정보화 시대에서 문제해결에 꼭 필요한 정보를 찾아내는 것은 모래 속에서 진주를 찾아내는 것과 같다. 이 진주를 잘 엮어 기획서를 작성하는 것은 "구슬이 서 말이라도 꿰어야 보배다."라는 속담처럼 문제해결을 위해 중요한 과정이다. 하지만 문제해결을 위해 효율적인 의사소통과 높은 업무생산성이 가능한 기획서를 쓰기란 쉽지 않다. 기획서를 잘 쓴다는 것이 글을 잘 쓰는 것을 의미하지는 않기 때문이다. 이러한 측면에서 기획서는 문제해결 과정을 담아 업무생산성을 높이는 의사소통의 수단으로 활용됨을 잊어서는 안 될 것이다.

———

직장에서 '기획을 한다'는 것은 어떤 문제를 해결한다는 뜻이고, 기획서 작성능력은 곧 직장에서의 업무능력과 직결된다고 할 수 있다. 한 개인이 지니고 있는 직무지식과 정보, 통찰력 있는 분석, 상하동료 간의 의사소통, 추진력 등의 결정체가 바로 '기획서'이다.

그러나 기획서를 쓰는 일은 늘 어렵다. 딱히 기획서 쓰는 법을 알려주는 곳이 없고, 제대로 된 가이드북도 방법론도 찾아보기 어렵다. 그렇다 보니 직장인이라면 누구나 신입사원 시절에 겪은 첫 기획서에 대한 쓰라린 추억이 있게 마련이다. 며칠을 끙끙대며 작성한 기획서가 붉은색 펜으로 난도질당해 되돌아왔을 때의 심정이란……. 이처럼 기획서는 상사에게 깨지면서 배우거나 주위 선배나 동료들로부터 알음알음으로 배우는 것이 일반적이었다. 선배들은 "원래 깨지면서 배우는 것이다."라고 말하지만 후배들은 "왜 혼나면서 배워야 하는 걸까?" 의구심이 계속 든다.

더구나 직무 특성상 기획서를 자주 써야 하는 전략부서나 기획부서 사람들까지도 이런 어려움을 심심찮게 겪고 있다. 처음 신입사원으로 입사한 후 연수원에서 일정 기간 교육을 받긴 하지만, 기획서 작성 등 문서작성 실무에 관한 실질적인 교육은 거의 이루어지지 않는다. 나아가 구체적으로 어떤 내용을 어떤 방식으로 써야 하는지조차 가르쳐주지 않는다.

　최근 시중에 나온 기획서 작성에 관한 책을 찾아보아도 대부분 사업계획서 작성, 일반 문서 작성, 파워포인트 작성 등 특정 분야에 한정되어 있다. 일반적인 기획서 작성법, 특히 직장인들이 참고할 만한 기획서 작성 가이드북은 찾아보기 어렵다. 운이 좋아 기획서를 잘 쓰는 상사나 선배를 만나면 기획서 작성 실력이 하루가 다르게 늘겠지만, 그렇지 못할 경우 직장생활 10년을 해도 여전히 기획서 작성으로 인한 스트레스를 받아야 하는 것이 현실이다.

　상사와 선배에게 의존하지 않고 체계적인 기획서 작성 교육이 이루어진다면 얼마나 좋을까? "기획서를 잘 써야 한다."는 뜬구름 잡기식 교육이 아니라 상황에 따라 문제의 유형을 구분하고, 유형별로 구체적인 기획서 작성법이 있다면 얼마나 좋을까? 그렇다면 우리가 기획서를 잘 쓰는 방법에 대한 매뉴얼을 만들어보는 게 어떨까? 이번 챕터는 이러한 문제의식과 고민에서부터 출발했다.

기획서 작성의 기본원칙

"사소해 보이는 일에도 엄격하게 원칙을 지키는 것을 중요하게 생각하자.
겉으로 보기에 부수적이고 하찮고 방해되거나 귀찮아 보이는 사소한
일에서도 작은 진리나 거짓이 드러나기 때문이다."
– 요르크 치틀라우

훌륭한 기획서를 작성하기 위해서는 '어떻게 써야 상사의 입장에서 만족스러울 것인가' 하는 점을 염두에 두어야 한다. 기획서는 업무를 하는 데 있어 일종의 의사소통 수단이기 때문에 기획자와 상사 간에 의미가 잘 전달되는 것이 가장 중요하다. 따라서 훌륭한 기획서는 기획서를 작성하는 방법이나 주제에 따라, 상사의 취향이나 강조하는 사항에 따라 그 요건이 달라진다.

수많은 사례를 살펴본다면, '훌륭한 기획서'의 일반적인 기본원칙을 찾아내는 것이 그리 불가능하지만은 않다. 직장에서 인정받는 기획서들의 기본원칙을 살펴보면 다음 6가지 질문을 만족시키는 것이었다.

하나, 기획 목적에 적합한가

'훌륭한 기획서'는 기획하려는 목적이 무엇인지가 분명하게 드러난다. 왜 기획한 것인지, 무엇을 결정해야 할 것인지 등 기획 목적이 분명하며, 기획서의 전체 내용이 기획 목적과 취지에 잘 부합한다는 의미이다.

기획 목적에 부합하는 기획서를 쓰려면 기획서에서 다루려고 하는 문제가 상사에게 충분히 가치 있는 내용인지를 우선 검토해야 한다. 상사가 기획서를 읽고 나서 "왜 이런 기획을 한 것일까?", "이 기획서의 목적은 무엇인가?"라는 의문이 들게 해서는 안 된다. 상사가 기획자의 기획 목적과 문제를 공감하고 가치 있는 기획이라고 인정하도록 만들어야 한다. 이를 위해서는 기획서를 작성하기 전에 기획 목적과 문제에 대해 충분히 고민하고 토의를 거치는 것이 바람직하다.

둘, 내용이 정확한가

'훌륭한 기획서'는 정확한 내용을 담고 있어 저절로 믿음이 간다. 이런 기획서를 작성하려면 기획자의 이해관계와 선입견, 의견을 철저히 배제하고 객관적이고 중립적인 입장에서 모든 관련 사항을 팩트로 확인해야 한다. 이때의 팩트는 상사의 정확한 판단에 도움이 되는 팩트여야 한다. 애매하거나 혼란을 줄 우려가 있으면 증명될 때까지 그것을 배제해야 한다. 또한 특정 조직의 의견만을 반영하지 말고 관련된 이해당사자들의 의견을 균형 있게 담아내야 한다.

하지만 현실적으로 기획서를 작성하다 보면, 부정확하고 모호한 자료나 정보를 선택할 때도 있다. 이 경우 모호한 자료를 얼마나 확인하고 분석해서 정확하고 명확하게 기획서를 만들 것인가가 중요한 관건이다. 그래도 어쩔 수 없는 부분이 있다면 이때는 얼마나 팩트대로 기술하느냐가 중요하다. 최대한 팩트를 확인해서 정확한 내용을 담아 보고해야 훌륭한 기획서라고 할 수 있다.

셋, 간결하게 정리했는가

보고하려는 문제나 내용이 간단하고 명료하게 드러난 기획서가 훌륭한 기획서다. 이런 기획서를 작성하려면 내용이나 구성이 산만하지 않도록 신경을 써야 한다. 기획서에 너무 많은 내용을 담으려고 욕심을 부려서도 안 된다. 특히 불필요한 미사여구나 수식어 사용은 피해야 한다. 연구논문처럼 장황하게 서술해서도 안 된다. '극히', '매우', '결코' 같은 부사의 남용을 자제하고 과장된 표현을 피해야 한다.

그렇다고 단어를 지나치게 함축해서 사용하면 본래의 의미가 왜곡될 수 있다. 더불어 조사를 너무 많이 생략해서 시제나 주어를 헷갈리게 해서도 안 된다. 그래서 바람직한 기획서 문체로 '서술형 개조식'을 권장하는 것이다. 이는 서술식으로 조사나 부사를 충분히 사용하되 '~되었음', '~하였음' 형태로 문장을 끝맺음하는 것을 말한다. 다시 말하지만 짧고 간략하면서도 기획자가 하고 싶은 얘기나 목적을 충실히 담은 기획서가 훌륭한 기획서다.

넷, 이해하기 쉽게 썼는가

훌륭한 기획서는 추가 설명 없이도 이해할 수 있게 작성된 것이다. 즉 상사의 눈높이에 맞추어 작성된 기획서라고 할 수 있다. 기획자는 기획서를 작성하는 과정에서 많은 고민과 다각적인 검토를 하게 되므로 그 문제에 대해 정통하게 마련이다. 하지만 기획서를 읽는 상사는 그렇지 않다. 또한 상사는 기획서에 기재된 내용과는 상반된 가치를 다각도로 고려해 의사결정을 내려야 하는 경우가 대부분이다.

기획서를 읽는 상사는 어느 한 부서 혹은 특정 분야의 전문가일 수 있지만, 그 자리에 있을 정도가 되면 대개는 관리자형 상사라고 할 수 있다. 따라서 기획서는 관리자형 상사가 읽고 나서 어떤 판단을 내릴 때 도움이 되는 것이어야 한다.

기획서를 이해하기 쉽게 쓰려면 전문용어나 어려운 한자, 불필요한 외래어 등을 지양하고 꼭 필요할 때는 괄호로 설명을 덧붙이는 것이 좋다. 그러면서도 기획의 주제를 충분히 전달할 수 있도록 의미 있는 핵심 내용을 포함해야 한다. 기획서 중간에 예시나 사례를 적절히 제시하는 것은 기획서에 생명을 불어 넣는 일이다. 그래프나 그림을 넣는 것은 기획서를 다채롭고 풍성하게 하는 일이다.

헤드라인 메시지를 작성할 때는 장표의 내용을 축약한 형태로 대표할 수 있느냐 하는 점이 중요하다. 헤드라인 메시지를 이와 같이 뽑는 이유는 상사가 이 메시지를 읽고 전체 내용을 읽을지 말지 결정할 수 있도록 하기 위해서다. 단순하지만 기획자들이 쉽게 고치지 못하는 습관 중 하나가 헤드라인 메시지를 자기 위주로 작성하는 것인데, 반드시 버려야 할 습관이라 할 수 있다.

기획서를 자주 써본 사람이라면 누구나 "기획서를 어렵게 쓰는 것은 쉽고, 쉽게 쓰는 것이 오히려 어렵다."라는 말에 공감할 것이다. 기획서를 쉽게 쓰려면 기획자가 내용을 충분히 이해하고 소화하고 있어야 한다. 기획자가 이해하지 못한 내용은 상사도 이해할 수 없는 법이다.

다섯, 논리적 완결성을 갖추었나

논리적 완결성을 갖춘 기획서는 더 이상 추가적인 보고 없이 의사결정을 할 수 있을 정도로 논리적 완성도가 높은 기획서를 말한다. 따라서 기획서를 쓰고 난 후에는 최종보고 전에 상사의 입장에 서서 의문사항을 체크해보고, 기획서가 이에 대한 해답을 논리적으로 제시하고 있는지 점검하는 것이 바람직하다. 동원 가능한 모든 지식과 경험, 다양한 의견을 용광로처럼 녹여내야만 완벽한 기획서가 탄생할 수 있다.

여섯, 시의적절한 시점에 보고했는가

아무리 가치 있는 정보와 좋은 내용이라도 때를 놓치면 훌륭한 기획서라고 하기 어렵다. 상사가 가장 필요로 하는 시점에 보고가 이루어져야 하는 것이다. 시급하지도 중요하지도 않은 문제를 너무 일찍 보고하는 것도 좋지 않지만, 그렇다고 시기를 놓쳐 뒤늦게 보고하는 것은 더더욱 좋지 않다.

문제의 성격, 상사의 요구와 상황 등을 고려하여 '최적의 시점'을 선택해야 한다. 대개는 구두로 간략히 보고하고 나서 상사의 반응을 감안하여 최적의 보고시기를 선택한다.

[미국 CIA 정보 보고서 작성의 기본원칙 10가지]

1. 결론을 먼저 서술(Put big picture, Conclusion First)

    시간이 촉박하므로 무엇을 말하려고 하는가를 빨리 전달한다.

2. 정보의 조직화, 체계화(Organize Information)

    불필요한 반복을 회피하고 요점을 정리한다.

3. 보고서의 형태 이해(Understand Format)

    유형별로 정해진 양식과 기법에 따라 기술한다.

4. 적합한 언어 사용(Use Precise Language)

    작성자와 이용자가 똑같이 이해할 수 있는 언어를 사용한다.

5. 단어의 경제적 사용(Economic on Words)

    문장은 두 줄 정도가 적절하며 미사여구와 전문용어는 회피한다.

6. 생각한 것을 분명하게 표현(Achieve Clarity Thought)

    표현이 불분명하면 내용도 불분명하므로 작성 전에 생각하는 바를 미리 정리한다.

7. 능동태 표현(Use Active Voice, not Passive Voice)

    능동태 문장은 직접적이고 확실하고 적극적인 의미를 전달한다.

8. 작성한 보고서를 스스로 편집(self-edit Your Writing)

   한 번 더 검토하고 동료에게 오자, 탈자, 내용상 하자 등에 대해 의견을 듣는다.

9. 정보 사용자의 수요를 분명히 파악(Know Your Reader's Needs)

   매사에 그렇듯이 상대방이 무엇을 알고 싶어 하는가를 끊임없이 생각한다.

10. 동료의 전문지식과 경험을 활용(Draw on the Expertise and Experience on Your Colleagues)

    동료들의 통찰력과 지식까지 모두 녹아들어 갈 수 있도록 작성한다.

좋은 기획서의 5가지 조건

"아는 자는 좋아하는 자만 못하고
좋아하는 자가 즐거워하는 자만 못하다.
知之者不如好之者 好之者不如樂之者"
– 공자

좋은 기획서를 작성하려면 먼저 기존의 좋은 기획서들이 어떤 좋은 점을 가지고 있는지 분석할 필요가 있다. 그 결과 좋은 기획서는 다음의 5가지 조건을 가지고 있음을 파악할 수 있었다.

1. 기본적인 형식을 갖추고 있다.
2. 목적과 핵심적인 내용이 명확하다.
3. 형태가 단순하다.
4. 읽으면 읽을수록 흥미진진興味津津하다.
5. 본질적인 문제의식이 담겨 있다.

위의 5가지 조건을 한마디로 요약하면 '상사의 입장에서 생각해보고 작성하라'는 것이다. 이것이 오류투성이의 기획서를 피할 수 있는 유일한 '핵심 열쇠'다. 자, 이제 좋은 기획서의 5가지 조건의 세부적 내용을 알아보자.

기본적인 형식을 갖춰라

입사한 지 얼마 되지 않는 직장인들이 가장 많이 지적 받는 말이 "기본도 안 되어 있다."는 말일 것이다. 이는 "기획서가 갖춰야 할 최소한의 형식도 갖추지 않았다.", "목적에 맞게 내용이 작성되지 않았다.", "기본적인 논리구조나 문법이 맞지 않다." 등 여러 의미를 내포하고 있다. 기획서는 목적에 맞게 저마다 요구되는 기본적인 사항들이 있다. 정해진 형식이 있는 경우에는 이를 따르는 것이 기본이다.

'기본도 안 되어 있는' 기획서로 불명예를 안는 경우는 다음과 같다.

- 기획서 서식조차 제대로 갖추지 않았다.
- 제목이나 차례에 기획서 내용이 제대로 드러나지 않았다.
- 누가, 언제, 어떤 목적으로 작성했는지가 없다.
- 오탈자나 맞춤법, 시제 등이 틀리다.
- 기승전결起承轉結의 논리체계를 갖추지 않았거나 논리전개가 뒤바

꾸어 있다.

이런 불명예를 안는 가장 큰 이유는 4가지로 압축해볼 수 있다.

첫째, 정해진 기획서 양식을 무시하고 작성하는 경우다. 표준서식을 무시한 기획서는 '표준'에 익숙해 있는 상사에게 불편함을 안겨준다. 표준서식이란 기획서의 형식과 규칙을 정해 지키라고 만들어놓은 것이다. 글자체, 글자 크기, 줄 간격, 헤드라인 쓰는 법 등이 안 맞는 기획서는 읽기조차 싫다는 것이 상사들의 공통된 의견이다.

둘째, 제목과 목차가 부실한 경우다. 기획서가 몇 건씩 밀리면 상사는 부득이하게 우선순위를 매길 수밖에 없다. 이 경우 어떤 기획서를 먼저 읽어야 하는가, 가장 중요한 기획서는 무엇인가 등을 결정해야 하는데, 기획서의 제목이나 목차를 보고 의사결정의 긴급성과 중요성을 판단할 수밖에 없다. 그런데 제목이 너무 포괄적이거나 목차가 기획의 내용을 제대로 담아내지 못하면 상사가 오판하여 뒤로 밀릴 수밖에 없다.

기획서를 작성하다 보면 기획한 조직이나 보고일자, 기획목적 등을 누락하는 경우가 종종 있다. 흔히 기획서를 다 쓰고 마지막에 겉표지를 붙이거나 머리말·꼬리말을 적는데 보고시간에 쫓기다 보면 이 같은 기본사항을 깜빡 잊어버리거나 형식적으로 작성하게 되는 것이다. 이럴 경우 누가, 언제, 어떤 목적으로 작성을 했는지 알 수 없는 '괴문서'가 되어버린다. 이런 기본사항을 놓치지 않기 위해서라도 미리 기재된

'표준서식'에 따라 기획서를 작성해야 한다.

셋째, 오탈자나 맞춤법 실수, 부주의한 시제 사용이 자칫하면 그 기획서 전체의 신뢰성을 떨어뜨릴 수 있다. 예컨대 과거형과 미래형 시제를 구분하지 않은 경우다. "제3분기 실적점검 미팅을 하였음"라고 작성하고, 이번 미팅은 "마케팅팀 5명, 전략팀 5명이 참석할 예정임"라고 작성하면 지나간 미팅인지 열릴 미팅인지 알 수가 없어 문서의 신뢰를 떨어뜨린다.

넷째, 문제발견부터 해결과정, 실행에 이르기까지 기승전결의 논리체계를 갖추지 않는 경우다. 특히 논리의 비약이 있거나 전개가 뒤바뀌게 되면 설득력이 떨어지게 된다.

목적과 핵심적인 내용을 명확히 하라

기획서를 읽고 이해하는 데 시간이 많이 걸린다면 결코 좋은 기획서가 아니다. 특히 양이 많아 불필요한 내용이 많고 무엇을 주장하는지 명확하지 않은 것보다 한 페이지라도 핵심적인 내용으로 목적이 명확한 기획서가 좋은 기획서이다.

보고를 받는 대부분의 상사는 시간을 몇 분 단위로 쪼개서 사용하는 빡빡한 일정으로 일하고 있다. 이런 바쁜 일정 가운데 매일 몇 십 건씩 올라오는 기획서를 읽어야 한다. 상사의 결재나 지시가 없으면 더 이상 진행할 수 없는 과제도 있고 상사가 꼭 알고 있어야 하는 사항까지 매일 보고된다. 상사 입장에서는 어느 것 하나 주의 깊게 읽어보지 않으면 안 되는 사항들이다. 그런 가운데 수십 페이지에 달하는 장황한 기획서나 초점이 명확하지 않은 기획서를 읽기란 여간 고역이 아닐 것이다. 내용이 장황하고 초점이 없는 기획서는 다음과 같은 공통점을 가지고 있다.

- 표현이 모호하여 명확한 내용을 알 수가 없다.
- 자기만의 해결방안 없이 다양한 사례나 견해 소개에 그친다.
- 연구논문처럼 깊이 다루다 보니 불필요하게 내용이 길어진다.
- 시사점과 무관한 것을 상세히 설명하거나 유사한 내용의 말을 바꿔가며 다시 설명한다.

기획서 작성 과정에서 개념이나 내용을 가다듬지 못했기 때문에 발생하는 문제들이다. 그러다 보니 논리적으로 말이 안 되는 곳이 많아 기획서 초안을 그대로 제출한 것이 아닌가 의심될 때도 있다. 결국 투자된 시간과 노력이 있어야 기획서를 읽는 사람에게 좋은 기획서로 전달되는 것이다.

기획서에는 문제를 해결하기 위한 자신만의 해결방안이 분명히 담겨 있어야 한다. 다양한 사례나 의견만 소개하고 기획자의 해결방안이 빠져 있다면 이는 '살아 있는' 기획서라고 말할 수 없다. 기획서는 연구논문이 아니다. 길고 양이 많을수록 좋은 것이 아니며, 필요한 만큼만 적절히 써야 한다. 문제의 한 측면만을 집중적으로 부각하여 장황하게 쓰는 것 또한 부적절하다.

한편, 시사점과 관련이 없는 것을 상세히 설명해놓은 기획서도 있는데, 이런 기획서는 불필요한 주변 설명에 갇혀서 정작 중요한 핵심 내용을 놓치게 만든다. 참고사항은 간단히 서술해주거나 별도로 첨부하는 것이 바람직하다. 유사한 내용을 용어만 바꿔 다시 설명하는 것도 피해야 한다. 기획서의 각 문장마다 새로운 시각과 정보가 들어 있어야 한다. 중언부언重言復言하는 것은 금물이다.

의미 있는 단순한 형태를 지향하라

좋은 기획서는 의미가 전달될 수 있는 가장 단순한 형태로 작성되어 있다. 상사가 기획서를 처음 보고받았을 때, 될 수 있는 한 쉽고 단순하게 느끼도록 하는 게 중요하다. 실제로 상사는 눈에 익은 것, 이해하기 쉬운 것, 그 의미가 빨리 다가오는 것을 더 좋아하는 경향이 있다. 이를 '능숙도Fluency'라는 용어로 설명할 수 있는데, 무언가 쉽게 인지되면 '내가 그것을 좋아해서'라고 생각하게 된다는 것이다.

단순함을 선호하는 상사의 심리를 설명할 때, '사람이 사물의 전체와 부분을 어떻게 인지하는지'를 설명하는 게슈탈트Gestalt 이론이 종종 사용된다. 게슈탈트 이론 중 하나인 프레그넌츠의 법칙The law of Pragnanz은 사람이 환경 속에서 사물을 인지할 때에는 가능한 한 가장 단순한 형태로 지각하려 한다는 법칙이다. 인간의 뇌가 많은 것을 한꺼번에 처리하지 못하기 때문에 그렇다는 것이다.

실제로 보통 사람의 기억력은 약 7개의 정보를 약 18초 동안 기억할 수 있다고 한다. 또한 인간의 뇌는 현상을 설명할 수 있는 가장 단순한 패턴을 찾으려는 경향이 있다고도 한다. 즉 우리의 뇌는 본능적으로 복잡한 형태를 단순화하려 하고, 복잡한 형태보다는 이미 단순화된 형태에 더 친숙하게 반응하며 더 쉽게 처리한다. 기획서에서 흔히 말하는 '선택의 수가 늘어나면 의사결정의 질이 떨어지는 것'과 일맥상통하는 내용이다.

기획서에서 의미 있는 단순한 형태란, 문제를 해결해나갈 때 불필요하거나 중요하지 않는 요소를 제거하며 문제의 본질에 가장 가깝고 단순한 해결방안을 담는 것이다. 이럴 때 주요 내용들이 좀 더 빠르게 상호작용하므로 효율적이며 안정적이라는 느낌을 준다. 여기서 명심해야 할 사항은 상사는 단순함을 좋아하는 것이 아니라 '의미 있는 단순함'을 좋아한다는 점이다. 따라서 단순하되, 문제나 해결방안의 깊이를 부여할 수 있도록 어느 정도의 복잡함을 단순함으로 구현해 제시할 필요가 있다.

기획서의 단순한 형태란 '무엇을 넣느냐'가 아니라 '무엇을 빼느냐'에 대한 통찰력이다. 이런 기획서 작성 원리를 가장 단순하고 명료하게 표현한 것이 KISS Keep It Simple, Stupid!인데, 전투기 제조업체로 유명한 록히드 스컹크 웍스Lockheed Skunk Works의 수석 엔지니어 켈리 존슨Kelly Johnson이 처음 사용해서 널리 알려진 표현이다.

전투 중이던 전투기에 기계 고장이 생겼을 때에는 쉽고 빠르게 복구할 수 있어야 한다. 이를 대비하기 위해 단순함이 중요하게 고려됐던 것이다. 가장 단순한 형태의 해결방안이 가장 유용하고 효율적임을 강조하는 KISS는 이후 엔지니어링이나 소프트웨어 개발에서도 중요한 원칙이 되었다. 아울러 기업 경영 전반에도 적용되고 있다.

그러나 기획서를 너무 단순화하면 그에 따른 깊이도 단순해져서 상사가 쉽게 싫증낼 위험이 있고 내용을 차별화하기도 힘들다. 단순함의 반대 개념인 복잡함complication을 줄이는 것은 좋지만, 이 단순함이 문제와 해결방안의 깊이와 논리성을 해쳐서는 안 된다. 훌륭한 단순화란 내용의 논리성 뒤에서 벌어지는 복잡함을 감추거나 단순하게 만드는 능력이다. 이것이 '의미 있는 단순함meaningful simplicity'이다.

읽으면 읽을수록 끌리도록 작성하라

읽을수록 명쾌하게 이해하기는커녕 의문점만 증폭되는 기획서가 있다. 기획서는 어떤 문제에 대해 설명해서 상사가 의사결정을 하는 데 도움을 주기 위한 것이다. 그런데 해결방안에 대해 충분히 설명하지도 못하고 필요한 의견도 제시하지 못하면 상사가 적절한 판단과 결정을 내릴 수가 없다.

대부분의 직장인들은 기획서를 길고 많은 양으로 작성하면 안 된다는 강박관념을 갖고 있다. 주로 간략하게 정제된 언어로 함축해서 개조식으로 쓴다. 중간보고나 구두보고를 했던 기획서를 다시 보고하는 경우에는 결과 위주로 간략하게 쓰고, 지금까지의 논의 과정이나 추진 과정을 작성할 때에는 추진계획 위주로 간략하게 쓴다.

하지만 이렇게 작성하면 읽을수록 궁금한 점이 생긴다. 예를 들어 [그림 3-1]을 보면 '구성원 육성 전략 수립 프로젝트'가 선정되고 난 후 프로젝트팀에서 3회에 걸쳐 미팅을 했고, 부문 의견을 수렴하고 육성 방향과 추진과제도 선정한 것으로 나온다. 그런데 이 미팅에 대해 자세히 알고 있지 않으면 프로젝트팀에서 3회에 걸쳐 무엇을 논의하고 도출했는지 알 수가 없다. 부문장이나 담당 임원에게 보고했을 때 어떤 반응을 보였는지, 개선이나 보완사항은 무엇이었는지 궁금증을 자아낼 수밖에 없다. 부문 구성원의 의견수렴 결과는 어떠했는지도 이 기획서만 읽어봐서는 알 수가 없다.

이런 정보들이 없는 상태에서 의사결정을 해야 하는 상사의 입장은 여간 난감한 것이 아니다. 만약 상사가 어떤 지시를 내리거나 지적한

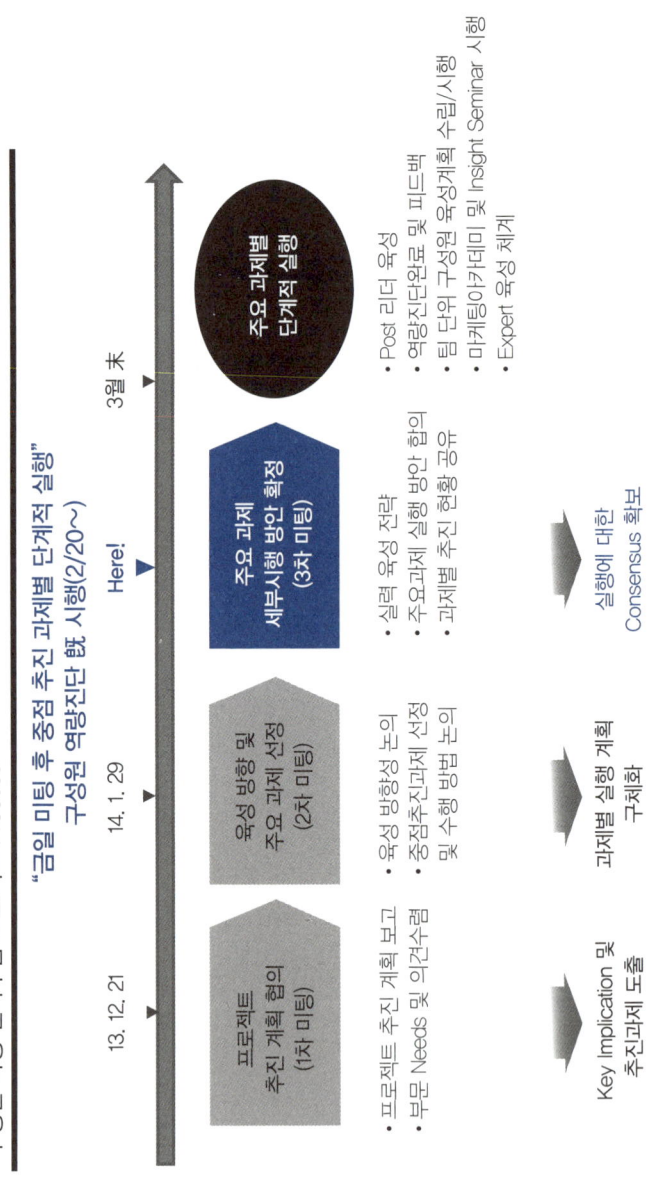

[그림 3-1] 추진계획 사례

것이 부문장이나 담당 임원이 지적한 것과 겹치지는 않는지, 아니면 정면으로 배치되는 것은 아닌지 등을 알 수 없기 때문이다.

기획서는 사전에 어떤 논의 과정을 거쳐 상사에게까지 보고하게 되었는지가 상세히 나타나 있어야 한다. 어떤 계기로 기획서를 쓰게 되었는지, 미팅이나 토론이 원만하게 진행된 것인지, 쟁점사항은 무엇이고 어떻게 정리되었는지 등이 분명해야 한다. 그런 기획서라야 읽으면 읽을수록 '그러면 어떻게 된다는 것이지?', '해결방안은 무엇이지?'를 궁금해 하면서 계속 다음 내용으로 눈길을 주게 된다.

본질적인 문제의식을 담아라

깊이 고민하지 않고 현상만 가지고 단편적으로 작성한 기획서들이 있다. 회사의 경영전략 기획서나 신사업추진 기획서가 이렇다면 문제는 실로 심각해진다. 상사 입장에서 보면 전략이나 사업추진을 기획하고 추진 상황을 점검한 결과는 중요한 의사결정의 토대가 된다. 모든 기획서는 고민한 만큼 '깊이'가 있다. 얼마만큼 고민했는지, 어떤 상황까지 고려했는지, 문제에 얼마나 본질적으로 접근했는지 등 기획서를 읽어보면 금방 알 수가 있다.

특히 단순하게 사례만 나열한다거나, 심도 깊은 분석 없이 현황보고에 그쳐서는 상사의 요구를 충족시킬 수 없다. 보고받는 상사 입장에서는 기획서를 읽고 나서 어떤 결정이나 조치를 취해야 하는지가 중요하다. 그냥 참고로 알고 있기만 하면 되는 것인지, 아니면 어떤 지시를 내려야 하는 것인지 등 모든 기획서는 각각의 목적이 있기 마련이다. 기획자가 상사에게 이렇게 해줬으면 하는 바람이 있을 수도 있다. 하지만 상사에게 그것이 전달되지 않는다면 무슨 소용이 있겠는가? 구체적이고 명확하게 기획서를 작성하지 않으면 의사결정을 해야 하는 상사에게 부담만 안겨줄 뿐이다.

기획서를 열심히 읽었는데 무엇을 결정해야 할지, 무슨 조치를 취해야 할지 모를 때만큼 막막한 경우도 없다. 의사결정을 바란다면 무엇을 결정해야 하는지 기획서 본문에 구체적으로 드러내거나 해결방안 부분에서 제시를 해야 한다. 특히 해결방안에 해당 의사결정 사항을 담았더라도 실행 부분에서 다시 한 번 요약·정리해서 무엇을 의사결정해야 하는지 명확히 해주면 더욱 좋다. 보고 받는 상사의 입장을 한번이라도 생각해본다면 이러한 문제는 쉽게 발견할 수 있을 것이다.

기획서 작성의 표준 절차

"기본에 충실해야 일등이 된다."
– 거스 히딩크

일반적으로 기획서을 작성하고 보고하고 실행하는 절차는 크게 기획의 목표설정과 기획서 구상, 정보수집과 분석, 기획서 작성, 보고와 실행 단계로 나누어볼 수 있다. 또한 실제로 기획서를 작성하는 사안에 따라 일부 과정을 생략하거나 더 세분화할 수도 있다.

그러나 일반적으로는 이 4단계 과정을 거쳐 기획서 작성이 이루어지는 만큼 '기획서 작성과 실행의 기본 틀'이라고 이해해도 좋다.

[그림 3-2] 기획서 작성의 표준 절차

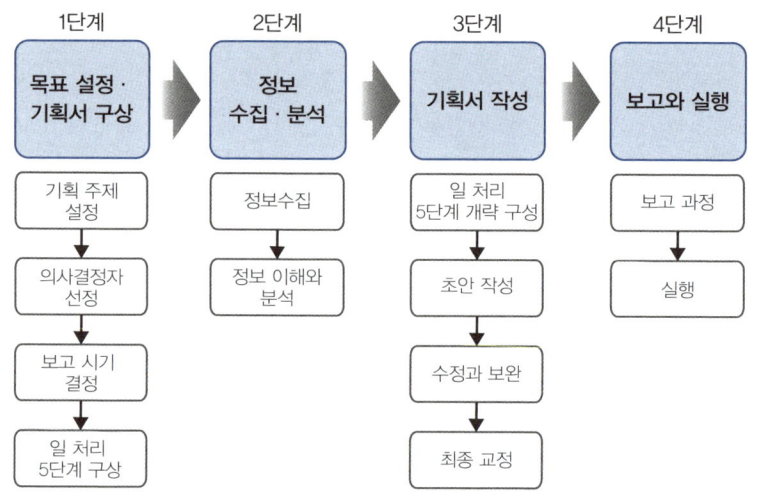

1단계_ 기획의 목표를 정하고 기획서를 구상하라

기획서를 작성하기 전에 먼저 어떤 주제로, 누구에게, 언제 보고할 것인지를 통해 달성하려는 목표가 무엇인지를 분명히 하는 것이다. 물론 자료수집이나 기획서 작성 과정에서 기획의 목표를 변경할 수도 있다. 하지만 목표가 분명해야만 다음 단계에서 구체적인 자료수집 등을 제대로 할 수 있으므로 방향을 잘 잡는 것이 무엇보다 중요하다.

이를 기반으로 어떤 내용의 기획서를 쓸 것인지 대체적인 구상을 한다. 기획서 구상에 있어서 가장 중요한 사항은 전체 목차와 목차별로 어떤 내용을 담을 것인가 하는 점이다. 소위 '스토리 라인story line에 스토리를 붙여보는' 것을 말하는데, 이를 통해 기획서 작성의 큰 방향을 잡을 수 있다. 여기서 중요하게 고려할 사항은 다음과 같다.

기획의 주제는 무엇인가

핵심 문제를 도출하고 그 문제를 어떤 이유로, 어떤 목적에서 기획하려고 하는지를 분명히 한다. 업무수행 과정에서 문제의식을 가지고, 문제해결이 필요하다고 판단되는 주제를 찾아내는 연습을 끊임없이 해야 한다.

평범한 문제에 대해 기획의 주제를 잘 잡아내는 것은 하나의 능력이며, 이런 능력은 노력과 훈련을 통해서만 이루어진다. 어떤 문제를 기획할지 결정하는 데 충분한 시간을 투자하는 것은 제대로 된 기획을 하기 위해서도, 불필요한 기획을 줄이기 위해서도 아주 중요하다.

상사는 누구인가

이 기획서를 누가 읽게 될 것인지, 어디에 사용될 것인지를 생각해야 한다. 조직 내 보고로 그칠 경우 대개 상사 중 한 사람이다. 하지만 경우에 따라 회사의 CEO나 사장단 회의 같은 상위 회의체에 보고되는 경우도 있고, 불특정 다수의 고객을 대상으로 발표하거나 교육하는 경우도 있다. 상사에게 보고하고 난 후 대외공개 등 다른 용도로 사용하는 경우도 있으므로 이런 점까지 염두에 두어야 한다.

특히 상사가 누구인지에 따라 기획서의 내용과 형식, 실현성의 정도, 분량 등을 적절하게 조절해야 한다. 고객이 누구인가에 따라 상품과 포장이 달라지는 것과 같은 이치다. 기술적이고 전문적인 문제에 대한 기획의 경우, 상사가 해당 분야에 대한 전문지식을 가지고 있는지 그렇지 않은지에 따라 기획서를 달리 작성해야 한다.

언제 보고할 것인가

상사가 필요로 하는 최상의 보고 시기가 언제인지를 미리 판단한다. 상황이 애매하거나 복잡해서 상사조차도 최적의 시기를 알기 어려운 경우가 있다. 이처럼 보고시기를 알기 어려운 경우에는 구두보고 등의 형태로 간략한 '중간보고'를 한 후 상황을 보아 가면서 '최종보고'를 하는 것도 하나의 전략이다.

기획서를 보고 시점에 맞춰 작성하는 것도 매우 중요하다. 주변을 보면 보고시기에 맞춰 기획서를 작성하기보다 상사가 요구하는 마감시한에 쫓겨 작성하는 경우가 많다. 이 경우 한 번의 보고로 통과되는 경우가 많지 않으므로 여러 번 위아래를 오가다 보면 시간이 많이 걸린다. 그러므로 보고시점은 기획서 작성 시간만 포함시킬 것이 아니라 보고 과정에 소요되는 시간까지 감안하여 여유롭게 잡는 것이 좋다. 예상했던 상황과 실제는 많이 다르기 때문이다.

일 처리 5단계에 대한 구상은 무엇인가

기획서의 목표가 결정됐다면 이를 기반으로 챕터4에서 소개하는 '일 처리 5단계'의 전체 모습, 즉 청사진을 미리 그려본다. 설계도가 있어야 원하는 건물을 쉽게 지을 수 있듯이, 원하는 자료를 수집하기 전에 대략 어떤 방향으로 기획서를 작성할 것인지를 구상해보는 것이다. 이 단계에서 일 처리 5단계의 구체적인 차례에 대한 초안을 작성하는 것도 좋은 방법이다. 한마디로 '기획서 작성을 위한 설계도'를 그리는 것이다.

이때 어떤 식으로 문제를 풀어나갈 것인지, 기획서를 작성할 때 문체는 어떻게 할 것인지, 분량은 어느 정도로 할 것인지 등을 생각해본다. 또한 직접 대면 보고를 할 것인지, 아니면 서면 보고를 할 것인지도 미리 생각해두는 것이 좋다.

2단계_ 정보를 수집하고 분석하라

기대하는 목표가 결정됐으면 이제 재료를 구하고 가공하는 단계로 넘어간다. 허영만 화백이 그린 만화 《식객》에서 주인공 성찬은 "이 세상의 맛있는 음식의 수는 모든 어머니 수와 비례한다."는 말을 한 적이 있다. 최고의 요리사는 맛있는 음식을 만들기 위해서라면 아무리 먼 곳이라도 발품을 아끼지 않고 달려가 신선하고 깨끗한 재료를 구해온다. 기획자도 충실한 기획서를 작성하기 위한 정보수집의 수고를 아끼지 말아야 한다. 충실한 기획서는 좋은 정보와 비례하기 때문이다.

자신의 머릿속에 담긴 지식에만 의존해서는 기획서를 쓸 수 없다. 다행히 요즘 같은 정보화 시대에는 정보가 넘쳐나고, 인터넷을 활용하면 누구나 필요한 정보를 쉽게 얻을 수 있다. 중요한 것은 산더미처럼 쌓인 많은 정보 속에서 적합한 정보를 골라내고, 독자적인 판단을 내릴 수 있는 능력이 필요하다는 것이다. '눈에 보이는 문제'에 주어진 정보보다는 '눈에 보이지 않는 문제'를 위해 찾아내야 하는 정보가 더 가치를 지닌다.

정보는 팩트에서 출발해서 팩트로 끝나야 한다. 팩트들이 나름대로 일정한 흐름이나 규칙적인 패턴을 보일 때 그것을 정리한 것이 '데이터Data'이다. 이들 데이터 중에서 특히 관심을 끄는 것이나 나에게 필요한 범용적인 것들이 비로소 '정보Information'가 된다.

정보는 눈이나 귀를 통해 얻을 수 있는 직접적인 정보와 문장이나 숫자를 보고 파악할 수 있는 간접적인 정보가 있다. 그러나 자신이 직접 눈으로 보고 확인한 정보는 의외로 적고, 대개는 회사 동료들에게서 보고 들은 게 대부분일 것이다. 이밖에 회사의 자료나 정부가 발표한 통계 데이터, 신문방송의 보도 내용 등은 자신의 눈이나 귀로 직접 접할 수 있는 정보들이다.

단순히 관련 정보를 많이 확보했다고 해서 좋아할 일은 아니다. 정보로서 생명을 부여받으려면 '적시성'과 '정확성'이 필요하다. 요즘 같은

[그림 3-3] 정보의 체계 구조

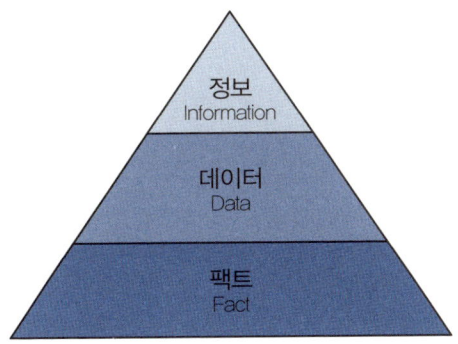

정보의 홍수 속에서는 필요한 때에 적절한 정보를 얻을 수 있는 것이 중요하다. 이 같은 정보가 팩트인지, 정보들 사이에 모순은 없는지, 작위적인 정보는 없는지 등 정확성도 따져봐야 한다.

이상의 두 가지 전제조건이 충족되는 유용성이 있는 정보라면 상사의 의사결정이나 기획에 도움이 되는 정보라 할 수 있다. 다시 말해 확보된 자료들이 정보로서의 가치가 있는지 판단할 때는 상사의 의사결정에 기여하는 정도에 따라 판단된다. 이러한 이유로 체계적이고 지속적으로 정보수집을 해야 하는 것이다.

필요한 정보를 수집하는 방법은 무엇인가

필요한 정보를 수집하는 방법을 알고 있는 직장인은 생각 외로 그리 많지 않다. 왜 그럴까? 자신에게 중요하지 않다고 생각하기 때문이다.

정보수집의 출발점은 정보에 대한 관심으로부터 시작된다. 관심이야말로 팩트와 데이터로 연결되고, 정보를 찾아나서는 구체적인 활동을 불러온다. 그렇다면 어떤 순서로 정보를 수집하는 것이 좋을까? 대부분의 사람들은 생각나는 것부터 닥치는 대로 수집한다. 그러나 이러한 방법은 효과적이지 않을 뿐더러 비용이나 시간의 낭비가 심하다. 효과적인 정보수집 방법은 다음의 질문에서 시작해야 한다.

- 정보수집의 목적은 무엇인가?
- 무엇을 수집해야 하는가?
- 어떻게 수집할 것인가?

먼저 정보수집은 목적에 따라 방법을 달리 해야 한다. 그래서 '정보수집의 목적은 무엇인가?'를 파악해야 한다. 수집한 정보가 기획하는 방향과 맞지 않거나 상사의 기대에 미치지 못할 경우 본격적인 기획에 들어가기도 전에 갈등이 발생하게 된다. 더구나 긴급을 요할 경우에는 더 큰 곤란을 겪게 된다. 즉 기획을 위해서는 정보수집의 목적을 명확히 하고, 그 목적을 뒷받침하는 정보를 찾는 일종의 목적지향형 활동을 해야 한다.

두 번째는 '무엇을 수집해야 하는가?'이다. 문제를 발견하고 분석할 수 있는 올바른 정보를 수집해야 한다. 이 정보가 충실하면 효과적으로 문제의 분석이 가능하고, 반면에 그렇지 않으면 분석의 효과가 떨어질 수밖에 없다. 올바른 정보를 수집하기 위해서는 정보와 관계되는 사람들 간에 문제의 개념, 문제해결 방향, 수준이나 목적에 대해 사전 공유가 반드시 이루어져야 한다. 그러면 지금까지 알고 있거나 습득한 정보뿐만이 아니라 문제의 원인을 이해하기 위한 유용한 정보를 수집할 수가 있다. 여기서 염두에 두어야 할 사항은 좋은 기획을 하기 위해서는 정보의 양보다는 질이 중요하다는 것이다. 유익한 정보가 있으면 양질의 분석이 가능할 것이고, 그 결과 지금까지 알지 못했던 의미 있는 새로운 발견이 가능하기 때문이다.

세 번째 '어떻게 수집할 것인가?'는 크게 두 가지 방법이 있다. 하나는 정보와 관련된 사람들을 인터뷰하거나 설문조사, 각종 사내 자료를 통해 필요한 정보를 자신이 직접 파악하는 방법이다. 사실 가장 좋은 정보는 가까운 곳, 즉 회사 내부에 있다. 문제가 처음 발생한 것이 아니라면 아마도 상사나 선배 중에서 유사한 기획서를 쓴 사람이 있을 것이다. 심지어 동일한 내용을 기획했을 수도 있다. 따라서 가장 먼저 회사의 지식관리시스템Knowledge Management System이나 문서보관함 등에서 과거의 기획서를 샅샅이 찾아봐야 한다.

또한 기획과 관련한 회사 내 고수를 활용하는 것도 중요한데, 여기서 고수란 같은 부서 선배일 수도 있고, 다른 부서의 관련 업무 담당자일 수도 있다. 이들을 찾는다면 상상하지 못한 엄청난 자료를 얻게 될 것이다. 이들은 몇 마디 대화만 나눠도 주옥 같은 아이디어가 줄줄 나올 정도로 머릿속에 많은 정보를 담고 있다. 정보수집 과정에서 상사, 선배, 동료, 그리고 관련된 분야 전문가와 자주 의논하고 토론하며 협의하는 것은 그래서 꼭 필요하다.

정보수집의 또 다른 방법은 매체를 활용하여 수집하는 것이다. 정보수집이 가능한 매체는 무수히 많다. 그중에서 대표적인 것이 인터넷을 검색하는 방법인데 구글 www.google.co.kr 이나 네이버 www.naver.com 등의 포털 검색 사이트로도 어느 정도의 정보수집이 가능하다.

이제는 즐겨찾기를 통해 웹사이트를 직접 방문하던 시대에서 자동수집이 가능한 RSS Really Simple Syndication 를 통해 자료를 모으고, 자신만의 클라우드 공간에 페이지를 스크랩하거나 문서를 직접 작성하는 등 정보수집과 분류를 지원하는 다양한 서비스가 우리 일상의 한 부분이 되었다.

RSS가 처음 소개되었을 때 사람들이 받았던 충격은 실로 엄청 컸다. 하루의 시작을 웹브라우저에 '즐겨찾기'되어 있는 사이트를 방문하던 일상이 RSS 구독기를 실행하여 흩어져 있는 모든 정보를 확인하는 것으로 변화하면서 상당한 시간을 절약할 수 있었기 때문이다. 그렇다면 RSS는 어떻게 이용하는 것이 좋을까? 단순히 RSS 피드를 제공하는 뉴스사이트나 블로그와 같은 사이트를 구독하는 것을 넘어 구독하지 않는 사이트의 정보를 수집하고, 트위터나 페이스북과 같은 SNS Social

Networking Service까지도 RSS를 이용하여 정보를 수집하도록 하자. 즉 인터넷상에 흩어져 있는 모든 정보를 RSS로 가공하여 하나의 채널로 확인하는 것이다.

RSS를 이용하여 정보를 수집할 때는 뉴스와 일반 웹사이트뿐만 아니라 유명한 블로그의 글까지 구독하는 것이 좋은데, 만일 RSS 구독이 익숙하지 않다면 다른 사람들의 RSS 목록을 손쉽게 이동 및 관리해주는 OPML Outline Processor Markup Language 파일을 다운받아 한꺼번에 구독하거나 평소 자주 방문하던 사이트 한두 곳이라도 구독을 시작해보기 바란다.

그러나 인터넷의 수많은 정보를 사이트 구독을 통해 수집한다는 것에는 한계가 있다. 그래서 구독하지 않는 사이트의 글 중 특정 키워드, 경쟁사, 고객에 대한 글은 구글 알리미를 통해 RSS로 변환하여 구독하는 것이 좋다. 알리미를 등록할 때 수신 위치를 피드로 설정하면 RSS 구독기를 통해 받아볼 수 있는 RSS 주소가 만들어진다. (구글 알리미 http://www.google.com/alerts?hl=ko)

정보는 어떻게 분석해야 하는가

동양학에서는 올바른 분석을 위한 3가지 원칙이 있다.

첫째, 눈앞의 일에 얽매이지 말고 긴 안목으로 보라는 것이다.

둘째, 단편적으로 보지 말고 입체적으로 전체를 보라는 것이다.

셋째, 지엽적이고 말단에 집착하지 말고 본질을 보라는 것이다.

정보를 분석하는 것도 마찬가지다. 아무리 좋은 정보를 구해도 이를 분석해서 기획서에 적절히 인용하거나 사용할 수 없다면 무용지물이다.

안타깝게도 대부분의 정보는 작성하려고 하는 기획서의 목적에 적합하지 않는다. 기획서 작성 자체가 항상 새로운 문제에 대해 새롭게 접근하기를 요구하기 때문이다. 정보를 분석한다는 것은 기획서 작성 목적에 맞도록 가공을 한다는 의미이다.

상사들은 흔히 "해당 분야의 전문가 수준으로 깊이있게 분석하고, 비전문가도 이해할 수 있도록 쉽게 써야 한다."라고 말한다. 그러려면 완전히 이해한 상태에서 신뢰할 수 있는 정보만 기획서에 담아야 한다. 정보의 적합성, 출처의 신뢰성, 내용의 정확성 등을 꼼꼼히 따져보는 것은 기본이고, 진위 여부가 의심스러운 정보는 두 개 이상의 출처를 통해 비교·확인해야 한다.

정보를 분석하는 과정에서 가장 유의해야 할 점은 수집된 정보가 사실인지 거짓인지를 구분해내는 것이다. 정보는 균형되고 중립적인 시각에서 분석하고 가공해야 한다. 한쪽 측면에서만 정보를 본다면 왜곡될 가능성이 높다. 특히 인터넷 자료나 언론기사의 경우 더더욱 사실 여부 확인이 중요하다. 부정확하거나 교묘하게 왜곡된 정보가 비일비재할 뿐만 아니라, 심지어 연구기관에서 발표된 정보 중에도 해당 기관의 입장에서 임의로 작성한 경우가 종종 있다. 그러므로 서로 대조되는 시각에서 정보를 비교하여 판단하고, 조금이라도 의심스럽다면 정반대의 입장에서 정보를 검증하도록 해야 한다. 부정확한 자료에 기초한 기획서는 잘못된 의사결정으로 귀결되어 회사나 조직, 개인에게까지도 큰 피해를 안길 수 있다.

3단계_ 기획서를 작성하라

이제 기획서를 작성할 모든 준비가 끝났다. "구슬이 서 말이라도 꿰어야 보배다."라는 속담처럼 좋은 정보가 아무리 많아도 잘 엮지 못하면 좋은 기획서가 될 수 없다. 이 과정은 다음과 같은 4단계로 구분할 수 있다.

일 처리 5단계를 개략적으로 구성하라

먼저 일 처리 5단계에 적합하게 기획서 제목, 개요, 문제와 문제점, 해결방안 수립, 실행 계획 등으로 구체적인 목차를 정한다. 그 다음은 각 목차에 포함되어야 할 주요 내용을 수집된 정보를 기초로 하여 개략적으로 써넣는다. 나아가 세부 목차 수준까지 작성하여 기획서의 뼈대를 만들어야 한다. 이는 분석한 정보들 중에서 어떤 것을 선택하고 어떤 것을 버릴 것인지, 채택된 정보를 어떻게 나열하고 논리적으로 연관성을 유지할 것인지 등을 결정하는 과정이다. 자세한 일 처리 5단계 기획서 작성 방법은 챕터4를 참고하기 바란다.

기획서 초안을 작성하라

개략적으로 구성된 기획서의 뼈대에 살을 붙여가는 과정이다. 논리적 연관성을 고려하여 문장을 쓰고 표나 그림을 붙이는 등 기획서의 모습을 구체화한다. 초안을 작성하는 이유는 처음부터 너무 완벽한 기획서를 작성하려고 하다가 방향을 잘못 잡으면 시간만 낭비할 수 있기 때문이다.

단어 선정이나 문장 구성에 얽매이지 말고 뼈대에 살을 붙인다는 생각으로 내용을 보강해나가면 된다. 특히 초안을 작성할 때에는 기획서에 대한 비판이나 문제제기를 지나치게 의식하지 않는 것이 좋다. 기획서를 검토하고 수정하는 과정에서 기획서 기조가 소극적으로 확 바뀔 수 있기 때문이다.

기획서를 수정·보완하라

기획서 초안을 점검하여 수정·보완해가는 과정이 필요하다. 이 과정을 아예 생략하거나 무시하는 사람이 많은데, 사실 시간이 부족해서라기보다 자신이 작성한 초안에 너무 자신감을 가지거나 집착하기 때문이다. 자신이 한 일을 부정한다는 것은 고통스러운 일일 수밖에 없다. 특히 고집이 강한 사람에게는 참으로 내키지 않는 일이다.

하지만 기획서를 수없이 작성하고 보고하는 과정에서 수정·보완 요구를 수차례 받아본 사람이라면 절대로 처음 작성한 기획서를 그대로 다시 보고하지는 않는다. 대개의 기획서 초안은 너무 늘어지거나 부적절한 단어를 사용하는 등 허점투성이다. 그러나 실망할 필요는 없다. 누구나 초안을 완벽하게 작성할 수 없고 항상 고칠 곳은 있게 마련이다.

기획서를 수정·보완하는 경우 앞서 강조한 것처럼 기획자의 입장에서 탈피하여 철저히 상사의 입장이 되어야 한다. "상사가 요구하는 것이나 궁금하게 생각하는 것을 해소할 수 있게 작성했는가?", "상사가 동의할 만큼 논리적이고 설득력 있게 작성했는가?", "단어나 문장에 불명확한 표현은 없는가?" 등 상사의 입장에서 보면 새로운 문제가 드러나는 경우가 많다.

또한 주위에서 아낌없이 비판해줄 사람을 찾아 '다른 시각'으로 들여다 보고 자신의 '단점'과 '편견'을 보완해야 한다. 학술지에서 논문 검토에 3명 이상을 참여하도록 하는 이유도 여기에 있다. 신문사나 방송사의 편집국에서 초안 기사를 과감하게 수정·첨삭하는 것도 바로 이런 이유 때문이다.

기획서를 최종 교정하라

수정·보완을 거친 기획서를 마지막으로 한 번 더 점검하는 과정이다. 많은 시간과 노력을 기울여 작성한 기획서가 사소한 실수로 평가절

하된다면 무척 억울한 일이다. 그러나 오탈자 한두 개, 틀린 데이터 하나가 기획서 전체의 품격과 신뢰성을 떨어뜨릴 수 있다. 완벽에 완벽을 기한다는 자세로 최종 교정에 임해야 한다. 특히 기획자 외에는 확인하기 어려운 숫자, 인명이나 지명, 연도 등은 책임감을 가지고 재확인해야 한다.

하나의 기획서를 작성하는 데 몇 사람이 공동으로 참여했다면 기획자 모두가 최종점검을 해야 한다. 각자 읽어보고 교정을 위한 미팅을 하는 것도 좋지만, 모두 함께 읽으면서 검토하는 것이 효율적일 때도 있다. 혼자 기획서를 작성한 경우에는 이를 최종적으로 점검해줄 사람을 찾아 새로운 시각으로 최종점검을 받는 것이 좋다.

지금까지 기획서의 작성 과정을 순차적으로 소개했다. 하지만 이와 똑같이 할 필요는 없다. 기획서 작성 경험이 많거나 해당 업무에 정통한 사람이라면, 대략적인 구상을 한 후 바로 작성에 들어갈 수도 있을 테고, 기획서 작성 과정에서 수집된 정보가 부실하다는 생각이 들면 추가 정보수집과 분석작업을 해도 상관없다. 수정·보완하는 과정에서 논리적 연관성이나 구성에 문제가 있다고 판단되면 기획서 구상을 전체적으로 다시 시작할 수도 있을 것이다.

4단계_ 보고하고 실행하라

이제 고객에게 평가 받을 차례다. 고객이 만족할 수도 있지만 반품을 할 수도 있다. 반면에 추가 주문이나 개선요구를 할 수도 있다. 제품에 비유하자면 포장하고 출고하면서 고객의 반응을 살펴보는 일만 남은 것이다.

보고 과정

기획서 그 자체만 갖고 보고하는 경우는 드물다. 별도의 표지를 만들고, 결재를 받기 위한 기안지나 별도 요약지를 삽입하기도 한다. 기획서 표지에는 제목과 작성일자, 작성자 소속 등이 표시되어 있어야 한다. 기획서의 공유 등급에 따라 비밀 표시 등을 하기도 한다. 서면 보고인 경우 간단한 메모를 통해 기획서에 대한 자신의 의견을 표시하거나 '내일 중으로 공유 예정' 같이 기획서 처리에 관련된 사항을 전달하기도 한다.

보고 과정에서 중간 검토자나 최종 의사결정자가 기획서에 대한 검토의견을 줄 수도 있다. 나아가 반려하거나 재작성을 지시할 수도 있다. 기획서를 검토하는 중간 경유지에서 회의가 소집되어 논의할 수도 있다. 이 경우에는 논의 결과를 반영해야 한다.

실행하라

최종 의사결정자의 요구가 충족되어 기획서가 채택되면 해결방안에 대한 실행만이 남아 있다. 이제는 1퍼센트 의사결정, 99퍼센트 실행에 집중해야 한다. 의사결정을 받아야 하는 상황에서는 눈앞에 벌어지는 보고가 당장의 일이니까 열심히 하지만, 의사결정이 되면 눈 밖에서 밀려나 실행이 잘 되지 않을 수 있다. 따라서 보고 자체보다도 현실적으로는 실행하는 것이 더 중요함을 인지하고 추진계획, 점검일정에 따라 실행 여부를 확인하는 습관을 들여야 할 것이다.

기획서를 구조화하라

"오늘날 비즈니스맨이 반드시 지녀야 할 스킬은 문제해결 능력과 커뮤니케이션 능력이다. 이것들을 강화하기 위해서는 사물의 전체상을 파악하고 나아가 각 요소 간의 관계를 알기 쉽게 정리하는 '구조화'의 사고 스킬이 필요하다."
— 그로비스 매니지먼트 인스티튜트, 《Critical Thinking》 중에서

구조화란 상사에게 어떤 내용을 어떤 순서로 전달하는 것이 효과적인지를 정리하는 것을 말한다. 즉 어떤 논리 구조로 기획서를 풀어나갈 것인지를 결정하는 것이다.

기획서의 구조화는 일 처리 단계마다 원인과 결과의 인과관계를 나타내는 것을 말한다. 일 처리 단계마다 나타나는 현상들은 복잡하게 얽혀 있는 요소가 많아서 한눈에 파악하기가 쉽지 않다.

따라서 이런 요소들을 분석해 서로 어떤 인과관계에 놓여 있는지를 차근차근 검토해야 한다. 인과관계는 다음의 3가지를 충족해야 성립한다.

- 원인 요인 X와 결과 요인 Y가 상관성이 있을 것
- 원인 요인 X가 결과 요인 Y보다 먼저 발생할 것
- 제3의 요인이 없을 것

상관성이란 어떤 요인과 어떤 요인이 매우 높은 확률로 동시에 일어나는 관계이다. "감기에 걸리면 열이 난다.", "높은 산에 올라가면 기압이 낮아진다."라는 말은 상관성을 잘 나타내는 표현이다. 이런 상관성이 없을 경우에는 인과관계가 성립되지 않는다. 예를 들어 "그 사람만 만나면 비가 온다. 그는 비를 부르는 사람이다."는 것은 한정적인 상관관계라고 할 수 있으며 우연이고 억지일 뿐이다. 그 사람을 만나서 비가 오지 않을 경우도 있기 때문이다. 이렇게 상관성이 없는 경우에는 인과관계가 성립되지 않는다.

또한 원인 요인 X가 결과 요인 Y보다 앞서서 발생되지 않으면 인과관계가 성립하지 않는다. 예를 들어 자동차가 정지한 후에 브레이크를 밟았다고 해서, 브레이크를 밟았기 때문에 자동차가 정지했다고 말할 수는 없다. 마찬가지로 시험에 합격한 후에 시험공부를 했다고 해서, 시험공부를 했기 때문에 합격했다는 인과관계가 성립하지도 않는다.

마지막으로 원인 요인 X와 결과 요인 Y 사이에 상관성이 있도록 만드는 제3의 요인 Z가 없어야 한다. 예를 들어 어떤 회사에서 지각의 빈도(X)와 생산성 감소(Y) 사이에 상관성이 발견되었다고 하자. 시간상으

[그림 3-4] 일반적인 인과관계 구조

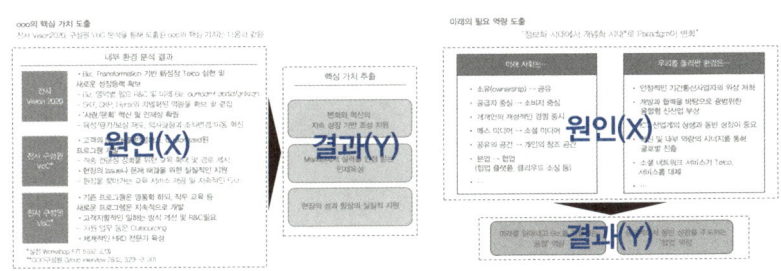

로도 X가 Z보다 앞서서 발생했다. 그렇다고 해서 "지각을 하니까 생산성이 떨어진다."라는 인과관계로 단정하는 것은 위험하다고 하자. 혹시 대상자가 밤늦게까지 활동하는 야행성(Z) 사람이라서 수면 부족 탓에 생산성이 감소(Y)하는 것인지도 모르기 때문이다. 이런 경우 지각(X)하는 행동을 개선하더라도 수면 부족의 원인인 야행성(Z) 행동을 수정하지 않으면, 여전히 피곤한 상태에서 일하기 때문에 생산성(Y)은 향상되지 않는다. 결국 원인과 결과를 규명하기 위해서는 일 처리 단계마다 인과관계를 이해하는 구조화가 필요하다.

기획서 장표에서 인과관계를 표현할 때는 주로 왼쪽에 원인(X)을, 오른쪽에 결과(Y)를 두어 화살표로 표시하거나 위쪽에 원인(X)을, 아래쪽으로 결과(Y)를 두어 화살표로 자연스럽게 연결을 한다.

결과적으로 [그림 3-4]에서 첫 번째 장표는 왼쪽보다는 오른쪽에 더 중요한 메시지가 담겨 있다. 마찬가지로 두 번째 장표는 위쪽보다는 아

[그림 3-5] 기타 인과관계 구조

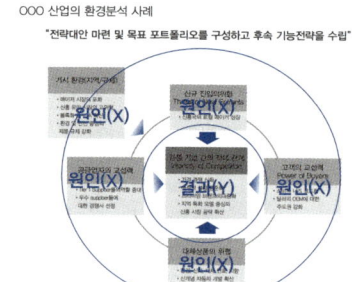
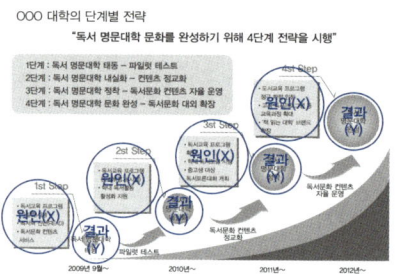

래쪽에 기술된 내용이 더 중요하다. 이처럼 기획서에서 화살표는 장표마다 원인과 결과를 나타내는 중요한 역할을 한다.

한편 [그림 3-5]의 첫 번째 장표는 결과가 중앙에 놓여 있다. 장표를 보면 중앙에 중요하게 전달할 결과(Y)가 자리하고 원인(X)은 상하좌우로 펼쳐져 있다. 이런 경우 중앙에 기술된 내용이 상하좌우에 펼쳐진 내용보다 더 중요한 메시지가 담겨 있다. 이밖에 결과를 특정 위치에 놓거나 표현을 강조하는 경우도 있다. 이 경우 특정 위치를 제외한 나머지 데이터는 원인을 설명하기 위한 상세 데이터라고 보면 된다.

문장 표현의 4가지 핵심원칙

"문장은 그 사람의 인격을 나타낸다."
– 조르주루이 르클레르 뷔퐁, 프랑스의 철학자

기획서가 상사에게 채택되려면 어떻게 작성해야 할까? 좋은 기획서가 되기 위해서는 4가지 기준으로 문장을 작성해야 한다.

첫째, 결론을 먼저 정확하게 써야 한다

모든 상사들의 공통적인 기대하는 바는 결론을 먼저 듣고 싶어 한다는 것이다. 그래서 결론 없이 보고했을 때 상사로부터 자주 듣는 소리가 "결론이 뭔데?"이다. 상사는 보고 받기 전에 이미 해당 내용에 대해 어느 정도 인지한 상태이기 때문에 결론이나 해결방안을 제일 궁금해 한다. 또는 바쁜 일정으로 인해 보고하고자 하는 핵심 내용을 빨리 파악하고 싶어 한다.

[그림 3-6] 객관적인 표현 방법

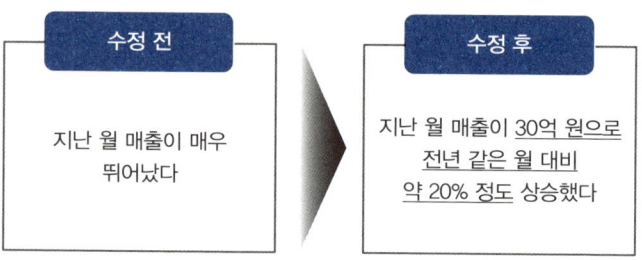

둘째, 애매모호한 표현은 객관적인 표현으로 바꾸어야 한다.

기획서는 보고 내용이 정확하지 않으면 신뢰를 떨어뜨린다. 때문에 구체적인 숫자를 제시하고 팩트와 의견을 명확히 구분하여 팩트만을 구체적이고 객관적으로 기술해야 한다. 그래야 상사를 설득하기가 훨씬 쉬워진다.

기획자가 의견을 기술할 때에는 문장의 끝을 '~판단됨', '~생각함'와 같이 표현하여 그 문장이 의견을 제시하고 있음을 명확하게 표현할 필요가 있다. 그렇지 않을 경우 상사는 잘못된 판단을 내릴 가능성이 크다. 이런 측면에서 글쓰기와 기획서 쓰기는 명확한 차이를 나타낸다. 글쓰기는 작가의 생각에서 글을 써내려나가지만, 기획서는 팩트를 재구성하고 조합하면서 의미를 찾아가는 과정이다.

[그림 3-7] 서술식과 개조식 쓰기 방법

서술식: 우리 부문의 매출 성장율이 매년 10% 이상이고, 시장점유율도 최근 5년간 두 배로 상승한 51%이며, 고객만족도는 15년 연속 업계 1위를 차지하고, 구성원 평균 연봉도 국내 최고 수준이다.

⬇

개조식:
- 우리 부문 매출 성장율은 매년 10% 이상임
- 시장 점유율은 최근 5년간 두 배로 상승한 51%임
- 고객만족도는 15년 연속 업계 1위를 차지함
- 구성원 평균 연봉도 국내 최고 수준임

셋째, 간결하게 써야 한다

상사는 언제나 빠른 의사결정을 희망하기 때문에 간결한 기획서를 좋아한다. 따라서 군더더기 없이, 빠른 의사결정이 가능하도록 문장을 서술식이 아니라 개조식으로 써야 한다. 간결하면 간결할수록 핵심을 전달하는 힘이 강해진다.

또한 동일한 단어 반복은 의미상 차이가 나지 않는 다른 단어로 교체하고, 불필요한 수식어 등은 삭제해야 한다. 특히 형용사는 강조하고자 하는 헤드라인 메시지나 시사점을 도출하는 경우에만 예외적으로 사용하는 것이 좋다. 사용이 잦을 경우 정작 중요한 강조점을 약화시키는

[그림 3-8] 불필요한 단어 삭제 및 변경

수정 전

외환 보유고로 볼 때 현재 경제상황이 위기는 아니지만 국내 소비 지표로 볼 때는 심각한 상황임

원유 수입 문제는 국제 문제 중에서 가장 심각한 문제이다

수정 후

외환 보유고를 보면 현재 경제상황이 위기는 아니지만 국내 소비 지표로 볼 때는 심각한 상태임

원유 수입은 국제 문제 중에서 가장 심각하다

[그림 3-9] 유사 연결 단어 삭제

수정 전

- 곧바로 시행함
- 새롭게 개발한 신제품
- 과반수 이상
- 수십여 명
- 5월달
- 9시 이후부터

수정 후

- 시행함
- 신제품
- 과반수
- 수십 명
- 5월
- 9시부터

결과를 초래하기 쉽다.

넷째, 중복 표현을 피해야 한다

의미를 강조하려다 보면 내용상 비슷한 단어를 중복해서 사용하는 경우가 많다. 기획자가 자주 저지르는 실수 중 하나이다. 이럴 때는 어느 한쪽을 선택해서 다른 한쪽을 삭제하면 된다.

수식어의 중복사용 또한 금물이다. 예를 들어 '신속하고 긴급하게'는 같은 의미를 담고 있는 수식어를 중복해서 쓴 것이라 할 수 있다. 이런 경우 어느 한쪽을 선택해서 다른 한쪽을 삭제하면 된다. 그러면 내용을 읽는 속도도 빠르고 지루하지 않게 읽을 수 있다.

[기획서 내용 작성 시 주의사항]

1. 명사형보다는 동사형을 사용하라

- 파악을 수행함 → 파악함

- 분산을 초래함 → 분산시킴

- 차트 활용의 이점이 많음 → 차트를 활용하면 이점이 많음

2. 중첩명사의 경우는 각 명사를 띄워 써라

- 통곡식을 좋아함 → 통 곡식을 좋아함

- 한자도 누락이 없는 상태임 → 한 자도 누락이 없는 상태임

  ('한자도'를 '漢字도'로 오해할 수 있다.)

- 폐지수거 처리현황 → 폐지 수거 처리 현황

  (중첩명사를 붙여 쓰면 보고서를 읽는 사람이 즉시 이해하기가 어려운 현상이 발생할 수 있다.)

3. 고유명사나 일반화된 중첩명사의 경우에는 붙여 쓰되, 영문이 포함된 팀명은 띄워 써라

- 경영 기획 팀 → 경영기획팀

  (고유명사)

- 부가 가치세 → 부가가치세, 의사 결정 → 의사결정

  (일반화된 중첩명사)

- CRM지원팀 → CRM 지원팀

4. 명사로 끝나는 문장은 마침표를 붙이지 말고 동사로 끝나는 문장은 마침표를 붙여라

- 목표 달성의 가속화. → 목표 달성의 가속화

- 목표 달성을 추구함 → 목표 달성을 추구함.

5. 숫자는 일반적으로 정수(整數)를 사용하지만, 소수점을 사용할 때는 0을 제외한 전체의 자릿수를 정돈하라

- 0, 2.5, 5, 7.5, 10 → 0, 2.5, 5.0, 7.5, 10.0

6. 우리말 맞춤법에 맞게 써라

- 율 : 앞의 음절에 받침이 없을 때와 ㄴ받침이 있을 때 (예_백분율, 비율)

- 률: 앞의 음절에 ㄴ을 제외한 다른 받침이 있을 때 (예_성장률, 확률)

- ~로서 : 어떠한 지위나 신분을 나타낼 때

- ~로써 : '~을 가지고서'의 뜻을 나타낼 때

- ~하다를 붙여서 무리 없이 말이 되면 일반적으로 '히'를 사용하고 그렇지 않으면 '이'를 사용(예_조용하다 → 조용히, 쓸쓸하다 → 쓸쓸히). 단, '뚜렷하다', '깨끗하다' 등과 같이 어간이 ㅅ으로 끝날 경우 '~하다'가 무리 없이 말이 되더라도 ~ㅇ를 붙임 (예_또렷이, 뚜렷이, 따뜻이, 깨끗이)
- ~장이 : 기술자를 일컬을 때 사용 (예_미장이)
- ~쟁이 : 버릇을 일컬을 때 사용 (예_욕쟁이, 심술쟁이)
- ~읍니다는 ~습니다로 통일됨 (예_있습니다, 없습니다)
- 두음법칙에 유의 (예_년평균 → 연평균, 년간 → 연간). 단, 리(里), 리(理)와 같은 의존명사는 본음대로 적음(예, 몇 리(里), 그럴 리(理)가 없음)
- ~면, ~던지 : 지난 일을 나타낼 때 (예_그 사람 노래를 잘 하던데!, 얼마나 놀랐던지)
- ~든, ~든지 : 물건이나 일의 내용을 선택을 나타낼 때 (예_소고기든지 돼지고기든지 먹고 싶은 대로 먹어라, 가든지 오든지 네 마음대로 해라)

차트를 적절히 활용하라

"단순함이 복잡함보다 어렵다."
– 스티브 잡스

기획서를 구조화할 때 원인과 결과, 즉 논리전개상 구체적 수치가 중요한 경우에는 차트 사용이 필수적이다. 데이터를 숫자로 설명하는 것보다 차트로 디자인되었을 때 더 신속하고 명확하게 의사소통을 할 수 있다. 수치를 계량적인 차트로 표현할 것이라면 원 그래프, 가로막대 그래프, 세로막대 그래프, 꺾은선 그래프, 점 그래프 등 5가지 기본 차트 형태 중에서 하나를 선택하여 사용하여 2단계를 따라야 한다.

1단계_ 차트화할 수치를 결정하여 메시지를 명확히 한다

가령 분기별 매출액 비율이 A사는 1분기 15퍼센트, 2분기 33퍼센트, 3분기 25퍼센트, 4분기 27퍼센트이며, B사는 1분기 40퍼센트,

[그림 3-10] 5가지 기본 차트 형태

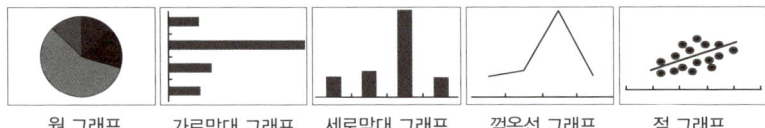

원 그래프　　가로막대 그래프　　세로막대 그래프　　꺾은선 그래프　　점 그래프

2분기 5퍼센트, 3분기 25퍼센트, 4분기 30퍼센트로 나타난 수치를 [그림 3-11]과 같이 차트화할 경우 메시지를 만들어보자.

- "A사와 B사는 분기별 판매비율이 다르다" (차트 ①)
- "A사와 B사 모두 분기별로 판매비율에 차이가 있다" (차트 ②)
- "A사는 2분기 판매비율이 가장 높다" (차트 ③)
- "B사는 1분기 판매비율이 가장 높다", "A사는 1분기 판매비율이 가장 낮다"
- "B사는 2분기 판매비율이 가장 낮다"
- "A사는 B사의 판매비율이 가장 낮은 2분기에서 가장 높은 판매 비율을 기록하고 있다" (차트 ④)
- "1분기에서는 B사가 A사를 크게 앞서고 3분기와 4분기에서는 두 회사가 경쟁적이다. 2분기에서는 B사가 A사에 뒤지고 있다"

이 중에서 전달할 메시지를 결정해야 한다. 이렇듯 전달하고자 하는

[그림 3-11] 차트의 메시지 형태

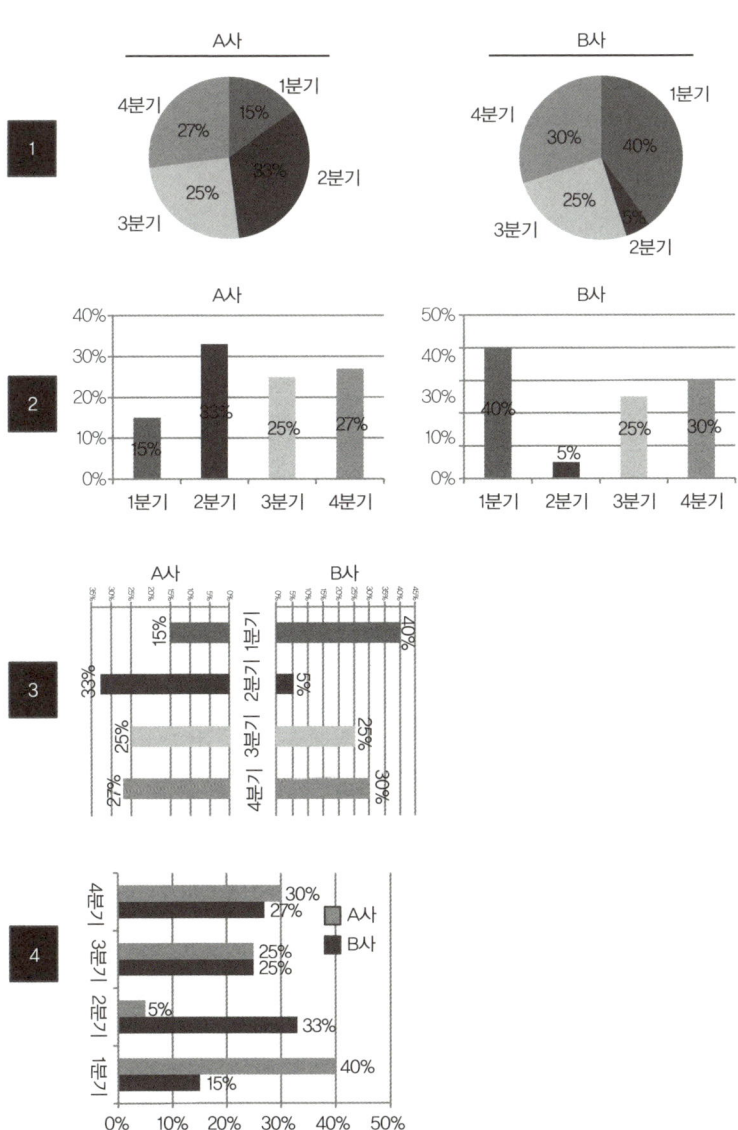

Chapter 3 기획서, 어떻게 작성할 것인가

메시지에 따라 어떤 차트를 선택할 것인가가 달라진다. 즉 메시지를 가장 단순하면서도 효과적으로 보여줄 수 있는 차트 형태를 결정해야 한다.

2단계_ 전달할 메시지에서 비교유형을 결정한다

일반적으로 '전체의 백분율', '항목의 순위', '시간에 따른 변화', '범위 내에 해당되는 항목(도수분포)', '상관관계' 등 5가지 비교유형 가운데 하나를 선택한다. 예를 들면 다음과 같다.

- "전체 구성원 중에서 야근하는 구성원은 15퍼센트이다."라면 비교유형을 '전체의 백분율'로 선택한다.
- "금년에는 2개 팀의 성과가 다른 8개 팀의 성과보다 더 높다."라면 비교유형을 '항목의 순위'로 선택한다.
- "지난 10년 동안 매출액 증가 추이를 본다."라면 비교유형을 '시간에 따른 변화'로 선택한다.
- "지난해 10개 회사의 10월 출산율은 거의 같다."라면 비교유형을 '도수도표'로 선택한다.
- "많은 사람들이 사용하는 제품이 더 좋은 품질을 의미하지는 않는다."라면 비교유형을 '상관관계'로 선택하면 된다.

[그림 3-12] 비교유형별 5가지 기본차트 형태

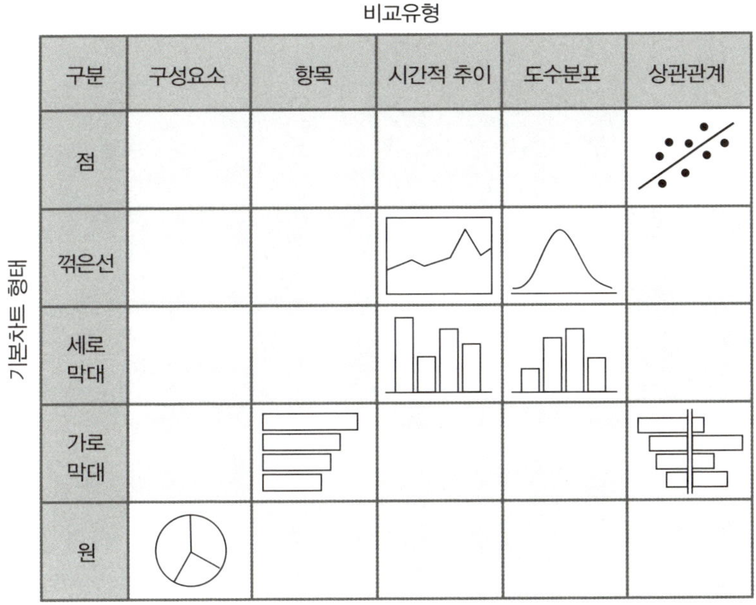

	비교유형				
구분	구성요소	항목	시간적 추이	도수분포	상관관계
점					∴∴
꺾은선			∧∧	∩	
세로막대			▥▥	▥▥	
가로막대		▭▭▭			▬▬▬
원	◔				

(좌측 세로 레이블: 기본차트 형태)

다시 말해 전달할 메시지에서 하나의 비교유형을 선택하고, 그 비교유형에서 5가지 기본 차트 형태 중 하나를 선택하여 사용하면 된다.

- **구성요소 비교유형** : 원 그래프. 가장 중요한 5개의 구성요소를 선택하고 나머지는 '기타' 범주로 묶어라.
- **항목 비교유형** : 가로막대 그래프
- **시간적 추이 비교유형** : 로막대 그래프 또는 꺾은선 그래프

- 범위 내에 해당되는 항목(도수분포) 비교유형 : 관찰 표본을 기초로 하여 있음직한 사건을 일반화하는 것이다. 요소들 사이의 어떤 의미 있는 관계를 나타내기 위하여 방대한 양의 데이터를 요약한다.
- 상관관계 비교유형 : 두 변수 사이의 관계가 당신이 보통 기대하는 패턴을 따르는지, 또는 그 패턴에서 벗어났는지를 나타낸다.

상사에게 효과적으로 전달할 수 있는 기획서 작성 요령

> "인간에게 가장 중요한 능력은 자기표현력이며
> 현대의 경영이나 관리는 커뮤니케이션으로 좌우된다."
> — 피터 드러커

신문을 읽을 때 작은 기사부터 읽는 사람은 드물다. 대부분 헤드라인과 사진으로 어떤 내용이 실렸는지 대략적으로 살펴보고 나서 구체적으로 관심이 가는 기사를 읽는다.

기획서를 읽는 상사도 마찬가지다. 기획서를 받으면 첫 줄부터 읽기 시작하는 것이 아니라 헤드라인 메시지를 대충 훑어보고 핵심 내용이 무엇인지, 양은 얼마나 되는지 등을 판단한다. 그리고 나서 읽을 만한 가치가 있다고 판단하면 자세히 읽기 시작한다. 그래서 상사가 읽어보고 싶다는 마음이 들고 읽기에 편하도록 작성하는 것이 무엇보다 중요하다.

그러나 안타깝게도 대부분의 기획서는 재미없는 내용이기는커녕 구성조차도 딱딱하다. 상사가 필요한 부분을 쉽게 찾아내고 읽기 편하게 세심히 배려해야 하는 이유가 바로 여기에 있다. 그렇다면 똑같은 내용이더라도 상사에게 효율적으로 전달할 수 있는 방법에는 어떤 것이 있는지 살펴보도록 하자.

한 장표에는 하나의 메시지를 담아라

대부분의 상사들은 바쁘기도 하지만 막중한 책임감으로 매사 신중하고 주의 깊게 의사결정을 할 수밖에 없다. 상사는 제목만 보고도 전체 내용이나 취지, 보고 성격을 알 수 있도록 내용을 최대한 포괄해야 한다. 또한 짧은 시간에 핵심 내용을 파악할 수 있도록 한 장표에 하나의 메시지를 담아 1~2줄로 요약하는 '헤드라인 메시지 Headline Message'를 작성해야 한다.

이는 각 장표에서 상사에게 전달하고자 하는 핵심 메시지를 명확히 드러나게 하기 위해서이다. 다시 말해서 헤드라인 메시지는 장표 하나에 담긴 모든 내용을 압축한 요약문이라고 할 수 있다. 그 위치는 장표의 맨 위에 가장 크고 굵은 글씨로 1줄 혹은 2줄로 쓰면 된다. 특히 헤드라인 메시지는 추상적인 표현보다는 핵심 내용을 전달할 수 있도록 문장 형식으로 표현하는 것이 좋다. 수식어나 조사 등 생략해도 의미 전달에 지장이 없는 것은 과감히 생략하여 간결하고 명료하게 만든다.

가능하면 짧은 것이 좋지만 다른 기획서와 뚜렷하게 구분되는 무언가가 있어야 한다.

헤드라인 메시지를 작성하려면 먼저 장표의 팩트 하나하나에서 어떤 의미를 추출해낸다. 그 의미들 사이에서 시사점 혹은 임플리케이션을 도출하여 최종적으로 헤드라인 메시지를 구성하는 것이다. 이때 주의할 점은 모든 시사점을 작성하는 것이 아니라 이 장표에서 무엇을 말하고자 하는지를 의미 있는 시사점으로 작성해야 한다는 것이다. 만약 장표의 시사점이 헤드라인 메시지에 표현되어 있지 않다면 상사로부터 "무엇을 말하고 싶은 거야?"라는 말을 듣게 될 것이다. 헤드라인 메시지를 작성할 때에는 다음 4가지 사항에 유의하여 쓰는 것이 바람직하다.

첫째, "다음과 같음"이나 "아래를 참조" 등의 헤드라인 메시지는 쓰지 않는다. 헤드라인 메시지를 작성하는 이유는 해당 장표의 내용을 미리 이해시키고자 함인데, 이런 경우 장표 내 상세 내용을 전부 읽고 확인해야 하는 모순이 생긴다.

둘째, 장표 내용을 단순히 요약하는 것은 금물이다. 이 경우 메시지의 전달이 불분명해질 수 있다. 가령 "A제품은 매출이 떨어지고 있음"이라는 일차원적인 메시지는 보고를 받기 전에 이미 상사가 인지하고 있을 가능성이 크므로 전달하고자 하는 의미 있는 메시지가 아니다.

셋째, 2줄 이내로 작성하는 것이 좋다. 그 이상으로 작성하면 장표에서 전달하려는 의미가 무엇인지 직관적으로 파악하기 어렵다. 장표의 전체 내용을 함축적인 의미로 한 줄로 작성하면 전달하려는 메시지가 더욱 명확해진다.

넷째, 개조식으로 끝내는 것이 좋다. 문장의 완결성을 갖기 위해서이다. 예를 들어 서술식인 "~개선해야 합니다."보다 "~개선해야 함."으로 종결하면 헤드라인 메시지가 더 분명해질 뿐만 아니라 힘이 실리는 느낌을 준다. 단 외교적인 문서 등에서는 "~합니다."처럼 동사형 종결을 사용하기도 한다.

긴 기획서는 별도로 요약하라

기획서는 간결하게 핵심 내용 위주로 작성해야 한다. 하지만 문제에 따라서는 자세한 설명이 필요한 경우도 있다. 즉 상사가 나중에 활용할 수 있도록 구체적으로 보고해야 하는 경우도 생긴다. 그때는 요약자료를 별도로 작성하고 본 기획서를 첨부하면 두 가지 목표를 동시에 달성할 수 있다.

정해진 기준은 없으나 경험적으로 2~4장 정도로 요약하는 것이 좋고 가급적 5장을 넘지 않도록 주의해야 한다. 5장이 넘으면 본 기획서와 분량의 차이도 없을뿐더러 내용도 요약이라고 할 수 없다.

핵심 내용을 간결하게 정리하는 것이 목적인 요약자료는 기획목적과 해결방안이 가장 중요하다. 어떤 문제로 이 기획을 하는 것이고 해결방안은 이렇게 도출했으니 상사가 어떤 방안으로 결정을 취해주면 좋겠다는 내용이 반드시 들어가야 한다. 그 외에 해결방안을 도출하기까지의 과정이나 팩트, 참고내용 등은 본 기획서를 참조하도록 하면 된다. 단 본문의 내용을 그대로 반복해서도 안 되지만 본문에 없는 내용을 넣는 일도 없도록 해야 한다.

본문은 짧게 하고 참고사항은 첨부로 돌려라

전체를 읽어야만 이해할 수 있는 기획서보다 핵심 내용만 읽고 나머지는 필요할 때 읽도록 구성된 기획서가 상사에게 환영 받는다. 따라서 본문을 '요약자료'처럼 간단명료하게 작성한다. 첨부에 담아야 할 잡다한 내용을 제외하고 짧은 시간 안에 상사에게 전달할 핵심사항 위주로 담는 것이다. 보충설명이 필요하거나 내용이 긴 자료는 첨부로 돌려야 한다. 첨부의 수나 양은 많아도 상관이 없다. 불필요한 첨부라면 상사가 판단하여 안 보면 그만이기 때문이다.

다만 서면보고를 할 때는 별도의 첨부파일을 만들지 말고 본문의 끝에 붙여 한 문서로 처리해야 상사가 문서를 여러 번 여는 번거로움을 피할 수 있다.

[A부터 Z까지 기획서 작성 요령]

A · 문제를 정확히 도출하라

자료수집을 통해 취합된 정보와 팩트 등을 바탕으로 핵심 문제를 정확하게 구체화한다.

B · 전달하고자 하는 메시지를 분명히 하라

확인된 문제에 대하여 내가 전달하고자 하는 메시지가 무엇인지 분명히 한다.

C · 지금 쓰고 있는 기획서의 고객(상사)이 누구인지 생각하라

상사가 누구인가에 따라 글의 내용, 문체, 구조, 분량 등이 달라진다.

D · 준비 과정이 끝나면 주저 없이 기획서 작성을 시작하라

1차 초안부터 완벽한 기획서를 쓰려고 하지 마라.

E · 1차 초안에 있는 내용을 수정하거나 도려내는 것을 두려워 마라

1차 초안의 의미는 머릿속에 있는 생각을 하나로 모아놓는 데 목적이 있다.

F · 재작성은 글쓰기에서 가장 중요한 과정이다.

수차례 재작성 과정을 통하여 불분명했던 개념, 메시지 등이 분명해진다.

G · 처음에 생각했던 시사점이나 해결방안을 바꾸는 것을 두려워하지 마라

H · 최종 검토 단계에서는 기획자의 입장에서 상사의 입장으로 전환하라

J · 상사의 입장에서 다음 7가지 사항을 재점검하라

① 당신이 쓴 글을 상사가 두 번 읽지 않아도 이해할 수 있겠는가? ② 당신의 주장에 상사가 동의할 것 같은가(논리적인가)? ③ 해결방안이 분명하게 제시되어 있는가? ④ 장표 내 내용의 인과관계, 장표 간의 인과관계 등 구성에 짜임새가 있는가? ⑤ 통계수치 등이 정확한가? ⑥ 각종 오탈자, 맞춤법 등을 확인해보았는가? ⑦ 기획서의 모양이 깔끔하게 정리되었는가?

K · 한 문장에 두 개의 메시지를 가급적 담지 마라

L · 한 문장이 절대 3줄을 넘지 않도록 하라

M · 비전문가도 내용을 알아볼 수 있도록 써라

전문용어, 약어 등은 주(註)를 달고 가급적 쉬운 용어를 쓴다.

N · 정확한 용어를 사용하라

단어 하나하나에 당신의 혼을 담아라.

O · 중요하지 않는 수식어(구·절)는 과감히 없애라

P · 주어, 동사, 목적어를 명확히 하라

Q · 가급적 수동형보다는 능동형을 사용하라

R · 형식을 갖추어라

보기 좋은 떡이 먹기에도 좋다. 형식이 내용을 지배한다.

S · 표, 그래프, 그림, 문장부호를 적절히 활용하라

T · 앞표지에는 날짜, 장표에는 페이지를 표기하라

분량이 많은 기획서에는 목차와 간지를 넣어야 한다.

U · 상사(의사결정자)의 입장에서 기획서를 작성하라

V · 기획서 서두에 어떤 이유, 어떤 맥락에서 이 기획서를 작성했는지 밝혀라

W · 구체적인 이유, 근거 등을 들어 당신의 주장이 옳다는 것을 입증하라

객관적 근거 없이 주장만 하는 것은 설득력이 없다.

X · 다양한 관점을 반영하여 분석적이고 종합적으로 기획서를 작성하라

자기 조직이나 상사의 입장에서만 보지 말고, 다른 이해관계자의 시각을 종합적으로 검토 · 반영해야 설득력이 있다.

Y · 의미 있는 해결방안을 모두 제시하고 각 방안의 장단점, 기대효과, 향후 문제점을 철저히 분석 · 토론하라

Z · 자신이 제안하는 해결방안을 분명하게 명시하라

특정 해결방안을 선택하기 어려우면 조건부로 제시한다.

Chapter 4

일 처리 5단계
기획서 작성방법

"이론 없이 실행하는 사람은 나침반 없이 배를 바다에 띄워놓고
어디로 가야 할지 방향을 잡지 못하는 선원과 같다."
– 레오나르도 다빈치

───

앞서 회사에서의 일은 해결해야 할 문제라고 정의했다. 그러면 회사에서의 일상인 경영활동은 곧 문제해결 과정이라고 할 수 있을 것이다. 다행히도 문제해결의 기술은 재능이 아니라 학습에 의해 체득될 수 있다. 사람마다 차이가 있겠지만 올바른 방법을 충분히 배우기만 한다면 문제해결은 문제가 없다. 반면 '어렵다'고 생각하는 순간 문제해결은 실패한 것이나 다름없다.

쉬울지 어려울지를 기준으로 판단하면 문제가 나타났을 때 어렵다는 생각이 먼저 강해져 마침내 '포기하자'고 결론을 내리게 된다. 지금까지의 경험과 기술로 해본 적이 없는 새로운 문제해결의 가능 여부를 판단해버리는 것이다.

어떤 문제든 해결하려는 시점에서는 아는 것보다 모르는 것이 더 많기 마련이다. 특히 문제의 원인을 조사할수록 생소한 내용들이 잔뜩 쏟아져 나온다. 그러면 자연히 그 문제해결에 어려움을 느끼고 불안해진다. 나아가 그 어려움이 자신의 현재 능력을 초과하고 '어렵다'고 판단되면 쉽게 포기하고자 하는 마음이 들게 된다.

따라서 문제를 해결할 때는 쉬울지 어려울지가 아니라 '할지 안 할지'를 우선 결정해야 한다. 그리고 문제를 해결하겠다고 결정을 내렸다면 이번 챕터에서 소개하는 일 처리 5단계 프로세스 방식으로 문제를 해결해보기 바란다.

일처리 5단계 프로세스에서 활용되는 공통된 도구를 가지고 캔미팅Can Meeting을 통해 일을 논의하게 되면, 구성원 전체의 지식이 향상되고 리더와 같은 생각과 방법으로 일을 할 수 있게 되어 상사 또한 안심하고 과감하게 일을 맡길 수 있게 된다. 그러면 구성원들은 리더가 직접 모든 일을 하는 것처럼 목표 달성을 위해 일사불란하게 움직이게 되고, 리더는 일일이 뛰어다니며 확인하지 않아도 일의 진행상황을 자세하게 알 수 있게 되어 일을 완벽하게 챙길 수 있게 된다.(캔미팅이란 조직 구성원들이 가능한 한 일상의 업무 활동으로부터 독립된 장소에 수시로 모여 정해진 과제에 대하여 격의 없이 자유롭게 논의하는 SK 고유의 회합방식을 말한다.)

이때 조심해야 할 점은 의도적이든 그렇지 않든 목소리가 크고 말을 많이 하는 사람이 있으면 나머지 구성원들은 자신의 아이디어가 무엇이었는지 종종 잊거나 분위기상 자신의 아이디어를 내놓기가 어려워진다는 것이다. 특히 그 아이디어가 '문제 도출이나 해결방안 수립'에 일치하지 않을 때는 더욱 그렇다. 1951년 실행된 '애쉬의 동조실험Ash Experiment'이 그 대표적인 예이다.

이 실험은 실험 참여자로 하여금 자신이 본 막대기와 길이가 같은 것을 3가지 중에 선택하도록 하는 것이었다. 여기서 중요한 단서는 실험 참여자 한 명만 빼고 모든 참여자들이 연구자가 미리 알려준 틀린 답을 가리킨다는 것이다. 그런 다음 실험 참여자의 반응을 살펴보면 누가 봐도 명백한 오답을 가짜 참여자들이 제시하는데도, 대다수 실험 참여자들이 그 오답을 그대로 따라한다는 사실을 확인할 수 있다. 이 실험으로 사람은 다른 사람들의 반응에 쉽게 영향을 받는 존재라는 것이 밝혀졌다. 그런 이유로 문제와 문제점 도출과 해결방안 과정에서 구성원 각자가 자유롭게 의견을 낼 수 있도록 분위기를 만들어줄 필요가 있는 것이다.

　문제해결에서 기획서 작성까지 캔미팅을 통해 다양한 아이디어를 얻어내기 위해서 다음의 방법을 제시한다.

　어떤 문제에 참여한 구성원들 책상 옆에 그들만이 사용할 수 있는 칠판을 세워놓는다. 그리고 일정 기간 대략 3일 혼자 고민하고 생각해볼 수 있는 시간을 준다. 어떤 생각이 떠오를 때마다 포스트잇에 적어서 칠판 위에 붙이도록 하는 것이다. 그리고는 그것에 대해 충분히 숙고한 뒤 캔미팅을 시작한다. 자신이 완성한 보드를 가지고 와서 자신의 아이디어가 무엇이며 왜 이런 아이디어를 냈는지 등을 발표한다. 모두의 발표가 끝난 뒤 결과를 분석해보면, 거의 모든 구성원들이 공통적으로 생각했던 아이디어도 있고, 개개인이 독특하게 생각해낸 아이디어도 있을 것이다. 마지막으로 아이디어 중에서 계속 발전시켜나갈 아이디어를 추려내고, 다시 한 번 일정 기간_{대략 1일}을 가진 후 혼자 생각하며 정리한 아이디어를 칠판에 붙이고 캔미팅을 하는 프로세스를 반복하는 것이다. 이런 과정이 몇 번 돌아가면 상당히 견고하고 창의적인 아이디어가 나오게 된다.

  참고로 일 처리 5단계에서는 문제를 '장애'로, 문제점을 '장애요인'으로, 해결방안은 '제거방안'으로 부른다. 그러나 여기서는 보편적으로 이해할 수 있는 단어인 문제와 문제점, 해결방안으로 사용했다.

입체적 Location을 파악하라

입체적 Location위치 파악은 자신이 맡은 일뿐만 아니라 자신의 일과 관계를 가지는 다른 내부 일들의 내용, 자신의 일을 둘러싼 외부환경시장 환경, 기술 환경 등을 중심으로 폭넓고 깊이 있게 자신의 위치를 파악하는 것을 말한다. 예컨대 입체의 대표적인 형태가 인체이다.

인체는 어느 한 부분에 이상이 와도 몸 전체가 불편할 수 있고, 한 부위의 이상이 다른 부위의 증상으로 나타날 수도 있다. 또한 인체는 외부환경 변화에 매우 민감하게 반응한다. 그래서 분야별 전문의사라 하더라도 전공 분야의 지식 이전에 몸 전체에 대한 지식, 위생환경의 지식 등을 갖추어야 하는 것이다.

[그림 4-1] 시계열 분석

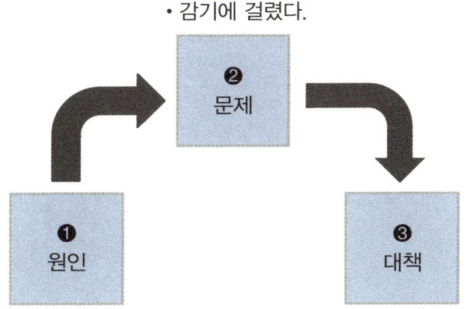

- 감기에 걸렸다.
- 비가 왔다(제약요인).
- 우산을 가지고 가지 않았다.
- 우산을 가지고 가게 한다.

일을 입체적으로 파악하라

일도 인체와 같은 입체라고 할 수 있다. 즉 입체적 분석이란 일을 '원인→발생→대책'이라는 시계열 분석이 아니라, 일을 둘러싼 원인들 간의 중요도와 관계를 분석해 '발생→원인→대책'이라는 논리적 분석을 통해 자신의 위치를 파악하는 것을 말한다. 예를 들어 초등학생 자녀가 비를 맞아서 감기에 걸렸다. 시계열 분석을 해보면, 원인은 '비가 왔다', '우산을 가지고 있지 않았다'이다. 발생은 '감기에 걸렸다'이다. 비는 제약요인이기 때문에 어쩔 수 없다. 대책은 '아이에게 우산을 가지고 학교에 가게 한다'라고 할 수 있다.

그러나 입체적 분석을 해보면, 발생은 '비를 맞아서 감기에 걸렸다'이다. 원인은 앞의 두 가지와 같고, '부모가 우산을 가져다주지 않았다',

[그림 4-2] 입체적 분석

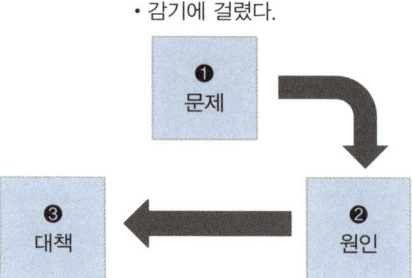

- 부모가 역할을 정해 매일 저녁 다음날 일기예보를 확인해서 우산을 챙겨준다.
- 학교에 요청해서 여분의 우산을 비치하도록 건의한다.

- 비가 왔다(제약요인).
- 우산을 가지고 가지 않았다.
- 부모가 우선을 가져다 주지 않았다.
- 학교에 우산이 없었다.

'학교에 우산이 없었다' 등 다양한 원인이 더 나타날 수 있다. 그렇다면 왜 우산을 쓰지 않았는가? '부모가 맞벌이를 하느라 우산을 챙겨줄 수 없었고 학교에 여분의 우산이 없었다'는 문제에 봉착한다. 그러면 대안은 '부모가 역할을 정해 매일 저녁 다음날 일기예보를 확인해서 아이에게 우산을 챙겨준다'와 '학교에 요청해서 여분의 우산을 비치하도록 건의한다'라고 할 수 있다. 이처럼 '아이가 비를 맞을 수밖에 없었던 이유'에 대한 원인들을 객관적으로 분석하는 것이 입체적 분석이다.

회사에서의 일반적인 일은 회사가 지향하는 전략 방향은 물론 현재의 상황과 주변 환경을 입체적으로 파악해야 하는 것이다. 이렇게 될 때 비로소 부분적인 개선을 넘어 전체 최적화가 가능해진다. 다시 말해 자신이 맡고 있는 일은 회사의 다른 일들, 나아가서 내외부 환경과 밀접한 연관을 가지고 있으므로 문제를 파악할 때는 반드시 자신의 일을 회사 전체의 일과 입체적으로 연계시켜 파악해야 한다는 의미이다. 만약 자기가 맡은 일 이외에는 관심조차 가지지 않는다면 일은 일대로 하면서도 바라는 성과는 얻지 못하는 엉뚱한 일 처리로 끝나기 쉽다.

기존 지식만으로는 폭넓고 깊이 있게 일을 파악하기 어렵다. 그래서 보다 많은 현장과 고객의 니즈Needs, 내외부 자료와 전문서적 등을 적극적으로 찾아 참고하는 것이 좋다. 그중에서 현장이나 고객을 직접 찾아가서 니즈를 분석하고 상황을 관찰하는 것이 제일 좋은 방법이다. 언제, 어떤 환경이나 조건에서, 어느 곳에서 니즈가 발생하는지 정확히 알아내려면 관련된 사람들과 논의하는 것이 가장 바람직하다.

현장이나 고객의 니즈가 무엇인지, 왜 니즈가 발생했는지, 니즈가 왜 니즈인지를 알아보라. 이는 범죄 수사관이 사건 현장이 훼손되기 전에 범죄자를 잡기 위한 증거를 확보하려는 목적으로 조사활동을 하는 것과 같다.

MECE를 활용하라

인지심리학자인 조지 밀러George A. Miller의 주장에 따르면 인간의 두뇌는 짧은시간 동안 한 번에 7개 이상의 항목을 기억할 수 없다고 한다.

따라서 기획서를 작성할 때 항목의 수가 5~6개를 넘어서면, '동일한 특성을 가진 종류 또는 집단'에 귀속된 어떤 개념에 따라 그룹핑Grouping하여 기록해야 한다. 나아가 그 개념이 어떤 점에서 같은 성질의 종류나 집단에 속하는지, 다른 개념들과 차이가 무엇인지를 명확히 해야 한다. 결국 다양한 항목을 어떤 개념으로 그룹핑하고 다른 개념들과 다르게 분류하면 기억하기가 훨씬 쉬워진다는 얘기다. 이렇게 하나의 개념으로 항목을 묶고, 또 다르게 개념을 분류하기 위해서는 분석력이 필요하다.

입체적 Location을 파악할 때에는 이처럼 그룹핑된 개념들 사이에 중복이 없고상호 배타적, Mutually Exclusive, 그럼에도 개념들의 합이 누락이 없는전체 포괄적, Collectively Exhaustive 형태, 즉 중복과 누락이 없는 MECE미시한 상태에서 자신의 위치를 파악해야 하는데, 이는 사물이나 현상을 각각의 개념으로 나눔으로써 전체 구조를 이해할 수 있기 때문이다. 예를 들면 세상 사람들을 남성과 여성, 성인과 미성년자, 기혼과 미혼 등으로 구분하면 자신이 어디에 속해 있는지 또 무엇을 해야 하는지가 분명해진다. 자신의 입체적 Location 분석을 해본 결과, 자신이 남성이고 성인이며 미혼이라서 결혼을 해야 한다는 위치를 파악했다면 배우자는 여성이고 성인이면서 미혼을 찾아야 하는 것이다. 정리해보면 MECE는 다음과 같은 장점을 제공한다.

- 관련되는 내용인지 한 눈에 확인이 가능하다.
- 필요한 내용이 누락되었는지 점검이 가능하다.
- 구성요소 간 중복을 방지할 수 있다.

MECE한 상태를 만들기 위한 원칙에는 2가지가 있다.

먼저 MECE 기준을 설정하는 것이다. 다음으로는 기준에 따라 항목을 나열하는 것이다. 예로 들어 '와인에는 어떤 것이 있지?'라는 의문이 있다고 하자. MECE한 기준은 와인의 종류, 생산하는 지역, 포도의 종류, 와인의 가격대 중에서 하나를 설정할 수 있다. 와인의 종류로 기준을 설정했다면 레드 와인, 화이트 와인, 로즈 와인으로 항목을 구분하고, 다시 레드 와인은 메를로, 시라, 카베르네 소비뇽 등의 항목으로 나열한다. 이어서 화이트 와인은 리슬링, 샤르도네, 게부르츠트라미너, 피노 그리 등의 항목으로 나열하고, 로즈 와인은 부그리에르, 엠 샤푸띠에, 도멘 오뜨 등의 항목으로 나열한다.

이렇듯 MECE는 전체 집합이 무엇인지 분명히 알게 하고, 적합한 기준에 의해 그룹이 중복, 누락, 착오가 되지 않도록 부분 집합들로 구성되게 하므로 입체적 Location 분석에 매우 유용하다.

또 다른 예를 들어보자. 어느 날 상사가 새로운 사무실을 개설하려는데 필요한 물품이 무엇인가를 보고하라고 해서 생각나는 대로 책상, 전화, 의자, 팩스, 탁자, 인터넷, 프린터 등을 구매해야 된다고 보고를 했

[그림 4-3] MECE 구조의 기본원리

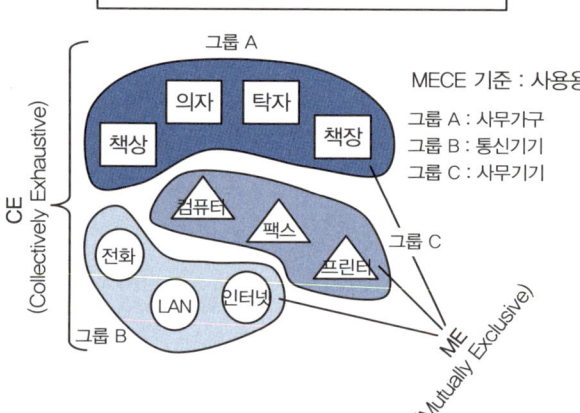

다. 그러자 상사로부터 "열거한 물품이 중복되거나 누락이 없는가?"라는 질문을 받았다. 하지만 이 경우 당장 확인할 방법이 없으므로 매우 난감한 상황이 될 것이다. 이를 확인하려면 다시 돌아가서 정말 중복이 없는지 누락되지는 않았는지 하나하나 체크를 하기 위한 방대한 작업을 수행해야 한다.

그러나 [그림 4-3]과 같이 필요한 사무 물품을 전체 집합으로 보고, 이 전체 집합을 중복도 누락도 없는 어떤 부분 집합으로 나눌 수 있도록 기준을 설정하면 간단하게 해결된다. 사람마다 기준이 다를 수 있지만, '사용용도'로 기준을 정했다면 사무기기, 통신기기, 사무기기로 분류해서 물품을 나열한 후 중복되거나 누락이 없는지를 확인하면 된다.

그렇다면 MELE의 기준은 어떻게 설정하는 것이 바람직할까?

MECE에도 나름의 기준을 설정하는 데에는 3가지 방법이 있다.

첫째, 일반적으로 잘 알려져 있는 도구Tool를 사용하는 것이다. 예를 들어 환경분석의 3C Customer, Company, Competitor, 마케팅의 4P Product, Price, Promotion, Place, 조직분석의 7S Strategy, Skill, Staff, Structure, Style, System, Shared Value, 제조의 4M Man, Machine, Material, Method 등이 그것이다. 도구에 대한 자세한 내용은 챕터5를 참고하기 바란다.

둘째, 반대되거나 상대되는 개념을 사용하는 것이다. 예를 들어 그것과 그것 이외, 질과 양, 가치와 비용, 장점과 단점 등을 들 수 있다.

셋째, 구성요소나 순서를 사용하는 것이다. 회사·조직·개인 / 과거·현재·미래 / Plan·Do·See / 서론·본론·결론 등이 그것이다.

시사점을 도출하라

그룹핑된 다양한 요소들의 관계를 명확하게 분석해서 시사점을 도출할 때에는 통찰력이 필요하다. 특히 그룹핑된 개념들 간의 상호관계를 자신의 힘으로 해결이 불가능한 제약요인이 아닌 해결이 가능한 통제요인으로 분석해야 한다.

예를 들어 앞서 사무실 개설할 때 사용용도에 따라 그룹핑한 물품을 현재 재고가 있는지 없는지, 예산은 어느 정도인지 등 제약요인과 통제

[그림 4-4] 입체적 Location 파악 프로세스

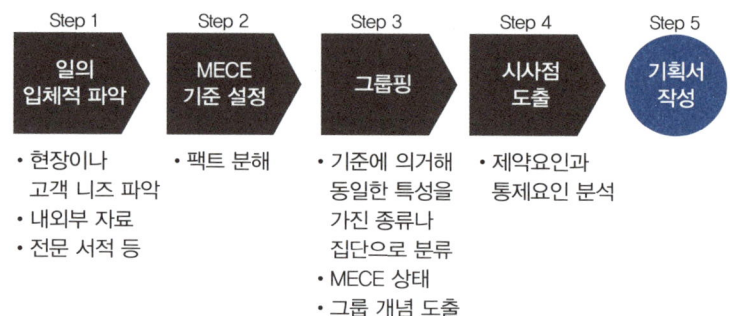

요인으로 확인한다. 그러고 나서 상사에게 보고할 물품 구입을 어떻게 할 것인지 시사점을 도출하는 것이다.

이렇듯 개념이나 구성하는 요소들 간에 이상이 생기면, 그 원인이 작용해 시사점이 만들어진다. 여기서의 시사점을 회사에서는 임플리케이션Implication이라는 용어로 바꾸어 사용하기도 한다.

입체적 Location 파악 프로세스

입체적 Location 파악 방법은 크게 5단계로 나눌 수 있다.

- 1단계 | 현장이나 고객의 니즈를 파악하기 위해 캠미팅을 실시하거나 내외부자료, 전문서적 등을 참고하여 팩트가 무엇인지 A부

터 Z까지 전체 내용을 입체적으로 파악한다.

- 2단계 | A부터 Z까지 팩트를 분해해서 각각에 대한 MECE 기준을 찾는다.
- 3단계 | MECE 기준에 따라 동일한 특성을 가진 종류나 집단에 귀속된 어떤 개념에 따라 그룹핑한다. 그리고 그룹핑된 개념들 사이에 중복이 없고, 그럼에도 개념의 합이 전체에서 누락이 없는 MECE 상태이어야 한다.
- 4단계 | 그룹핑된 개념들 간의 상호관계를 명확하게 통찰하여 시사점을 도출해야 한다. 즉 일의 구성요소를 모두 찾아냄과 동시에 그 요소들이 서로 어떤 관계를 맺고 있으며, 어떻게 연결되고 있는지를 구조적으로 이해해야 한다.
- 5단계 | 챕터3의 기획서를 작성하는 방법을 참고해서 기획서를 작성한다.

입체적 Location 파악 프로세스에 따라 '국내 영화계의 총체적 위기'가 무엇인지 기획서를 작성해보자.

2000년대 이후 국내 영화계는 호황이 사라졌다. 대신 불황의 늪이 엄습했다. 영화 '괴물', '왕의 남자', '태극기 휘날리며', '실미도' 등 1000만 관객동원을 기록한 흥행작들이 4편이나 등장하면서 붐을 타는가 했지만 그것뿐이고, 그때뿐이었다.

돈이 마른 국내 영화계의 메카 충무로는 투자 감소, 시나리오의 부재에 따른 제작 난항으로 이어졌다. 영화 제작이 신통치 않자 올해 들어서는 이른바 창고형 영화들이 줄줄이 개봉했다. 2006년 스크린쿼터 축소 이후 관객 수는 더욱 줄어들었다. CJ CGV가 최근 발표한 자료에 따르면 올해 10월까지 극장을 찾은 총 관객 수는 1억 2546만 1101명이다. 이는 지난해 같은 기간에 비해 약 650만 명 줄어들었고 2년 전보다는 무려 1500만 명 차이가 난다. 극장 입장료로 환산하면 1050억 원에 달한다. 투자와 제작으로 쓰일 돈이 빠져나간 것이다.

여기에 고환율과 국내외적인 경기침체, 이에 따른 문화소비 절감, 킬러 콘텐츠 부족과 외화들의 공습 등이 맞물리면서 국내 영화계가 총체적 위기를 맞고 있다.

하지만 위기는 곧 기회. 배우들이 출연료를 자진삭감하고 영화에 투자하는 등 허리띠를 꽉 졸라맸다. 영화진흥위원회는 국내 영화 활성화를 위해 800억 규모의 영화 펀드를 조성해 시장 내 불안 요소를 해소하려 하고 있다. IPTV 등 뉴미디어를 이용한 영화 4편이 이번 달 국내에 처음 선보이는 등 새로운 시도도 돋보인다.

출처 : 투자·제작사들 "기획력에 승부수를 띄워라"〔충무로 위기진단③〕

・・・

1단계 국내 영화계 상황에 대해 A에서 Z까지 전체 내용을 입체적으로 파악하라

- 2000년대 이후 투자 감소, 시나리오의 부재에 따른 제작 난항
- 2006년 스크린쿼터 축소
- 올해 총 관객 수 2546만 1101명(10월 기준). 지난해에 비해 약 650만 명 줄었고, 2년 전보다는 1500만 명 차이가 남. 극장 입장료로 환산하면 1050억 원.
- 고환율과 국내외적인 경기 침체, 이에 따른 문화소비 절감
- 킬러 콘텐츠 부족과 외화들의 공습
- 800억 규모의 영화 펀드를 조성
- IPTV 등 뉴미디어를 이용한 영화 4편 시도

2단계 | MECE 기준을 찾는다

A부터 Z까지 파악된 팩트들을 분해해서 각각에 대한 MECE 기준을 찾는다. 우선 '국내 영화계의 총체적 위기를 어떻게 극복할 수 있는가'라는 과제를 '국내와 국외', '위기와 기회'로 나누어, 각각을 하나의 개념이 전체를 나타낼 수 있는 MECE로 정리할 수 있는 기준이 되는지 확인한다. 여기에서는 '국내와 국외'보다는 '위기와 기회'가 전체를 나타내는 데 MECE 기준으로 적합할 것으로 판단하여 이를 사용하였다.

3단계 | MECE 기준에 따라 그룹핑한다

MECE 기준으로 선정한 '위기사항과 기회사항'으로 항목을 그룹핑한다.

위기사항	기회사항
• 2000년대 이후 투자 감소, 시나리오의 부재에 따른 제작 난항 • 2006년 스크린쿼더 축소, 외화들의 공습 • 올해 총 관객 수 2546만 1101명(10월 기준). 지난해에 비해 약 650만 명 줄었고, 2년 전보다는 1500만 명 차이가 남. 극장 입장료로 환산하면 1050억 원 • 고환율과 국내외적인 경기 침체, 이에 따른 문화소비 절감 • 킬러 콘텐츠 부족	• 800억 규모의 영화 펀드를 조성 • PTV 등 뉴미디어를 이용한 영화 4편 시도

4단계 | 시사점을 도출한다

시사점을 도출하기 전에 자신의 힘으로 해결이 불가능한 제약요인과 해결이 가능한 통제요인을 구분한다. 그리고 구분된 제약요인과 통제요인들의 의미와 상호관계를 명확하게 통찰하여 위기극복이라는 관점에서 시사점을 도출한다.

		MECE 기준	시사점 도출
위기사항	제약요인	• 2000년대 이후 투자 감소, 시나리오의 부재에 따른 제작 난항 • 2006년 스크린쿼더 축소, 외화들의 공습 • 올해 총 관객 수 2546만 1101명(10월 기준). 지난해에 비해 약 650만 명 줄었고, 2년 전보다는 1500만 명 차이가 남. 극장 입장료로 환산하면 1050억 원	
	통제요인	• 고환율과 국내외적인 경기 침체, 이에 따른 문화소비 절감 • 킬러 콘텐츠 부족	⇒ 좋은 시나리오와 독창성 있는 킬러 콘텐츠가 부족함
기회사항		• 800억 규모의 영화 펀드를 조성 • IPTV 등 뉴미디어를 이용한 영화 4편 시도	⇒ 예산이 적게 드는 영화를 제작하고 다양한 뉴미디어 활용이 필요함 ⇒ 소규모 영화를 제작할 수 있는 차별화된 기획력(시나리오와 독창성 등)이 필요

5단계 | 기획서를 작성하라

도출된 내용을 바탕으로 입체적 Location 파악 기획서를 작성하면 된다. 챕터 3에서 소개된 기획서 작성 방법을 활용하여, 상사가 좋아하는 스타일에 따라 다양한 방법으로 작성한다.

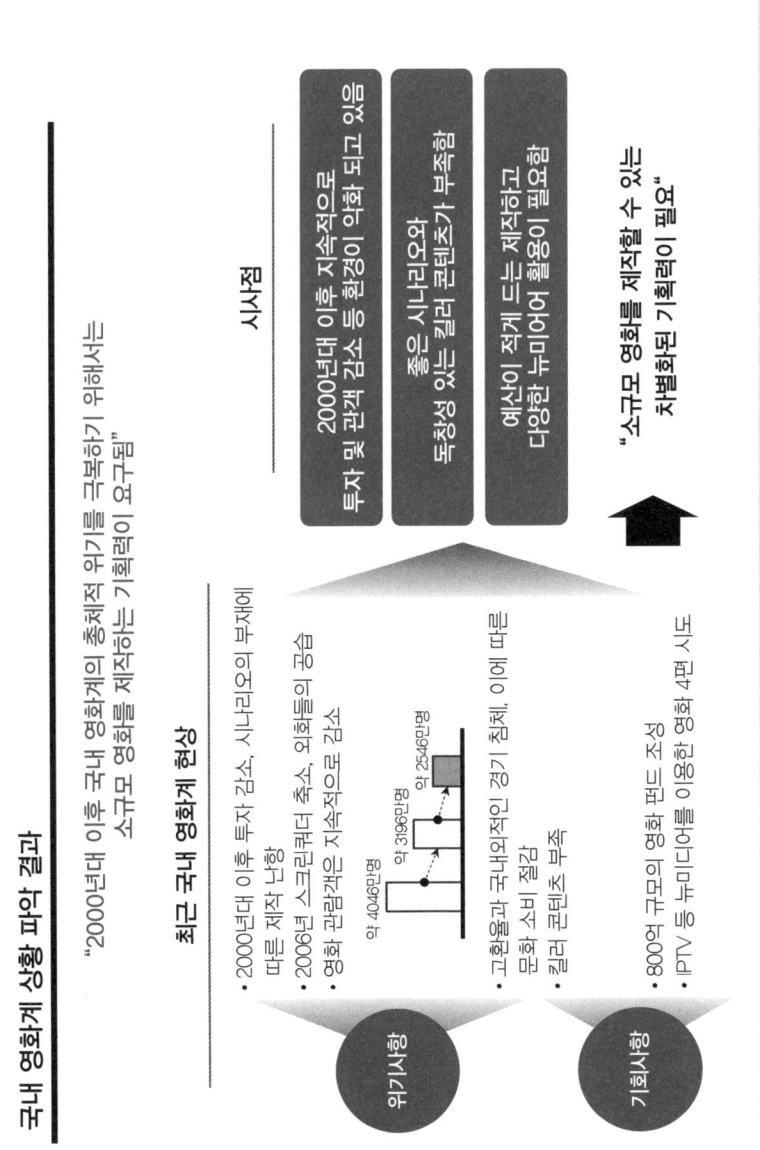

목표 달성을 위한 핵심과제, KFS를 추출하라

　입체적 Location 파악이 잘 되면 될수록 KFS Key Factor for Success를 쉽게 추출할 수가 있다. KFS란 회사의 목표 달성을 위해 개인 및 단위조직이 해야 할 가장 핵심이 되는 과제나 일을 말한다.

　왜냐하면 A부터 Z까지 일의 전체 내용을 입체적으로 파악하게 되면 어디에 힘을 집중시켜야 할지 그 핵심을 저절로 이해할 수 있기 때문이다. 또한 해야 할 과제나 일인 Sub-KFS들을 찾아가면서 가장 핵심이 되는 과제나 일인 KFS를 보다 구체화시켜 나갈 수도 있다. 회사에서는 KFS를 '추진 방향성', '중점 추진과제' 등으로 표현하여 사용한다. KFS 추출이 잘되면 다음과 같은 효과를 얻을 수 있다.

- 쓸데없는 일을 하지 않도록 미연에 방지할 수 있다.
- 비용·시간·사람을 더 들이지 않고도 성공할 수 있다.
- 지금 일하는 방법보다 더 좋은 대안을 발견할 수 있다.

여기서 중요한 것은 범죄를 입증하는 것도 증거물이 있어야 가능하듯 문제의 원인이 되는 사물이나 현상에 대해서도 팩트를 기반으로 철저하게 파악되어야 한다는 것이다. 흔히 문제의 원인을 파악하다 보면 상사로부터 "그건 네 생각이고."라는 말을 빈번히 듣게 된다. 이런 말을 듣게 되는 이유는 바로 문제에 대한 팩트와 의견을 구분하지 못하기 때문이다.

팩트와 의견을 구분하라

팩트와 의견을 왜 구분해야 하는가? 하나는 내용의 정확한 이해를 위해서이다. 내용이 팩트인지 의견인지 구분할 수 있어야 그 내용을 올바르게 이해할 수 있을 뿐 아니라 독해력을 향상시킬 수 있다. 다른 하나는 비판적 사고 능력의 향상을 위해서이다. 정보가 정확한지, 의견이 팩트에 근거하고 있는지 판단하며 읽을 때 사고 능력을 기를 수 있다.

팩트과 의견은 무엇이 다를까? 팩트는 '실제로 일어난 일, 그래서 입증 또는 반증이 가능한 것'을 말한다. 예를 들면 "사과의 종류에는 국광,

[그림 4-5] 팩트와 의견의 차이

팩트 (사실)
- 실제로 일어난 일
- 현실에서 존재하는 것
- 맞는지 틀린지를 증명할 수 있음

의견
- 어떤 대상에 대하여 가지는 생각
- 주장에 대해 사람에 따라 다름
- 반론이 존재하는 생각

홍옥, 부사 등이 있다.", "한국어는 계통상 알타이 어족에 속한다."는 팩트다. 문제를 파악할 때에는 이러한 팩트에 입각해서 철저하게 입증·분석되어야 한다. 반면 의견은 '어떤 대상에 대하여 가지는 느낌과 생각'이며, 이 느낌과 생각은 사람마다 다르므로 '반론이 존재하는 생각'이라고 할 수 있다. 예를 들면 "나는 사과 중에서 홍옥이 제일 맛있다."는 팩트에 대한 느낌이고, "한국어를 바르게 아름답게 사용하자."는 의견이다. 팩트과 의견은 내용, 목적, 판단에 있어 차이점이 있다.

첫째, 내용면에서 팩트는 객관적이다. 느낌, 상상, 정서 등이 배제되어 있어 누가 보더라도 이견을 갖지 않는다. 반면 의견은 개인에 따라 다를 수 있는 차별적 느낌과 생각이므로 주관적이다.

둘째, 팩트는 사실을 있는 그대로 전달하는 데 목적이 있다. 즉 있는 그대로를 알기 쉽고 정확하게 옮김으로써 이해와 정보전달을 목적으로 하는 것이다. 반면 의견은 주장을 내세워 남을 설득하는 것을 목적으로 한다. 기획자의 생각을 피력함으로써 주장과 설득, 자기표현을 하는 것이다.

셋째, 팩트는 정보의 정확성과 적절성을 기준으로 판단한다. 반면 의견은 '이렇다', '저렇다' 하는 등 근거의 타당성을 두고 판단한다.

아래 표에서 보듯이 팩트는 감각적 경험 조사한 사실, 관찰한 사실, 실험한 결과를 나눌 수 있고 의견은 느낌에 의한 의견, 판단에 의한 의견 추측에 의한 의견으로 나눌 수 있다.

흔히 자기주장의견에 대한 팩트근거를 제시하지 못하면, 그 주장에 대해 각자의 지식과 경험이 다르기 때문에 이견이 생기고 논쟁을 불러일으킨다. 실제 경험으로 이러한 의견 차가 생기면 서로의 의견을 좁히기가 무척 어려워진다.

	유형	설명
팩트	감각적 경험	감각 기관을 통하여 경험한 것 예 : 보고(시각), 듣고(청각), 냄새 맡고(후각), 맛을 보고(미각), 만져 본(촉각) 것
	조사한 사실	어떤 것에 대하여 조사한 결과
	관찰한 사실	목적을 가지고 유심히 지켜본 결과
	실험한 결과	실제로 어떤 일을 실행해 본 결과
의견	느낌에 의한 의견	감각적 경험을 통하여 이루어진 의견
	판단에 의한 의견	옳고 그름을 따져 본 뒤 이루어진 의견
	추측에 의한 의견	미루어 생각해보고 이루어진 의견

이럴 때 상사로부터 자주 듣는 질문이 "도대체 이건 어디에서 나온 내용이야?"이다. 결국 팩트에 바탕을 두지 않은 의견은 타당성이 없다고 할 수 있다. 다른 사람을 설득하기 위해서는 정확한 팩트에 근거를 두고 의견을 제시하여야 한다.

결국 KFS를 추출할 때는 문제에 대한 자신의 의견을 철저히 배제한 채 반드시 팩트로 입증 가능한 정보나 자료를 수집해야 한다는 점을 명심해야 한다. 또한 이러한 정보나 자료는 그 문제와 관련한 사람들과 캔미팅을 시행하고 내외부 자료와 전문서적 등을 적극적으로 찾아 참고하는 것이 좋다.

수집된 팩트들은 동일한 특성을 가진 종류나 집단에 귀속된 어떤 개념에 따라 그룹핑한다. 그룹핑된 개념들 사이에 중복이 없고, 개념의 합이 전체에서 누락이 없는 MECE 형태를 가져야 문제의 정보를 분석하기가 쉬워진다.

문제의 3가지 정보를 분석하라

그룹핑된 개념을 파악하는 데 있어 입증해야 할 정보는 어떤 것이 있을까? 다행히도 입증해야 할 정보는 문제의 현상, 배경, 원인 3가지뿐이다. 앞서 말한 것처럼 3가지 정보를 입증할 때는 어떠한 의견이나 가치도 포함되어서는 안 된다. 이를테면 사회과학에서는 연구자의 가치

[그림 4-6] 문제에 관한 3가지 정보

관이 연구과정에 개입될 가능성을 최소한으로 줄이기 위해 가치중립의 자세를 요구한다. 바꿔 말하면 연구를 할 때는 연구자의 생각이나 의견이 배제된 상태에서 임해야 한다는 것이다. 문제에 관한 3가지 정보도 마찬가지로 기획자의 생각이나 의견을 배제하고 팩트로 입증해야 한다.

그룹핑된 개념을 파악할 때 문제의 3가지 정보는 왜 분석해야 하는가? 빙산의 일각처럼 현상으로 나타난 정보만으로 KFS를 추출하게 되면 눈에 보이는 문제만 해결하기 때문이다. 문제의 본질적 해결은 원인과 배경에 숨어 있다. 실제로 KFS는 원인과 배경을 해결하는 방안에서 나온다고 해도 과언이 아니다.

그렇다면 3가지 정보는 어떤 순서로 분석되어야 하는가?

먼저, '현상'을 분석한다. 현상의 사전적 의미는 "사물·현상이 놓여 있는 모양이나 형편"이다. 즉 문제의 현상분석은 '나타난 현재의 상태'를 분석하는 것이라 할 수 있다. 특히 자신의 생각이나 의견을 철저히

[그림 4-7] 문제 특성의 빙산 모델

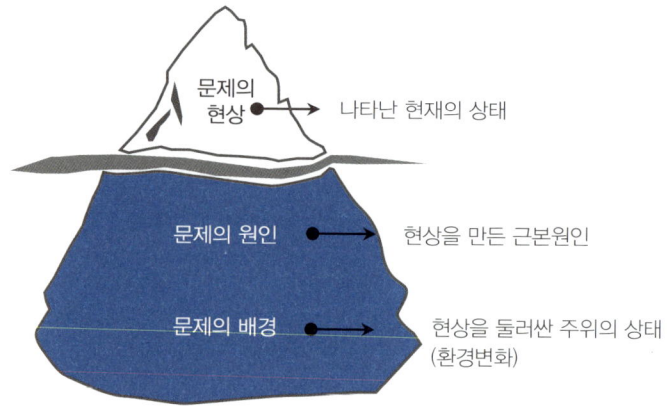

배제하고 팩트에 입각해 분석해야 한다.

둘째, '원인'을 분석한다. 원인의 사전적 의미는 "어떤 사물이나 상태를 변화시키거나 일으키게 하는 근본이 되는 일이나 사건"이므로, 문제의 원인 분석은 '현상을 만든 근본원인이 되는 일이나 사건'을 분석하는 것을 말한다. 이때 보이는 것만 보고, 보고 싶은 것만 보고, 상황에 맞게 꿰어 맞추는 선택적 인지는 판단의 오류를 일으킨다. 또한 원인인지 결과인지 혼돈하거나 눈에 보이는 확실한 증거가 없다고 추측을 해서도 안 된다. 원인은 현상을 만든 입증할 수 있는 팩트여야 한다.

셋째, '배경'을 분석하는 것이다. 배경의 사전적 의미는 "뒤쪽의 경치, 뒷배경" 등 여러 가지가 있지만 문제의 배경 분석은 '현상을 둘러싼 주위의 상태'를 분석하는 것이다. 즉 현상을 어디론가 몰아가는 것이 배경이고 이를 분석하는 것이 배경 분석이라고 할 수 있다. 간단히 말해 문제의 배경은 주로 '환경변화'라고 할 수 있다. 이러한 환경변화 또한 입증할 수 있는 팩트여야 한다. 예를 들면 아침에 일어나서 속이 쓰린 것은 문제의 현상이고, 문제의 원인은 전날 늦게까지 동료들과 술을 많이 마셨기 때문이다. 그리고 속이 쓰리게 된 배경은 업무 스트레스를 꼽을 수 있을 것이다.

로직 트리를 활용하여 KFS를 추출하라

문제를 해결하려면 팩트 기반의 분석력뿐만 아니라 그 밑바탕이 되는 논리적 사고도 중요하다. 하지만 논리적 사고는 모든 기획의 토대가 되는 중요한 역량임에도 불구하고, 구체적으로 무엇을 해야 하는지 잘 알려져 있지 않다.

논리적 사고의 핵심은 자신의 주장에 대해 논리적 근거를 제시하는 것이다. 즉 제시된 논리적 근거가 '주장을 명확하게 뒷받침'해야 한다. 논리의 비약이 있다면 설득력을 약화시키기 때문이다. 다음 사례를 읽고 A씨의 주장에서 논리적 근거가 무엇인지 생각해보자.

> 앞으로 핸드폰은 임대 방식으로 판매해야 합니다. 직접 구매하는 고객보다는 임대 고객이 증가하고 있기 때문입니다. 물론 지금까지는

> 핸드폰을 생활필수품의 개념으로 생각하여 직접 소유하는 고객이 일반적이었습니다. 하지만 앞으로는 임대의 시대이기 때문에 임대 방식을 도입해야 하는 것입니다.

A씨가 내세운 논리적 근거는 '임대의 시대'이지만, 그것이 어떤 의미인지 다시 의문을 품게 된다. 너무 개괄적이고 막연하게 표현되어 있다. 논리적 근거가 제시되었다고 해서 자동적으로 논리성이 확보되는 것은 아니다. 설득력을 높이려면 왜 앞으로 임대의 시대가 될 것이라고 생각하게 되었는지 조사해봐야 한다. 조사결과 "임대 방식은 핸드폰을 구입하는 기업에게 별도의 자금이 필요 없고, 관리 및 수리비용도 필요 없는 등 다양한 이점을 제공한다."는 결론에 도달했고 하자. 이러한 논리적 근거를 바탕으로 A씨의 주장을 다시 해보면 다음과 같을 것이다.

> 앞으로 핸드폰은 대여 방식으로 판매해야 합니다. 물론 지금까지는 핸드폰을 생활필수품의 개념으로 생각하여 직접 소유하는 고객이 일반적이었습니다. 하지만 이제는 임대의 시대입니다. 임대 방식을 도입할 경우, 기업에서는 핸드폰을 구입하는 별도의 자금이 필요 없고, 관리 및 수리비용도 필요가 없습니다.

상사를 논리적으로 쉽게 설득하려면 이렇듯 자신의 주장과 함께 논리적 근거를 제시하는 것이 중요하다. 대부분의 사람들이 자신의 결론을 설명할 때 '의해서', '따라서', '이와 같이'라는 말을 자주 사용하는데, 이때 전후의 문장 내용이 상식적으로 연결되지 않으면 논리의 비약이 발생한다. 이러면 상사를 설득하기가 무척 어렵게 된다. 이러한 논리의 비약을 방지하는 도구가 바로 로직 트리Logic Tree이다.

문제의 3가지 정보에서 입증된 팩트를 논리적 비약이 없는 로직 트리로 만들면 KFS를 추출할 수 있다. 이는 범죄 현장에서 나타난 증거를 토대로 수사를 진행하는 것과 같다. 부연 설명하면 "So What?현재 가지고 있는 팩트로부터 무엇을 알아낼 수 있지?"란 질문을 통해 '어떤 특별한 메시지'를 추출하는 것이다.

이에 반해 추출된 메시지에 대해서 "Why So?왜 그렇다고 말할 수 있지?"라는 질문을 하면 현재 가지고 있는 팩트의 이유나 근거를 명확하게 증명할 수 있다. 즉 'So What?'이란 질문으로 추출한 메시지를 검증하는 작업인 셈이다. 이렇게 추출된 '어떤 특별한 메시지'가 바로 KFS가 된다.

KFS를 추출하는 논리적 사고 방법은 연역적 방법과 귀납적 방법이 있는데 세로와 가로의 원칙이 동일하게 적용된다. 세로의 원칙은 메시지의 비약이 없도록 'So What? / Why So?' 관계로 구성되어야 한다는 것이다. 가로의 원칙은 팩트들이 중복이 없고 누락이 없는 MECE한 상태여야 한다는 것이다. 정리해보면 로직 트리는 다음과 같은 장점을 제공한다.

- MECE하게 나누어 누락이나 중복을 사전에 방지할 수 있다.
- 원인과 KFS를 구체적으로 제시할 수 있다.
- 각 내용의 인과관계를 분명히 확인할 수 있다.

연역적 방법

고대 그리스의 철학자 아리스토텔레스가 창시한 연역적 방법은 보편적인 진리로부터 개별적인 것을 설명하는 것이다. 하나의 논리 라인을 따라 전개하고 마지막으로 '그러므로'로 시작하는 결론에 이른다. 대표적인 것이 두 개의 전제와 하나의 결론으로 이루어지는 삼단논법이다.

- 대전제 : 사람은 모두 죽는다.
- 소전제 : 소크라테스는 사람이다.
- 결론 : 그러므로 소크라테스는 죽는다.
- 최종 결론 : 소크라테스는 사람이기 때문에 죽는다.

이렇듯 연역적 방법은 머릿속에서 무언가를 생각할 때 일반적으로 사용되는 논리 전개의 유형으로 3가지 요건을 충족해야 한다.

첫째, 실제로 존재하는 상황을 기술한다.

[그림 4-8] 연역적 방법의 예

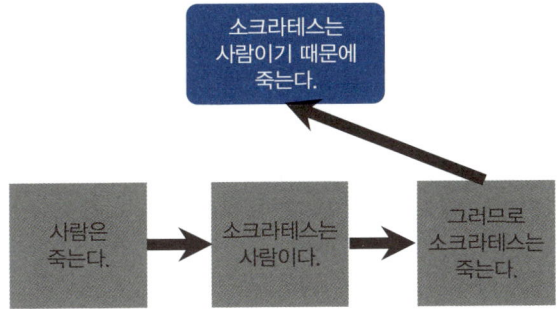

둘째, 같은 시간에 실제로 존재하는 연관 상황을 한 가지 더 기술한다. 이때 두 번째 기술은 첫 번째 기술한 내용 가운데 한 가지를 언급하여 관련성을 갖는다.

셋째, 동시에 존재하는 위의 두 가지 상황이 의미하는 바를 기술한다.

연역적 방법으로 KFS를 추출할 때에는 상대와 공유해야 할 '근거', 근거로부터 KFS를 도출하기 위한 '결과', 앞으로 어떻게 해야 되는가 하는 '제안' 3요소가 "So What?"이라고 물었을 때 메시지가 되어야 하고 거꾸로 메시지에 대해 "Why So?"라고 물었을 때 KFS에 되어야 한다. 또한 MECE라는 관점에서 본다면 '근거', '판단', '기준', '판단 내용'이 중복이 없고 누락 없이 나누어져 구성되어 있어야 한다.

여기서 유의해야 할 사항은 [그림 4-9]와 같이 근거를 설명한 '근거

[그림 4-9] 연역적 방법 구조

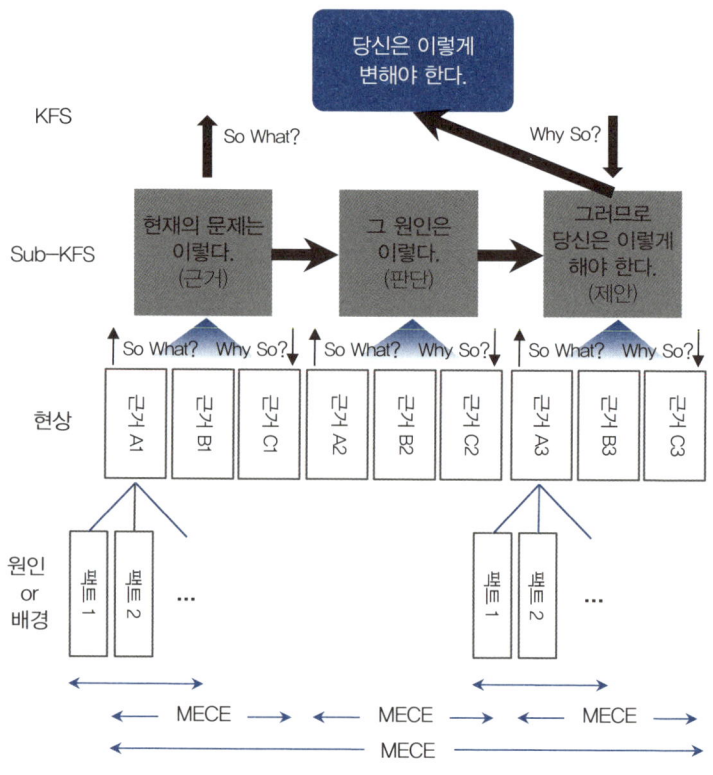

A1'과 판단을 설명한 '근거 A2'가 관련성이 있어야 한다는 것이다. 그 결과 앞으로 어떻게 해야 하는가를 '근거 A3'로 연결한다. 마찬가지로 B와 C에 대해서도 A와 동일한 프로세스를 반복한다. 이러한 이유로 연역적 방법은 매우 많은 시간을 소모할 뿐만 아니라, 알고 싶은 것을 얻게 될 때가지 진행 프로세스를 여러 번 반복해야 하는 번거로움이 생긴

다. 반면 동일한 메시지를 귀납적 방법으로 표현하면 누구나 쉽게 이해할 수 있는 KFS가 도출된다.

귀납적 방법

귀납적 방법은 베이컨이 〈노붐 오르가눔〉에서 제창한 것으로 [그림 4-10]과 같이 개별적인 것으로부터 보편적이고 일반적인 진리를 도출하는 사고 방법이다. KFS 추출은 여러 가지 상이한 근거들 생각, 사건, 팩트 사이의 유사한 점을 파악하여 동일한 종류의 팩트나 생각을 그룹으로 묶은 것이다. 그룹 내 유사성에 대한 메시지를 기술하려면 창의적 두뇌활동이 필요하기 때문에 연역적 방법에 비해 훨씬 어렵다고 할 수 있다. 이러한 이유로 핵심단계에서는 연역적 방법보다는 귀납적 방법이 더 바람직하다.

[그림 4-11]과 같이 KFS 추출은 연역적 방법과 귀납법 방법이 상호 보안 체계로 이루지는 것이 좋다. '근거1', '근거2', '근거3'이라는 메시지들을 "So What?"하여 추출한 메시지가 Sub-KFS인 A라면 논리적 비약을 검증하기 위해 A라는 메시지에 대해 "Why So?"라는 질문을 던졌을 때 '근거1', '근거2', '근거3'이 그 이유나 근거가 증명되는 관계를 구축해야 논리의 비약이 사라지는 것이다.

다음으로 KFS 추출도 동일한 방법을 적용하면 된다. Sub-KFS A, B, C라는 메시지들을 "So What?"하여 추출한 메시지가 KFS인

[그림 4-10] 귀납적 방법 구조

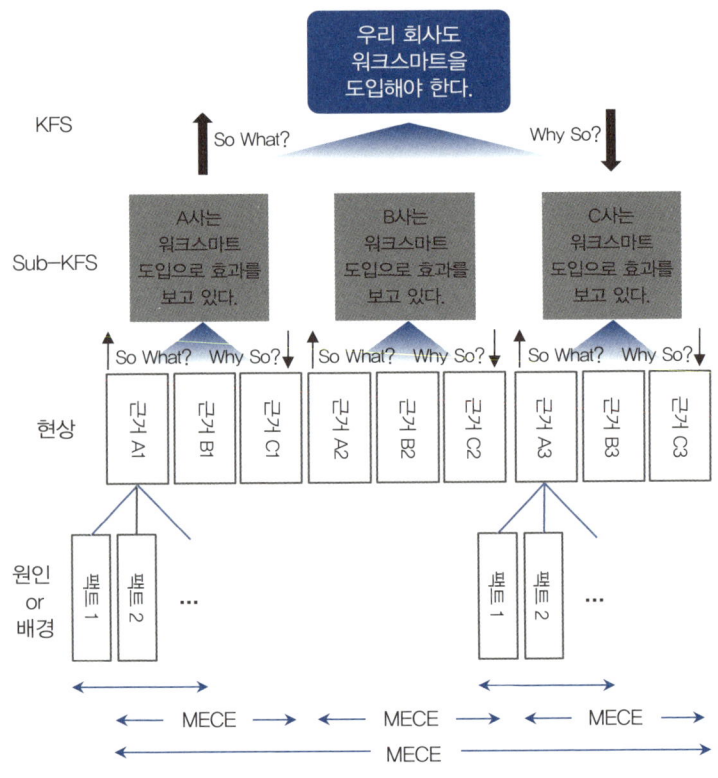

D라면 논리적 비약을 검증하기 위해 D라는 메시지에 대해 "Why So?"라는 질문을 던졌을 때 A, B, C가 그 이유나 근거가 증명되는 관계를 구축해야 논리의 비약이 사라진다. 이러한 로직 트리 상태라면 개인 및 단위조직이 해야 할 가장 핵심이 되는 과제나 일은 논리적인 신뢰성을 확보하게 된다.

[그림 4-11] KFS 추출의 기본 원리

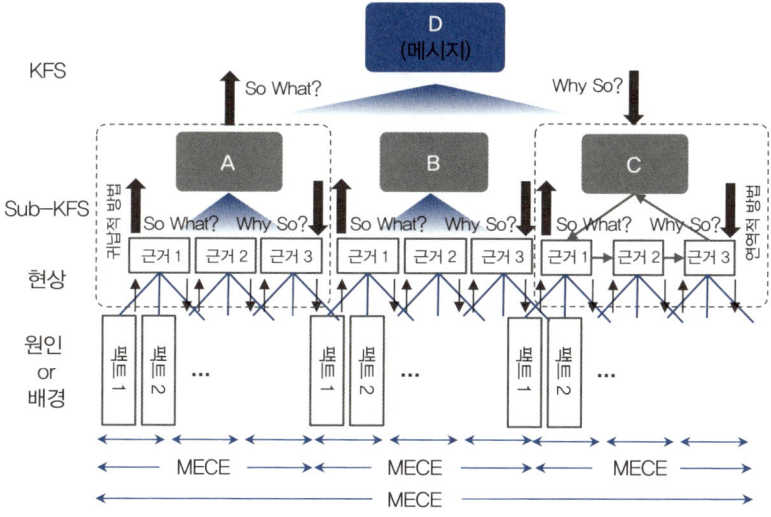

마지막으로 KFS를 Sub-KFS와 혼동해서는 안 된다. 예를 들어 마케팅팀에서 '영업 이익률 또는 매출액', 전략기획팀에서 '투자예산', 생산팀에서 '최신 설비' 등과 같은 요소를 KFS로 잡는 경우가 있는데 이러한 요소는 KFS라기보다는 해결해야 할 Sub-KFS라고 보아야 한다. 자신의 입장이 아니라 상사의 입장에서 볼 때 그 과제나 일을 통해 가장 기대되는 성과요소가 무엇인지를 파악해보아야 하는 것이다.

예를 들면 CEO의 입장에서 가장 기대하는 성과란 회사의 이윤극대화에 직결되는 '성과'일 것이다. 그런데도 경영의 현실을 보면 이윤극대화라는 KFS를 계속 놓치고 있다. 회사의 이윤극대화보다는 자신의

[그림 4-12] KFS 추출 사례

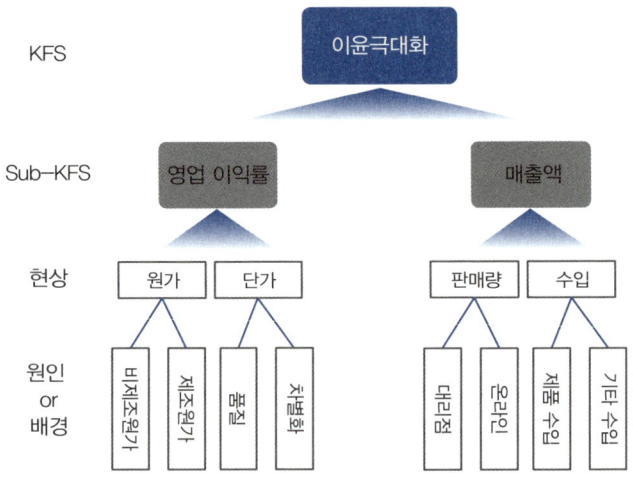

승진이나 부서의 이익 등이 더 앞선 목표로 추구되는 경우가 많고, 이윤극대화를 목표로 인식한다 하더라도 자신이 직접 추구해야 할 목표라기보다는 여러 조직의 일이 전사 차원에서 모아져 나타나는 간접적인 목표로 인식하는 것이다. 이러한 KFS는 목표로 사용되는 게 아니라 수단으로 사용되는 예라 할 수 있다.

KFS 추출 프로세스

KFS를 추출하는 과정은 크게 5단계로 나눌 수 있다.

1단계 | 문제에 대한 자신의 의견을 철저히 배제한 채 팩트로 입증

[그림 4-13] KFS 추출 프로세스

Step 1	Step 2	Step 3	Step 4	Step 5
정보나 자료 수집	그룹핑	그룹별 팩트 분석	Logic Tree 완성	기획서 작성
• 팩트로 입증 가능 • 캔미팅 • 내외부 자료 • 전문 서적 등	• 팩트를 동일한 특성을 가진 종류나 집단으로 분류	• 문제의 현상, 원인, 배경 분석	• So What?/ Why So? • MECE 상태	

가능한 정보나 자료를 수집한다. 그 문제와 관련한 구성원들과 캔미팅을 시행하고 내외부 자료와 전문서적 등을 적극적으로 찾아 참고한다.

2단계 | 수집된 팩트를 동일한 특성을 가진 종류나 집단에 귀속된 어떤 개념에 따라 그룹핑한다.

3단계 | 그룹별 개념을 문제의 현상, 원인, 배경에 따라 구분하여 분류한다. 단 이 3가지 정보를 혼동해서 분석하면 안 된다.

4단계 | KFS의 비약이 없도록 So What? / Why So? 관계로 구성하고, 그룹별 개념이 중복이 없고 누락이 없는 MECE한 상태로 로직 트리를 완성하여 KFS를 추출한다.

5단계 | 챕터3의 기획서를 작성하는 방법을 참고해서 기획서를 작성한다.

S사는 'Vision 2020' 달성을 위한 창의 기반의 생산성을 높이기 위해 개인 및 단위 조직이 해야 할 가장 핵심이 되는 과제나 일인 KFS와 Sub-KFS를 추출하기로 했다.

S사의 연구소는 일반적으로 신규 아이디어 개발을 위한 창의성과 혁신이 강조되는 R&D 부서의 특성과 더불어, 구성원의 대부분을 차지하는 연구원들이 각종 실험 등을 위해 별도의 실험실에서 많은 시간을 보내 자주 자리를 비운다. 또한 주말 또는 밤늦게까지 근무하고 연구가 없는 경우도 회사로 출근해야 되는 업무의 특성상, 비어 있는 사무실 공간의 효율적인 활용이 이슈화가 되었고, 창의적인 아이디어 도출을 위한 자유로운 근무 환경 마련과 충분한 휴식을 제공하는 안락한 업무 공간 조성이 필요하게 되었다. 그리고 최근 해외 연구원 등 채용이 늘어남에 따라 조기 적응 및 시너지를 창출할 수 있는 방안도 필요하게 되었다. 따라서 S사는 Vision 2020 달성을 위해 창의 기반의 생산성을 높이는 방안을 고민하게 되었다.

1단계 | 일에 관한 팩트를 수집한다

일에 대한 의견을 철저히 배제한 채 팩트로 입증 가증한 정보나 자료를 수집한다. 그 일과 관련한 구성원들과 캔미팅을 통해 정보나 자료를 얻거나 내외부 자료 또는 전문서적 등을 적극적으로 찾아 참고한다.

- 연구 업무의 특성상 최근 경영 방식으로는 더 이상의 구성원 생산성 향상을 기대하기 어렵다. – HR팀
- 블루칼라와 달리 업무가 여러 다른 팀과의 연관도가 높아 회의가 잦고 자기 완결적인 업무가 많다. 또한, 투입시간보다는 연구의 몰입이나 자발성 여부에 의해 일의 성과가 많이 달라진다. 연구원의 업무는 '노동시간 = 생산성'이 성립하지 않는다. – 구성원
- 개별 연구 수행 위주에 따른 개인 성향이 강하다. – 리더
- 그럼에도 불구하고 출퇴근 시간이나 야근시간 등 블루칼라의 관리하던 방식으로 관리하고 있다. – 리더
- 인적자원 관리는 인사부서에서 담당하고, 일과 관련된 노동생산성 관리는 현장 부서나 리더에게 맡겨졌다. – HR팀
- '어떻게 일했는가' 하는 과정보다 '어떻게 되었는가'라는 결과 중심의 매니지먼트, 그리고 그러한 방식의 관리가 가능한 시스템과 업무 프로세스로 재구축해야 한다. – HR팀
- 산업사회(1776~1883년)의 첫 100여 년 동안 기계를 비롯한 자본에 대한 투

자는 엄청난 성과를 올렸으나, 노동생산성의 변화는 거의 없었다. 그러나 1881~1991년 지식을 작업방법에 적용한 결과 생산성이 폭발적으로 향상 됐다. - 이재규, 2008

- 블루칼라 근로자 비율은 1990년 전체 노동력의 20퍼센트로 줄어들었고, 현재는 10퍼센트가 채 안 될 것으로 추정된다. - 이재규, 2008
- 눈치보기식 야근 등 생산성이 낮은 장시간 근로를 해소해야 된다. - 구성원
- OECD 주요 선진국에 비해 한국 근로자는 노동시간이 길고 생산성은 지극히 낮다. - 지식경제부, 2009
- 구성원이 희망하는 문화로는 정시퇴근 문화와 이메일이나 메신저를 활용한 보고문화로 나타났고, 방해하는 문화로는 상사의 눈치를 보며 업무를 진행하는 것과 얼마나 오래 일했는지의 여부로 평가 받는 방식 등으로 나타났다. - 구성원 설문 결과(2013. 3.30~4.8), 277명
- 조직 구성원의 다양성은 조직창의성을 높이는 원천이다. - 리더
- 대부분의 리더가 베이붐 시기에 태어난 위계질서가 분명한 남성이다. 하지만 젊은 세대들은 이들과 전혀 다른 풍요로움과 자유분방한 특성을 지니고 있다. - 구성원
- 기존 세대와 확연히 다른 신세대의 특성으로 인하여 새로운 리더십과 조직관리 방안이 필요하다. - 리더
- 향후 5년 이내에 대부분의 베이비붐 세대의 리더는 퇴직이 예상된다. 10년 내에 조직의 전 부문에서 세대교체가 이루어질 가능성이 있다. - HR팀

- 여성인력은 1990년 120명에서 현재 490명으로 41.3퍼센트 증가하여 같은 기간 대비 남성인력의 증가율 26퍼센트를 훨씬 뛰어넘었고, 전체 구성원의 35퍼센트를 차지한다. – HR팀
- 조직 내 여성의 고위직 직급도 임원의 경우 4퍼센트, 팀장의 경우 23퍼센트 등 지속적으로 높아가고 있다. – HR팀
- 최근 다문화가정 출신자 및 글로벌 인력의 채용이 증가하고 있다. – HR팀
- 신세대 구성원은 인터넷 등 IT 기술 사용이 능하고, 정당한 이유 없는 야근을 싫어하며 자신의 성장을 중시한다. – 구성원
- 워크스마트는 기존의 관행과 고정관념에서 탈피하여 창조적으로 일해야 한다는 의미이다. – 구성원
- 효율적이고도 효과적으로 일할 수 있는 수단과 도구가 확보되었음에도 이를 활용을 하지 않는 것은 21세기 지속가능경영을 위한 경쟁력 제고를 포기하는 것과 같다. – 리더
- 장기적인 관점에서 일하는 방식의 근본적인 변화를 이끌어낼 필요가 있다. – 리더
- 회사는 정보통신기술ICT을 활용하여 시공간의 제약 없이 원격으로 업무를 처리할 수 있도록 관련 인프라를 정비하고 있다. – HR팀
- 수도권에서 원격근무를 할 경우 1일당 90분 출퇴근 시간이 절약되고, 사무직 1명이 원격근무를 할 경우 연간 186만 원의 교통비용이 감소된다. – HR팀
- 정보기술은 일이 근로자에게 이동하게 함으로써 직장으로 출근하는 지난

200년간의 추세를 바꿀 수 있다고 주장한다. – Coataes, 1997
- 2025년에는 유비쿼터스Ubiquitous 공간이 실현될 수 있을 것이다. – 조광제, 2010
- 구성원들이 창조적으로 일하고, 이를 조직성과로 연결할 수 있는 새로운 방법론을 인식할 필요가 있다. – 리더
- 개인의 창의력을 배가시켜 조직의 시너지, 조직의 창조성으로 승화시켜나가야 한다. – 리더
- 조직 전체의 창조성을 이끌어내기 위해서는 시스템과 구체적인 추진 방법론 개발이 필요하다 – 리더

2단계 | 팩트를 그룹핑한다

일에 관련하여 수집된 팩트들을 동일한 특성을 가진 종류 또는 집단에 귀속된 어떤 개념에 따라 그룹핑한다. 구성원의 생산성 혁신, 인력의 다양성 관리, 사무공간 개선으로 그룹핑한 결과는 3단계를 참고하도록 한다.

3단계 | 그룹별 팩트를 일의 3가지 정보로 구분하여 분류한다

그룹별 팩트를 일의 배경, 현상, 원인에 관한 정보로 구분한다. 단 3가지 정보를 혼동해서 구분하면 안 된다.

• 구성원의 생산성 혁신

일의 현상	• 연구 업무의 특성상 최근 경영 방식으로는 더 이상의 구성원 생산성 향상을 기대하기 어렵다. - HR팀 • 눈치보기식 야근 등 생산성이 낮은 장시간 근로를 해소해야 된다. - 구성원 • 구성원이 희망하는 문화로는 정시퇴근문화와 이메일이나 메신저를 활용한 보고문화로 나타났고, 방해하는 문화로는 상사의 눈치를 보며 업무를 진행하는 것과 얼마나 오래 일했는지의 여부로 평가 받는 방식 등으로 나타났다. - 구성원 설문 결과(2013. 3.30~4.8), 277명
일의 원인	• 그럼에도 불구하고 출퇴근 시간이나 야근시간 등 블루칼라의 관리하던 방식으로 관리하고 있다. - 리더 • '어떻게 일 했는가' 하는 과정보다 '어떻게 되었는가' 라는 결과 중심의 관리가 필요하다. - HR팀 • 인적자원 관리는 인사부서에서 담당하고, 일과 관련된 노동생산성 관리는 현장 부서나 리더에게 맡겨졌다. - HR팀
일의 배경	• 개별 연구 수행 위주에 따른 개인 성향이 강하다. - 리더 • 블루칼라와 달리 업무가 여러 다른 팀과의 연관도가 높아 회의가 잦고 자기완결적인 업무가 많음. 또한 투입시간보다는 연구의 몰입이나 자발성 여부에 의해 일의 성과가 많이 달라짐. 연구원의 업무는 노동시간 = 생산성이 성립하지 않는다. - 구성원 • 산업사회(1776~1883년)의 첫 100여년 동안 기계를 비롯한 자본에 대한 투자는 엄청난 성과를 올렸으나, 노동생산성의 변화는 거의 없었다. 그러나 1881~1991년 지식을 작업방법에 적용한 결과 생산성이 폭발적으로 향상됐다. - 이재규, 2008 • 블루칼라 근로자 비율은 1990년 전체 노동력의 20퍼센트로 줄어들었고, 현재는 10퍼센트가 채 안될 것으로 추정된다. - 이재규, 2008 • OECD 주요 선진국에 비해 한국 근로자는 노동시간이 길고 생산성은 지극히 낮다. - 지식경제부, 2009

- **다양한 인력의 특성 활용**

일의 현상	• 기존 세대와 확연히 다른 신세대의 특성으로 인하여 새로운 리더십과 조직관리 방안이 필요하다. – 리더 • 여성인력은 1990년 120명에서 현재 490명으로 41.3퍼센트 증가하여 같은 기간 남성인력의 증가율 26퍼센트를 훨씬 뛰어넘었다. 전체 구성원의 35퍼센트를 차지한다. – HR팀 • 조직 내 여성의 고위직 직급도 임원의 경우 4퍼센트, 팀장의 경우 23퍼센트 등 지속적으로 높아가고 있다. – HR팀 • 최근 다문화가정 출신자 및 글로벌 인력의 채용이 증가하고 있다. – HR팀
일의 원인	• 향후 5년 이내에 대부분의 베이비붐 세대의 리더는 퇴직이 예상된다. 10년 내에 조직의 전 부문에서 세대교체가 이루어질 가능성이 있다. – HR팀 • 조직 전체의 창조성을 이끌어내기 위해서는 시스템과 구체적인 추진 방법론 개발이 필요하다. – 리더
일의 배경	• 조직 구성원의 다양성은 조직창의성을 높이는 원천이다. – 리더 • 대부분의 리더가 베이붐 시기에 태어난 위계질서가 분명한 남성이다. 하지만 젊은 세대들은 이들과 전혀 다른 풍요로움과 자유분방한 특성을 지니고 있다. – 구성원 • 신세대 구성원은 인터넷 등 IT 기술 사용이 능하고, 정당한 이유 없는 야근을 싫어하며 자신의 성장을 중시한다. – 구성원 • 개인의 창의력을 배가시켜 조직의 시너지, 조직의 창조성으로 승화시켜나가야 한다. – 리더

- **사무 공간 개선**

일의 현상	• 회사는 정보통신기술(ICT)을 활용하여 시공간의 제약 없이 원격으로 업무를 처리할 수 있도록 관련 인프라를 정비하고 있다. – HR팀
일의 원인	• 수도권에서 원격근무를 할 경우 1일당 90분 출퇴근 시간이 절약되고, 사무직 1명이 원격근무를 할 경우 연간 186만원의 교통비용이 감소된다. – HR팀

일의 배경	• 워크스마트는 기존의 관행과 고정관념에서 탈피하여 창조적으로 일해야 한다는 의미이다. -구성원 • 효율적이고도 효과적으로 일할 수 있는 수단과 도구가 확보되었음에도 이를 활용을 하지 않는 것은 21세기 지속가능경영을 위한 경쟁력 제고를 포기하는 것과 같다. -리더 • 장기적인 관점에서 일하는 방식의 근본적인 변화를 이끌어낼 필요가 있다. -리더 • 정보기술은 일이 근로자에게 이동하게 함으로써 직장으로 출근하는 지난 200년간의 추세를 바꿀 수 있다고 주장한다. -Coataes, 1997 • 구성원들이 창조적으로 일하고, 이를 조직성과로 연결할 수 있는 새로운 방법론을 인식할 필요가 있다. -리더 • 2025년에는 유비쿼터스 공간이 실현될 수 있을 것이다. -조광제, 2010

4단계 | 로직 트리를 완성하고 KFS를 추출한다

KFS의 비약이 없도록 So What? / Why So? 관계로 구성되고, 그룹별 팩트들이 중복이 없고 누락이 없는 MECE한 상태로 로직 트리를 완성한 후 KFS를 추출한다.

5단계 | 기획서를 작성한다.

로직 트리를 작성된 내용을 바탕으로 KFS와 Sub-KFS 추출 기획서를 작성한다. 챕터3에서 소개된 기획서 작성 방법을 활용하여, 상사가 좋아하는 스타일에 따라 다양한 방법으로 작성하면 된다.

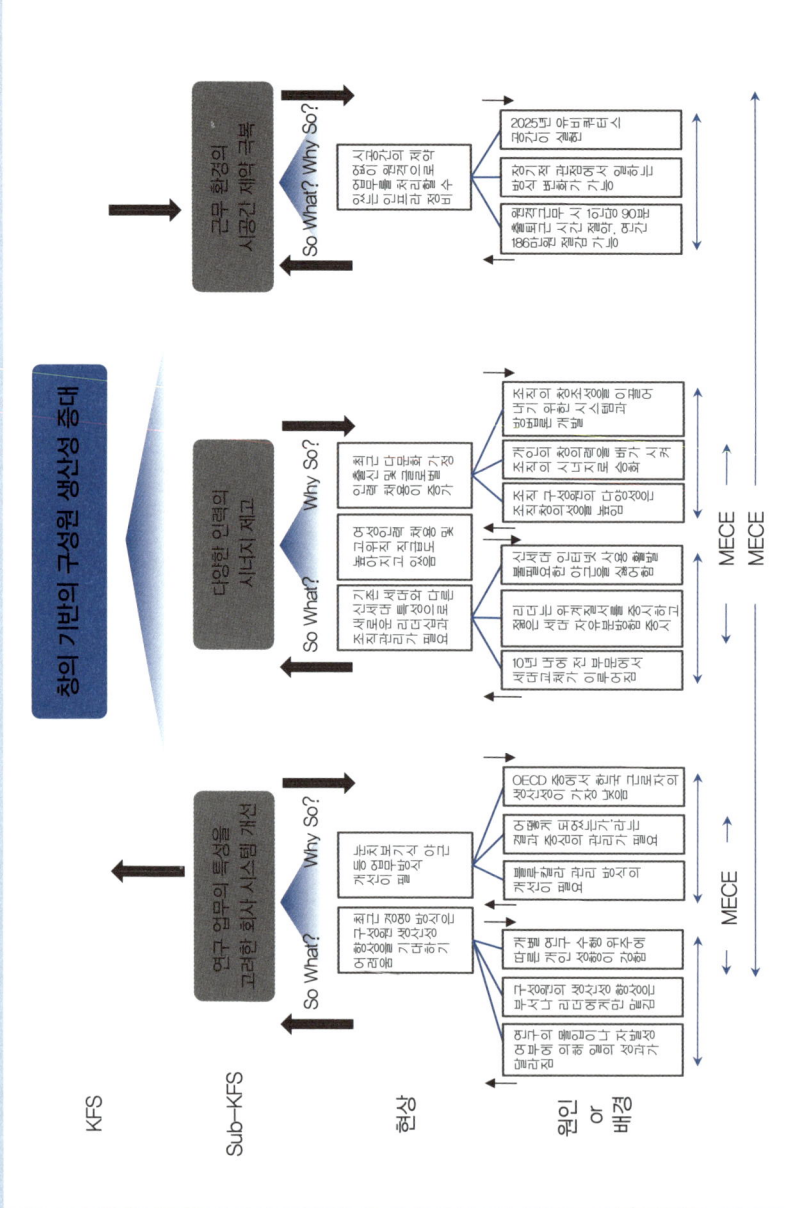

'14년 중점 추진 과제(KFS) 도출

"장의 기반의 구성원 생산성 증대를 위해 세 가지 중점 추진 과제를 도출함"

일의 현상, 원인, 배경 정보 분석 결과

- 연구 업무의 특성상 블루칼라의 관리 방식은 구성원 생산성 향상이 어려움(HR팀)
- 도전보기식 아젠다 등 업무 방식 개선이 필요
- 구성원 설문 조사 결과(2013. 3. 30~4.8, 277명)

- 기존 세대와 다른 신세대 특성으로 새로운 리더십과 조직관리가 필요(리더)
- 10년 내에 전 부문에서 세대 교체가 이루어짐
- 여성인력 채용 및 고위직 직급도 높아지고 있음(HR팀)
- 전체 중 490명(35%), 임원 4%, 팀장 23% 등 계속 증가 추세
- 최근 다문화 가정 출신 및 글로벌 인력 채용이 증가(HR팀)

- 시공간의 제약 없이 원격으로 업무를 처리할 수 있는 인프라 정비함(HR팀)
- 원격근무 시 1인당 90분 줄퇴근 시간 절약, 연간 186만원 절감
- 개인의 창의력을 배가 시켜 조직의 시너지로 승화(리더)
- 조직의 창조성을 이끌어내는 시스템과 방법론 개발(리더)

중점 추진 과제(KFS)

1 연구 업무의 특성을 고려한 회사 시스템 개선

2 다양한 인력 간의 시너지 제고

3 근무 환경의 시공간 제약 극복

KFS 목표 수준을 설정하라

개인 및 단위조직이 해야 할 가장 핵심이 되는 과제나 일인 KFS를 추출한 후에는 그 일을 통해 반드시 이루어내야 하는 목표, 바로 KFS의 목표 수준을 분명히 해야 한다. 똑같은 일을 해도 어떤 목표를 가지느냐에 따라 그 일의 결과가 매우 달라지기 때문이다. 다시 말하면 개인 또는 모든 단위조직의 일은 회사 일의 한 부분이므로 그 일의 성공은 바로 회사의 목표 달성과 직결된다. 그래서 KFS는 수단이 아닌 목표 개념으로 '어떤 결과를 내면 일이 성공했다고 말할 수 있느냐?' 하는 의미를 담고 있다.

예를 들어 KFS 목표의 개념을 이해하는 데 도움이 되는 것으로 '기업 생존 부등식'이 있다. 기업 생존 부등식에서는 기업이 생존하기 위

[그림 4-14] 기업 생존 부등식

한 최소한의 조건_{필수 불가결한 조건}을 부등식으로 제시하고 있다. 먼저 상품의 가격이 원가보다는 커야 한다는 것이다_{Cost 〈 Price}. 물론 단기적으로 원가가 높을 수도 있겠지만 그것이 계속되면 기업의 생존은 불가능해진다. 가격이 높고 원가가 낮을수록 기업의 생존 가능성은 당연히 커진다.

다음으로 가격이 원가보다 높다 해도 물건이 팔리지 않으면 기업은 생존할 수가 없다. 고객은 그들의 입장에서 느끼는 상품의 가치가 구입 가격보다 크다고 생각할 때_{Price 〈 Value} 상품을 구매한다. 일시적으로는 가격이 고객이 느끼는 가치보다 높을 수 있으나, 그렇게 되면 한 번 구입해보고는 다시는 구매하려 하지 않을 것이다.

마지막으로 이 두 가지 조건을 결합하면 기업 생존을 결정짓는 3가지 요소로 이루어진 하나의 부등식이 나온다. [그림 4-14]가 바로 기업 생존 부등식이다.

이 부등식에서는 기업의 KFS 목표 수준을 '원가', '가격', '가치'의

3가지로 나타내고 있다. 기업의 생존력을 키우기 위해서는 원가를 최대한 낮추고 가치는 최대한 높여야 한다. 이때 가격은 시장에서 공급곡선과 수요곡선에 의해 결정되며 가치가 올라가면 수요곡선이 올라가 가격이 자동적으로 올라간다.

기업의 생존 부등식은 바꿔 말하면 기업의 이윤 극대화가 이룩될 때 기업의 생존 가능성이 가장 보장된다는 의미이다. 그리고 KFS 목표 수준은 바로 기업 생존 부등식에서 나타내는 원가, 가격, 가치와 같이 기업의 생존을 위해 놓쳐서는 안 될 가장 근본적인 조건에 관한 이야기이다.

KFS 목표 수준은 당장 달성 가능한 수준으로 설정할 수도 있으나 목표의 난이도가 높은 최상의 수준으로 설정하는 것이 좋다. 왜냐하면 쉬운 목표를 달성하는 것보다 어려운 목표를 달성했을 때 문제해결의 성과나 성취감이 증대되기 때문이다. 나아가 목표 수준은 구체적으로 설정해야 한다. 구체적인 목표를 지니고 있는 사람들은 그렇지 않은 사람들보다 일을 능률적으로 수행한다. 결국 이상적인 KFS 목표 수준은 목표가 도전할 만하고 달성할 수 있는 CbA_{Challenging but Achievable}하게 설정하는 것이다. 이때 주의할 점은 목표를 설정할 때는 모든 사람들이 합의를 해야 한다는 것이다. 합의가 없으면 그 목표 수준이 사람들의 행동에 미치는 영향력_{Impact}이 약해진다. 그렇다면 KFS 목표의 수준은 어떻게 설정하는 것이 좋을까?

첫째, 구체적이어야 한다. 예를 들어 단순히 "중국 출장을 가고 싶다."

가 아니라 중국에 가서 구체적으로 무엇을 얻을 것인지 명확해야 한다. 새로운 생산 거점을 획득할 것인가, 중국 업체와 제휴 관계를 확립할 것인가, 아니면 중국 시장의 가능성을 경영진이 피부로 느끼게 하는 것이 중요한가 등이 있을 수 있다.

둘째, 측정 가능해야 한다. 다시 말해 '어느 정도'나 '몇'이라는 목표 수준이 객관적으로 정의될 수 있어야 한다. 예를 들면 "조달처가 되어 줄 현지 기업과 제휴 관계를 구축한다."는 목표라면 이후 필요에 따라 책임자 또는 경영자와 메일이나 전화를 주고받을 수 있는 정도의 관계를 형성하면 되는지, 아니면 서면이나 자본 관계에 기초한 공식 제휴가 필요한지 등 객관적인 기준을 정할 수 있다. 그렇지만 "중국 현지 사정을 파악한다."를 목표로 세우면 객관적인 목표 수준을 정의하기가 쉽지 않아 실행했다 하더라도 성공했는지 아닌지조차 잘 모르는 상황이 되어버리고 만다. 이래서는 명확한 성과를 절대 올릴 수 없다.

셋째, 현실적이어야 한다. 아무리 구체적으로 측정 가능하다고 해도 "다음 달에 바로 100명의 영업 담당자를 중국 각지에 보내, 현지 기업 1000곳과 판매 계약을 맺고 10억 원의 매출을 올린다."와 같은 목표는 비현실적이다. 인원과 자금을 얼마나 투입할 수 있으며 목표 달성을 위해 어떤 단계를 밟아야 하는지 실행 계획과 대조해 현실적인 목표를 만들어야 하는 것이다. 자원에 여유를 두고 최소한의 노력으로 최대한의 성과를 올리는 목표를 설정하도록 하자.

회사의 목표와 전략을 반영하라

회사에서는 흔히 '올해의 목표', '올해의 전략'과 같은 말을 많이 사용한다. KFS 목표 수준을 설정할 때에는 이런 목표와 전략을 충실히 따라야 한다. 만약 KFS 목표 수준이 회사의 목표나 전략에 맞지 않는다면 그것은 생명력을 잃어버리는 것과 같다.

가령 회사는 매출 100억 원 달성이 목표인데, 10억 원 달성을 KFS 목표 수준으로 설정했다면 아무리 KFS 추출이 합리적이고 논리적이라고 해도 폐기되고 만다. 이처럼 KFS의 목표 설정을 위해서는 회사의 목표와 전략을 정확히 이해할 필요가 있다. 회사의 목표와 전략은 보통 비전이나 경영계획 자료 등을 보면 쉽게 알 수 있다.

회사의 목표와 전략의 관계를 쉽게 이해하려면 '등산'을 생각해보면 된다. 목표는 백두산, 한라산, 태백산 등 많은 산들 중에서 어느 산을 오를까를 결정하는 것이다. 반면 전략은 산의 정상까지 어느 길로 오르면 좋을까를 결정하는 것이다. 정상에 오르기 위해 3가지 길을 발견했다고 하자. A코스는 완만해서 안전한 길이다. B코스는 단시간에 오를 수 있는 직선코스로 험준한 길이다. C코스는 오래 걸리고 꼬불꼬불하지만 쉽게 오를 수 있는 길이다. 이와 같이 오를 산을 결정하면 목표는 같지만 그 목표에 오르는 방법은 여러 가지이며 이것이 전략의 차이로 나타나는 것이다. 다시 말해 전략이란 목표를 달성하기 위한 구체적인 방법론이라고 할 수 있다. 다음의 예시 문장을 통해 전략과 목표를 구분해보자.

- 올해 매출 1000억 원을 달성한다.
- 손익이 맞지 않는 계약은 하지 않는다.
- 제품별 사업부제를 도입한다.
- 실적 중심의 성과주의로 나간다.
- 시장점유율을 10퍼센트 높인다.

위 5가지 예시 문장 중에서 맨 처음과 맨 마지막은 목표에 해당한다. 중간의 세 문장은 전략에 해당한다. 위의 예들은 비교적 구분하기가 쉽다. 그러나 "이번 분기 A제품의 이익을 늘린다."라고 하는 경우 이는 목표라고 볼 수도 있고 전략으로 볼 수도 있다. 그래서 목표는 어느 정도 달성할 것인지 수량적으로 명확히 나타내야 하고, 전략은 그 목표를 달성하기 위한 구체적인 방법을 제시해야 하는 것이다. 가령 앞의 예에서 목표를 "이번 분기 A제품의 이익을 10억 원 확보한다."로, 전략을 'A제품의 판매점의 불량채권을 회수한다."로 바꾸면 혼란 없이 명확해진다.

목표 달성의 측정방법을 수립하라

목표 수준을 측정할 수 없으면 관리하기가 어렵다. 때문에 측정방법

Measurement Method을 수립해야 한다. 누구든 어떤 행동을 하려 할 때에는 그 행동에서 어떤 결과를 얻을 것인가를 기대하고 그 기대에 따라 행동 여부를 결정하기 때문이다.

예를 들어 높은 목표 설정을 지지하는 이론으로 '창조적 긴장'이라는 개념이 있다. 사람에게는 바람직한 목표 수준과 현재 수준 사이에 차이가 생길 때 심리적인 긴장이 발생하게 되는데, 학습조직 이론에서는 이러한 긴장을 창조적 긴장이라고 표현한다.

목표 수준과 현재 수준 간의 차이가 크면 클수록 창조적 긴장 상태는 커지게 되고 개인은 어떻게 해서든지 그 긴장 상태를 줄이려는 행위를 하게 된다. 이때 긴장의 해소 행위는 두 가지로 나타날 수가 있는데, 현재 위치를 목표 쪽으로 끌어올려서 긴장을 줄이고자 하는 방식과 반대로 목표를 현실 쪽으로 끌어내리거나 포기함으로써 긴장을 줄이는 방식이 있다.

목표를 일방적으로 강요하거나 목표 달성의 실패에 대한 위협이 있을 때는 긴장 해소의 경향이 후자의 방식으로 일어나며 이때는 긴장이 창조적인 역할을 하지 못한다. 결국 자발적으로 목표 달성을 위해 참여하도록 환경을 조성하고 목표를 달성하는 과정에서 달성 정도를 측정하여 현재 수준을 알게 해야 창조적 긴장이 나타나는 것이다.

창조적 긴장을 통해 나타나는 목표 달성의 노력과 일반적인 상황에서 나타나는 목표 달성 노력은 근본적인 차이점이 있다.

일반적인 관점에서의 목표 달성 노력은 불만스러운 현실 문제의 해결이라는 시도에서 출발되지만, 창조적 긴장 관점에서의 목표 달성 노력은 바람직한 목표에 도달하고자 하는 시도에서 나온다. 따라서 일반적인 관점에서는 불만스러운 상황이 개선되거나 현재가 만족스러운 상황이 되면 목표를 달성하고자 하는 동기가 약해지는데 비해, 창조적 긴장상태에서는 현재가 불만스럽든 그렇지 않든 되고자 하는 목표에 도달할 때까지 달성에 대한 동기가 계속 유지되는 경향이 있다.

이런 창조적 긴장상태를 계속 유지하기 위해서라도 목표 달성의 측정 방법을 수립해서 관리를 하지 않으면 안 된다. 피터 드러커Peter Drucker의 말처럼 측정할 수 없으면 관리할 수 없고, 관리할 수 없으면 개선할 수 없기 때문이다.

그렇다면 목표를 달성하는 측정방법은 어떻게 수립해야 할까?

첫째, 단계별로 끊어서 기한을 설정해야 한다. 앞서 말한 창조적 긴장은 '기한 내'라는 성공 조건과도 관계가 있다. 명확한 종료일이 정해져 있지 않으면 문제해결은 영원히 끝나지 않는다. 종료일이 정해져 있지 않으면 분명한 실패도 맛보지 않을 수 있으나, 구체적인 성과 또한 이룰 수 없을 것이다.

둘째, 합의를 이뤄야 한다. 아무리 회사에 큰 이익을 가져다주는 구체적이고 현실적인 목표라 해도 상사나 경영진, 업무를 수행하는 데 큰 역할을 하게 될 기획자, 경우에 따라서는 직접 관여하는 고객까지 그 목표에 대해 합의가 이루어지지 않으면 창조적 긴장이 생기지 않는다. 합의가 없다면 설령 달성했다 해도 성과를 인정받지 못할 수도 있는 탓이다. 목표 달성 관리의 성공 조건은 '이해관계자가 합의한 목표'를 달성하는 것이다.

셋째, 목표 달성의 책임 소재가 명확해야 한다. 실제 업무를 담당하는 팀, 협력을 의뢰한 타부서 구성원이 정확히 무슨 일을 책임지고 있는지 어떤 업무를 담당하고 있는지 체크해야 한다. 또 상사와 임원들이 어떤 권한으로 무엇에 관여하고 무엇을 승인하며 책임지는지도 확인해야 한다. 아무나 마구잡이로 간섭하는데 리스크나 책임을 지는 사람이 없다면 그 기획은 성공할 수 없다. 물론 종합적인 책임은 문제를 해결하는 기획자에게 있지만 그것이 수행 과정에서 나타나는 하나하나의 목표나 결정권 여부를 혼자 끌어안아야 한다는 의미는 아니다. 실패한다면 실패하는 대로 왜 실패했는지, 누구 때문에 실패했는지 구조를 파악하는 것이 목표의 세부 사항을 정하는 데 있어 중요하다.

KFS 목표 수준 설정 프로세스

KFS 목표를 설정하는 데에는 어떤 방법이 있는가?

- **1단계** | 통상적인 KFS 목표 설정은 아래에 열거한 방법들 중에서

[그림 4-15] KFS 목표 수준 설정 프로세스

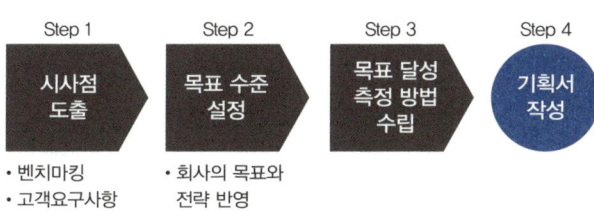

한 가지 혹은 두 가지 방법을 병행해서 검토하여 시사점을 도출하는 것으로부터 시작한다.

- 경쟁사, 세계 일류수준, 이론적 절대치 등에 대한 벤치마킹을 통해 시사점 도출
- 고객 요구사항 분석을 통해 시사점 도출
- 불가능 요소, Time/Resource, 경쟁력 확보가능 수준 등 제약조건 분석을 통해 시사점 도출
- 2단계 | 도출된 시사점을 바탕으로 구성원의 합의를 통해 CbA한 목표 수준을 설정해야 한다. 이때 회사의 목표나 전략을 꼭 반영하여야 한다.
- 3단계 | 목표 달성을 측정하는 방법을 수립한다.
- 4단계 | 챕터3의 기획서를 작성하는 방법을 참고해서 기획서를 작성한다.

앞 단계에서 Sub-KFS를 추출한 ❶ 연구 업무 특성을 고려한 회사 시스템 개선, ❷ 다양한 인력 특성의 시너지 제고, ❸ 근무 환경의 시공간 제약 극복 등 3가지 핵심 과제에 대해 목표 수준을 설정해보자.

1단계 | 핵심 과제에 대해 경쟁사, 세계 일류 수준 등에 대한 벤치마킹을 통해 시사점을 도출한다.

❶ 연구 업무 특성을 고려한 회사 시스템 개선
베스트 바이Best Buy의 RoweResults Only Work Environment는 업무가 제대로 처리되고 있는 한, 모든 직원이 각자 원하는 것을 원하는 시간에 자유롭게 할 수 있도록 결과 중심의 시스템 및 업무 프로세스를 구현하고 있다. 즉 통제 중심의 관리가 아닌 자율 중심의 관리를 시행하고 있다. 시범 실시 3개월 후 이직률은 0퍼센트였고, 반면 직원 만족도는 10퍼센트 껑충 뛰어올랐다. 전사로 확대 실시한 2005년 이후에는 생산성 41퍼센트 상승, 이직률 90퍼센트 감소를 기록했다.
→ 자율성 기반의 결과 중심의 업무 환경

❷ 다양한 인력 간의 시너지 제고

선진 기업들에 대한 조사결과, 91퍼센트의 기업이 다양성 관리가 경쟁력 향상에 긍정적 영향을 미치며 기업문화로 정착시켜왔다고 응답하였다. 특히 사업기회 발굴과 아이디어 창출을 위해 다양성을 적극 활용하고 있다. (미국인사관리협회SHRM, 2001년)

→ 인력의 다양성 관리

❸ 근무 환경의 시공간 제약 극복

릴리는 3분의 2 이상의 시간을 보내는 공동의 공간, 임시적 또는 즉흥적으로 사용할 수 있는 공간을 늘렸다. 개방성을 높인 직장, 사무실에 대한 만족을 높이고 즉흥적인 소통을 늘리자 창의성을 자극하는 효과를 가져왔다. 그리고 그 효과는 단지 정성적인 데 그치지 않고 재무적 효과로 이어졌다. 직원 1인당 사용공간이 약 26퍼센트 감소했고, 가구비용도 약 46퍼센트나 감소했다.

→ 사무 공간 혁신

2단계 | KFS 목표 수준을 설정한다

1단계에서 도출된 시사점에 대해 구성원의 합의를 통해 CbA한 목표 수준으로 설정한다. 단 여기서는 목표달성의 측정방법을 수립하지는 않는다.

❶ 통제 중심의 성과 관리에서 자율성 기반의 결과 중심의 성과 관리로 개선

❷ 통합적 인력관리에서 창의성 촉진을 위한 인력의 다양성 관리

❸ 고정식 사무 공간을 이동식 근무 환경 조성

3단계 | 기획서를 작성한다

구성원이 합의한 KFS 목표 수준을 바탕으로 KFS 목표 수준 설정 기획서를 작성한다. 여기서도 마찬가지로 챕터3에서 소개된 기획서 작성 방법을 활용하여, 상사가 좋아하는 스타일에 따라 다양한 방법으로 작성하면 된다.

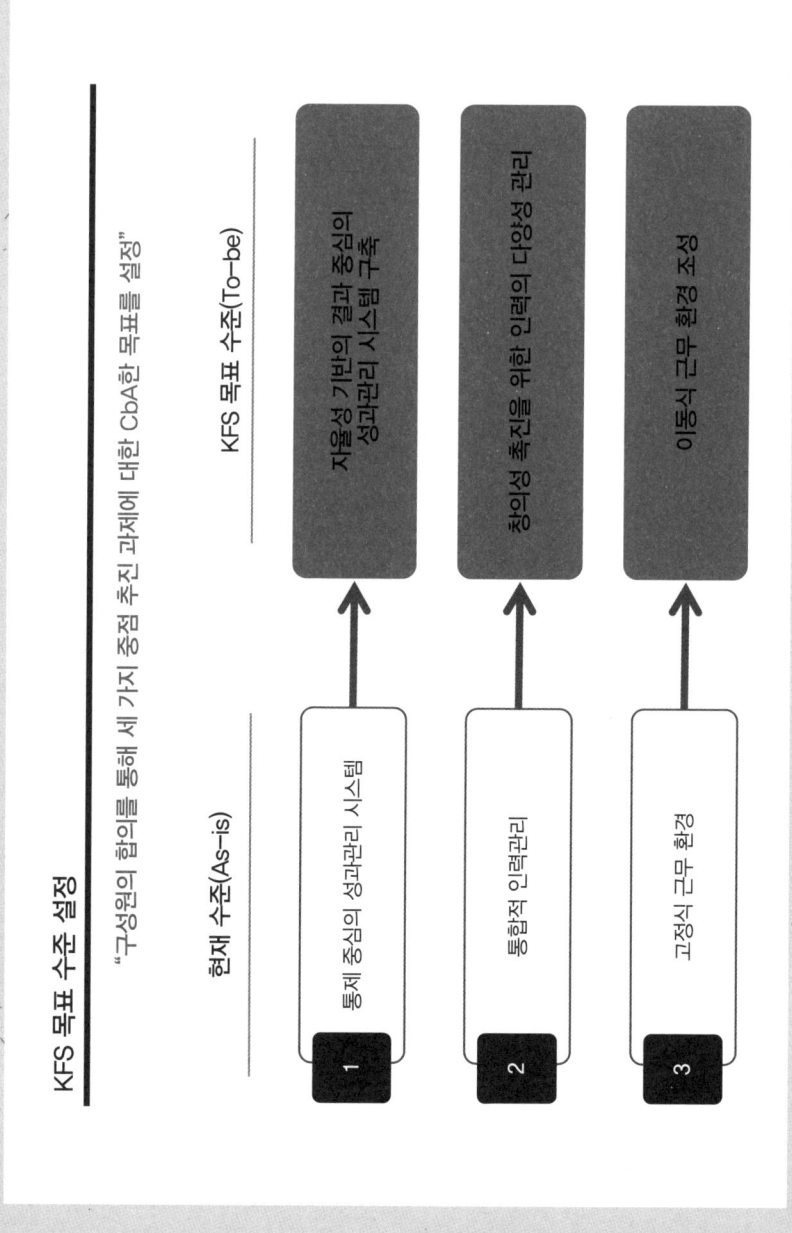

문제점을 도출하라

KFS 목표 수준을 달성하기 위한 문제점_{장애요인}을 도출하기 위해서는 문제의 3가지 정보인 원인, 현상, 배경을 혼동하지 않도록 유의해야 한다. 먼저 문제의 원인이나 배경을 현상으로 혼동하면 과녁을 빗나간 화살처럼 엉뚱한 일을 하게 된다. 또한 눈앞에 보이는 현상을 원인이나 배경이라고 생각하여 대증요법을 쓴다면 또 다른 형태의 일이 나타나기 마련이다. 이를 해결하기 위해 다시 대증요법을 반복하면, 원인이나 배경은 해결되지 않고 헛된 애만 쓰는 것과 같다.

예를 들어 A회사 구성원은 최근 근무의욕이 떨어져 이직을 고려하고 있다. 이와 같은 현상에 대한 전형적인 대증요법은 리더가 구성원을 불러 늦게까지 술을 마시면서 고충을 듣고 격려하는 것이었다. 다음날 리더는 구성원의 근무의욕이 높아졌다고 기뻐했다. 하지만 얼마 있지 않아 그 구성원은 사직서를 제출했고 환송회를 해야 했다. 인사팀 인터뷰에서 퇴직 사유를 물어보니, 리더의 평가가 공정하지 않았다는 것이 그 이유였다.

이처럼 현상에 대해서만 대책을 세우면 노력과 비용만 소요될 뿐 아무런 효과가 없다. 결론적으로 리더의 불공정한 평가 방법을 개선했어야 하는데 말이다.

문제를 명확히 정의하라

그렇다면 어떻게 문제점을 도출할 것인가? 먼저 현재 수준과 KFS 목표 수준의 차이인 근본문제장애를 명확히 정의해야 한다. 이를 위해 그 문제와 관련한 구성원들과 캠미팅을 시행하고 내외부 자료와 전문서적 등을 적극적으로 찾아 참고하는 것이 좋다.

문제를 정의하는 방법은 두 가지로 요약할 수 있다. '어떻게 되었으면 좋겠는가?'와 '어떻게 되어 있는가?'를 머릿속으로 몇 번이고 비교해보는 것이다. 그러면 차이가 명확해지며 문제가 정확해진다.

- 바람직한 수준을 기준으로 해서 현재 수준의 차이를 정의한다.
- 현재 수준을 기준으로 해서 바람직한 수준의 차이를 정의한다.

[그림 4-16] 문제 정의 프로세스

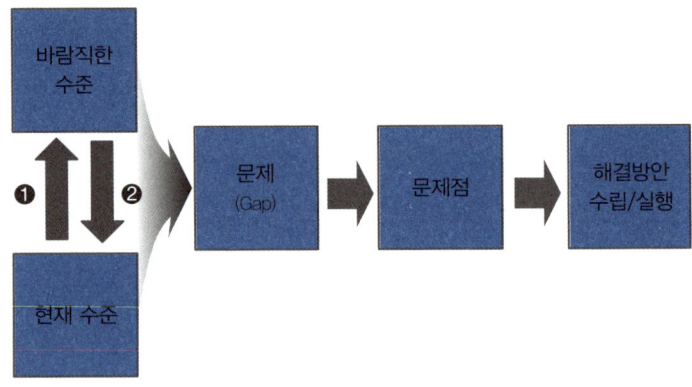

　예를 들어 구성원들 간 판매실적 편차의 원인이 판매경력의 차이로 나타난다고 해보자. 판매경력이 5년 미만인 구성원은 5개를 팔았고, 10년 이상인 구성원은 10개를 팔았다면 판매실적과 판매경력이 상관관계가 있는 것처럼 보이기 마련이다. 그러면 이 문제에 대한 해결책은 판매실적이 적은 경력 5년 미만인 구성원에게 판매방식에 대해 교육시키는 것일 것이다.

　그러나 표면적으로는 문제의 원인이 판매경력인 것 같지만 그것이 아닐 가능성도 있다. 실제로 경력이 10년 이상인 구성원은 좋은 지역을 독점하고 있고, 신입사원은 상대적으로 나쁜 지역을 할당 받고 있었다면 원인은 판매경력이 아니라 영업지역의 불공평한 배정에 있는 것이다.

이처럼 근본원인을 찾아내는 일반적인 방법이 '5Why 접근법'이다. 이 방법은 '왜 이 문제가 발생했는가?'에 대한 답을 통해 한 가지 원인을 확인하고, 그 원인에 대해 다시 질문하는 과정을 반복함으로써 더욱 심층적인 원인을 찾아내는 것이다. 원인의 배경에 있는 진짜 원인을 찾아 해결방안을 강구할 뿐만 아니라 실질적인 문제를 해결하고 재발을 막을 수 있는 탁월한 도구이므로 적극적으로 활용해볼 필요가 있다.

이러한 이유 때문에 도요타도 삼성 이건희 회장도 5번을 "왜?"라고 물으라고 강조했다고 한다.

첫째, 왜 그런가?
둘째, 이 정도로 괜찮은가?
둘째, 무언가 빠뜨린 것은 없는가?
넷째, 당연하게 생각하는 것들이 정말 당연한 것인가?
다섯째, 좀 더 좋은 다른 방법은 없는가?

요즘처럼 새로운 차별화를 만들어 경쟁우위를 확보하는 것이 절실할 때 남들이 하는 비슷한 방식으로는 문제를 정의할 수가 없다. 뭔가 남들이 안 하는 색다른 창의적인 발상이 필요한 시점이다. 그리고 바로 이런 상황에서는 "왜? 왜? 왜? 왜?"를 묻고 답하는 5why가 매우 중요하다. 예를 들어 건물 외관 벽의 부식이 심해 해마다 많은 비용을 들여서 새롭게 페인팅을 칠하고 있다고 하자. 이런 경우에도 5why를 적용하면 새로운 창의적 해결방안을 도출할 수 있다.

1. 왜 외관 벽의 부식이 심할까? 물청소를 자주 하기 때문이다.
2. 그럼 왜 물 청소를 자주할까? 비둘기 배설물이 많이 묻어서이다.
3. 그럼 왜 비둘기 배설물이 많을까? 비둘기의 먹이감인 거미가 많아서다.
4. 그럼 왜 거미가 많을까? 불나방이 많아서다.
5. 불나방이 많은 이유는 실내 전등을 주변보다 일찍 4시부터 켜놓기 때문이다.

결국, 외관 벽의 깨끗한 관리하기 위한 해결방안은 7시에 실내 전등을 켜는 것으로 도출되었다.

문제점을 정확히 파악하라

문제를 명확히 정의했으면, 그 다음은 바람직한 수준과 현재 수준 간의 차이를 발생시키는 문제점을 정확히 파악해야 한다. 단 모든 문제점이 한꺼번에 모두 도출되지 못할 수도 있으므로 문제점을 해결하는 단계에서도 지속적으로 문제점을 찾아야 한다. 왜 그럴까? 문제를 발생시키는 원인의 배경에는 또 다른 더 깊은 원인이 있을 수 있기 때문이다. 즉 문제가 발견된 곳이 문제가 시작 된 곳이 아닐 수 있다는 의미이다. 원인의 시발점The Point of Cause에서 문제의 근본적인 원인을 파악하는 것이 중요하다. 그러나 대부분 가장 명확히 보이는 문제의 원인이 근본원인The Root Cause인 경우는 흔치 않으므로 주의 깊게 살펴야 한다.

많은 문제점이 오랫동안 당연시되어 오는 관행 속에 숨어 있는 경우, 진짜 문제점은 '그건 당연하다'라고 생각하는 구성원의 고정관념이다. 그러므로 문제를 일으키는 프로세스나 시스템의 맥락Context 속에서 문제점을 파악하는 것이 중요하다. 종종 문제해결의 열쇠는 어느 누구도 아직 주목하지 않았던 사소한 상황 속에 숨어 있는 경우가 많다.

문제점 도출 프로세스

지금까지 설명한 문제점을 도출하는 방법을 정리하면 3단계로 나눌 수 있다.

- 1단계 | 앞 단계에서 설정한 KFS 목표와 현재 수준과의 차이인 문제를 명확히 정의하는 것이다.
- 2단계 | 문제에 대한 문제점을 도출한다. 특히 그 문제와 관련한 사람들과 캔미팅을 시행하고 내외부 자료와 전문서적 등을 적극적으

[그림 4-17] 문제점 도출 프로세스

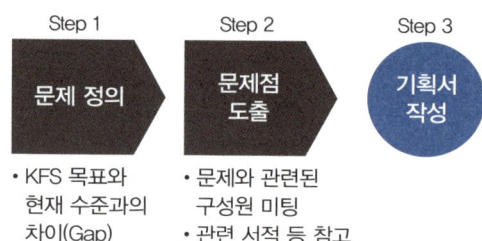

로 찾아 참고하는 것이 좋다.

- 3단계 | 챕터3의 기획서를 작성하는 방법을 참고해서 기획서를 작성한다.

앞 단계에서 설정한 KFS 목표 수준, 즉 ❶ 자율성 기반의 결과 중심의 관리제도, ❷ 창의성 촉진을 위한 인력의 다양성 관리, ❸ 이동식 근무 환경 구축과 현재 수준과의 차이에 대한 문제를 명확히 정의하고 문제점을 도출해보자.

1단계 | 현재 수준과 KFS 목표와의 차이인 문제를 정의한다
❶ 통제 중심의 성과 관리와 결과 중심의 성과 관리와의 차이인 문제는 '결과 중심의 조직·인력 시스템 개선'이 된다.
❷ 통합적 인력 관리와 인력의 다양성 관리와의 차이인 문제는 '다양성 관리 제도 시행'이 된다.
❸ 고정식 근무 환경과 이동식 근무 환경과의 차이인 문제는 '이동식 근무 환경 구축'이 된다.

2단계 | 문제에 대한 문제점을 도출한다
❶ 결과 중심의 조직·인력 시스템 개선에 대한 문제점
– 업무의 자율성을 부여하기 위해 Slim/Flat한 조직구조 개선이 필요하다.
– 업무 결과에만 초점을 두어 과제·프로젝트 중심의 상시 평가 체계로 전환이 필요하다.

- 원활한 결과 중심의 문화가 조성되도록 구성원 행동지침이 마련되어야 한다.

❷ 다양성 관리 제도 시행에 대한 문제점
- 소수계층 인력이 평가·육성에 불이익을 주는 불필요한 제도·룰Rule이 개선되어야 한다.
- 여성 인력 증가 및 리더의 증가로 인해 경력개발 및 리더십 강화가 필요하다.
- 성별, 국적, 직군, 연령대의 다양한 특성과 사고방식, 문화에 대해 이해가 필요하다.

❸ 이동식 근무 환경 구축에 대한 문제점
- 회사 내부는 사무공간을 재배치하고 원격 근무가 가능한 스마트워크센터 공간이 별도로 마련해야 한다.
- 보고·회의 문화에 대한 전사 가이드를 설정하여 운영해야 한다.
- 시간·공간적 제약을 최소화하는 IT 인프라 구축이 필요하다.

3단계 | 기획서를 작성한다

도출된 문제와 문제점을 기획서 작성 방법에 따라 작성하면 된다. 여기서도 챕터3에서 소개한 기획서 작성 방법을 활용하여 상사가 좋아하는 스타일에 따라 다양한 방법으로 작성한다.

문제 및 문제점 도출

"KFS 목표를 달성하기 위한 장애 및 장애요인을 도출"

문제 도출 | **문제점 도출**

1. 결과 중심의 조직/인력 시스템 개선
- 업무의 자율성을 부여하기 위해 Slim/Flat한 조직 구조 개선
- 업무 결과에만 초점을 두어 과제/프로젝트 중심의 상시 평가 체계로 전환
- 원활한 결과 중심의 문화가 조성되도록 구성원 행동지침 마련

2. 다양성 관리 제도 시행
- 소수계층 인력의 평가·육성에 불이익을 주는 불필요한 제도·Rule 개선
- 여성 인력 증가 및 리더의 증가로 인해 경력개발 및 리더십 강화
- 성별, 국적, 직군, 연령대의 다양한 특성과 사고방식, 문화에 대한 이해

3. 이동식 근무 환경 구축
- 회사 내부는 사무공간을 재배치하고 선택적 근무 활성화
- 보고·회의 문화에 대한 전사 Guide를 설정
- 시간·공간적 제약을 최소화 하는 IT Infra. 구축

문제점 해결방안의 수립 및 실행

문제의 원인 즉 문제점이 무엇인지 파악했다고 해서 끝나는 것이 아니다. 그에 따른 적절한 해결방안제거방안이 병행되지 않으면 문제는 또 다른 곳에서 발생할 수 있다. 이렇듯 문제점을 해결해나가는 활동이야말로 경영성과로 직결되는 실천의 단계일 뿐만 아니라 두뇌 활용 Brain Engagement이 가장 많이 요구되는 단계라고 할 수 있다.

해결방안을 도출하라

해결방안을 도출하기 위해서는 그 문제점과 관련한 구성원들과 캔 미팅을 시행하고 내외부 자료와 전문서적 등을 적극적으로 찾아 참고하는 것이 좋다. 내부의 능력이 미흡할 경우 외부 전문가의 지식과 경험은 물론 외부의 경영기법들도 적극적으로 활용하도록 해야 한다.

문제점을 해결하려면 지속적인 노력과 고정관념의 탈피가 필요하다. 문제점을 해결하는 과정에서는 계속되는 난관에 봉착하게 되므로 포기의 유혹이 크다. 이때가 일과 싸워 이기는 기질인 패기가 발휘되어야 할 시점이다. 또한 이 단계에서는 오랜 관행으로 당연시되어온 고정관념을 탈피함으로써 여러 가지 문제점이 해결되는 경우가 많다.

문제는 당장 해결될 수 있는 것도 있지만 장기간 노력을 기울여야 해결되는 것도 있다. 그러므로 문제의 특성에 따라 장·중·단기로 해결방안을 수립하여 경영계획에 반영시키는 것이 좋다. 근본적이고 파급효과가 큰 문제점이 해결되면 부수적인 문제점은 자연적으로 해결된다. 문제점 간의 관계를 분석하여 보다 근본적이고 중요한 문제점을 우선적으로 해결해가도록 한다. 이 밖에 문제점을 구성원에게 하나하나 할당하여 해결방안을 찾도록 하고 그 결과를 모든 구성원들이 이해하고 참여할 수 있도록 한다.

해결방안의 우선순위를 정해라

문제가 발생해 서둘러 해결방안을 취해야 하는 경우, 즉 원상복구형 문제는 해결방안이 시급한 정도에 따라 다르겠지만 일단 사태를 수

습할 우선방안이 필요하다. 현장 사고나 장애 신고와 같이 비정상적인 사태가 발생하는 일탈문제는 특히 그러하다. 하지만 목표나 과제를 100퍼센트 달성하지 못한 미달문제는 반드시 우선방안을 필요로 하지는 않는다. 반면 이상추구형 문제나 사전해결형 문제인 경우에는 긴급을 요하는 것이 아니기 때문에 대개는 우선방안이 필요하지 않는다.

하나의 문제점에 대해 다수의 해결방안이 필요한 경우도 있다. 이럴 때는 '어떤 해결방안을 먼저 실행할 것인가' 하는 선택과 집중, 즉 우선순위를 정해야 한다.

그렇다면 해결방안의 우선순위는 어떻게 정하는 것이 좋을까?《성공하는 사람들의 7가지 습관》의 저자인 스티븐 코비Steplen Covey는 중요도와 긴급도를 기준으로 우선순위를 정하라고 권하고 있다. 우선 모든 해결방안을 중요도와 긴급도라는 기준을 두고 [그림 4-18]에서 보는 바와 같이 4개 영역으로 나눈다.

① 영역 : 중요하고 긴급한 일이다. 예를 들어 중요한 고객이 요청한 자료를 보내거나 상사에게 문제 발생을 보고하는 일이 이 영역에 해당한다.

② 영역 : 중요도 하지도 긴급도하지도 않은 일이다. 인터넷을 하거나 게임에 몰두하는 것이 이 영역에 속한다.

③ 영역 : 중요한 일이지만 긴급하지는 않은 일이다. 업무자료 정리

[그림 4-18] 우선순위 결정 매트릭스

```
높음
 │   ⓑ 중요하진        ① 중요하고
 │   않지만 긴급한 일    긴급한 일
긴급도
 │   ② 중요하지도       ⓐ 중요하지만
 │   긴급하지도 않은 일  긴급하지는 않은 일
낮음
    낮음     중요도     높음
```

를 예로 들 수 있는데, 중요하다는 것을 알지만 긴급도는 떨어져 정리를 계속 미루게 되는 일이다.

ⓑ 영역 : 중요하지는 않지만 긴급한 일이다. 회사에 걸려오는 고객 전화는 바로바로 대응해야 한다. 중요성은 낮고 긴급성이 높은 업무이다. 기획서 작성에 필요한 정보나 자료를 찾는 업무도 이 영역에 속한다. 자료를 찾는 동안 만들어지는 고유의 가치가 없기 때문이다.

그렇다면 이 영역들에 우선순위를 정한다면 어떻게 해야 할까? 우선순위의 기본원칙은 '중요한 일'에 '최우선 순위'를 두고 시간을 활용하는 것이다. 그러면서 긴급하지만 중요하지 않는 일을 줄이려고 노력해야 한다. 그리고 동시에 처리할 일이 있다면, 예를 들어 중요하고 긴급한 일①과 비교적 중요하지도 급하지도 않은 일②을 동시에 처리해야 할 때는 중요하고 긴급한 일을 먼저 끝낸 후 비교적 덜 중요하고 급하지도 않은 일을 시작한다. ①과 ②의 우선순위가 바뀌어 비교적 덜 중요하고 급하지도 않은 일을 먼저 하는 사람은 무능력하다고 찍힐 수 있다. 그래도 이 경우는 조금 낫다. 더 심각한 것은 ①과 ② 중 어느 것을 먼저 해야 할지 망설이거나 둘 다 끝내지 못하고 시간을 놓쳐버리는 경우다.

문제는 중요하지만 긴급도는 덜한 일과 아주 급하지만 상대적으로 중요도는 떨어지는 일이 동시에 벌어졌을 경우다. 중요하지만 긴급도는 덜한 경우ⓐ와 아주 급하지만 상대적으로 중요도는 떨어지는 경우 ⓑ의 업무를 동시에 처리해야 하는데 시간이 정해져 있을 때가 있다. 물론 ⓐ와 ⓑ 둘 다 주어진 시간에 무리없이 끝낸다면 좋겠지만 그렇지 못할 때 당신은 어떤 일을 먼저 할 것인가? 이때는 중요하지만 긴급도가 덜 한 일ⓐ을 먼저하고 시간이 남으면 아주 급하지만 상대적으로 중요도는 떨어지는 일ⓑ을 하는 것이 유리하다. 왜 그럴까? ⓑ라는 일은 그 시간만 지나가면 ⓐ보다 덜 중요한 일이 되거나 아주 필요 없는 일이 될 수도 있기 때문이다. 반대로 ⓐ를 끝내놓지 못한다면 ⓑ라는 일의 납기가 지난 후 ⓐ는 매우 긴급하면서도 중요한 일로 다가와 있을 수 있다. ⓑ는 소나기와 같이 그 시간만 잠깐 피하면 그만이지만 ⓐ는

[그림 4-19] 문제점 해결방안 수립 및 실행 프로세스

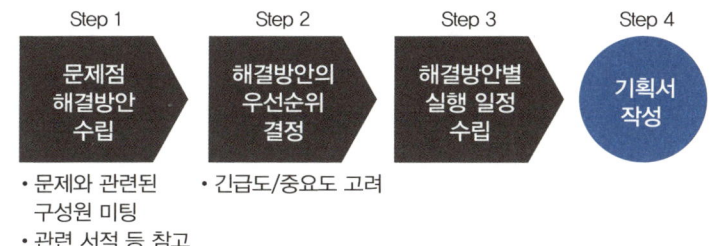

시간이 지나면 태풍으로 변해서 상륙한다. 태풍인 줄 뻔히 알면서 대비하지 않는 것처럼 미련한 짓도 없다. ⓐ와 ⓑ의 경중과 긴급도를 판단하기가 어려운 경우에는 곧바로 상사와 의논을 해야 한다. 물어보는 창피함은 순간이지만 그 일의 결과는 실로 창대하다.

문제점 해결방안 수립 및 실행 프로세스

지금까지 살펴본 문제점 해결방안 수립 및 실행은 4단계로 정리할 수 있다.

- 1단계 │ 앞 단계에서 도출된 문제점에 대한 해결방안을 수립한다. 특히 그 문제와 관련한 구성원들과 캔미팅을 시행하고 내외부 자료와 전문서적 등을 적극적으로 찾아 참고하는 것이 좋다. 내부의

능력이 미흡할 경우에는 외부 전문가의 지식과 경험은 물론 외부의 경영기법들도 적극적으로 활용하도록 해야 한다.
- 2단계 | 해결방안의 긴급도와 중요도를 고려하여 우선순위를 결정한다.
- 3단계 | 해결방안별 실행 일정을 구체적으로 수립한다.
- 4단계 | 챕터3의 기획서를 작성하는 방법을 참고해서 기획서를 작성한다.

앞 단계에서 도출한 문제점에 대한 해결방안 수립 및 실행 계획을 수립해보자. 해결방안을 도출하기 위해서는 챕터5장에서 소개한 다양한 도구들을 활용하도록 한다.

1단계 | 도출한 문제점에 대한 해결방안을 수립한다.

문제점	해결방안
결과 중심의 조직/인력 시스템 개선	• Slim/Flat한 조직 구축 • 결과 중심의 평가체계 구축 • 구성원 행동 지침 수립 • 다양성 관리제도 시행
불필요한 제도 / 룰 개선	• 여성 리더의 경력 및 리더십 강화 • 다양한 문화 이해 교육 시행
이동식 근무 환경 구축	• 선택적 근무 시간제 확대 • 창의적 사무환경 조성 • 보고/회의 문화 개선 • IT 인프라 구축

2단계 | 긴급도와 중요도를 고려하여 'Slim/Flat한 조직구축'을 최우선 해결방안으로 선정하였다. 이 해결방안에 대해 구체적인 계획을 수립한다. 여기서는 'Slim/Flat한 조직구축'에 대한 계획 수립 방법만 사례로 설명한다.

구체적인 계획	기대효과
• 상부보고 중심 '부문' 단위 조직을 실무 중심의 '팀'으로 전환(팀 산하 공식적인 계층 없이 담당제로 운영) • 기존 직책 전환 및 폐지(실장 →담당, 現 팀장 직책 폐지, 구성원 호칭 전환 검토)	• Speed한 일 처리(CEO-팀장의 2단계로 빠른 의사결정, 조직간 '일 떠넘기기'를 탈피하여 단위별 One-body로 Co-work 가능) • 우연한 인력 운영 가능(업무에 따라 팀 내 자유롭게 소그룹을 구성·해체하는 Resource Pooling 가능, 일 잘하는 구성원은 Love call을 받아 원하는 업무선택 또는 많은 도전기회 부여)

3단계 | 기획서를 작성한다

도출된 문제점 해결방안을 수립하고 해결방안별 제약조건을 확인하여 구체적인 실행 로드맵을 작성하면 된다. 마찬가지로 상사가 좋아하는 스타일에 따라 다양한 방법으로 작성하는 것이 좋다.

문제점 해결방안 수립

"창의 기반의 구성원 생산성 증대를 위해 일 하는 방식의 근본적 개선 추진"

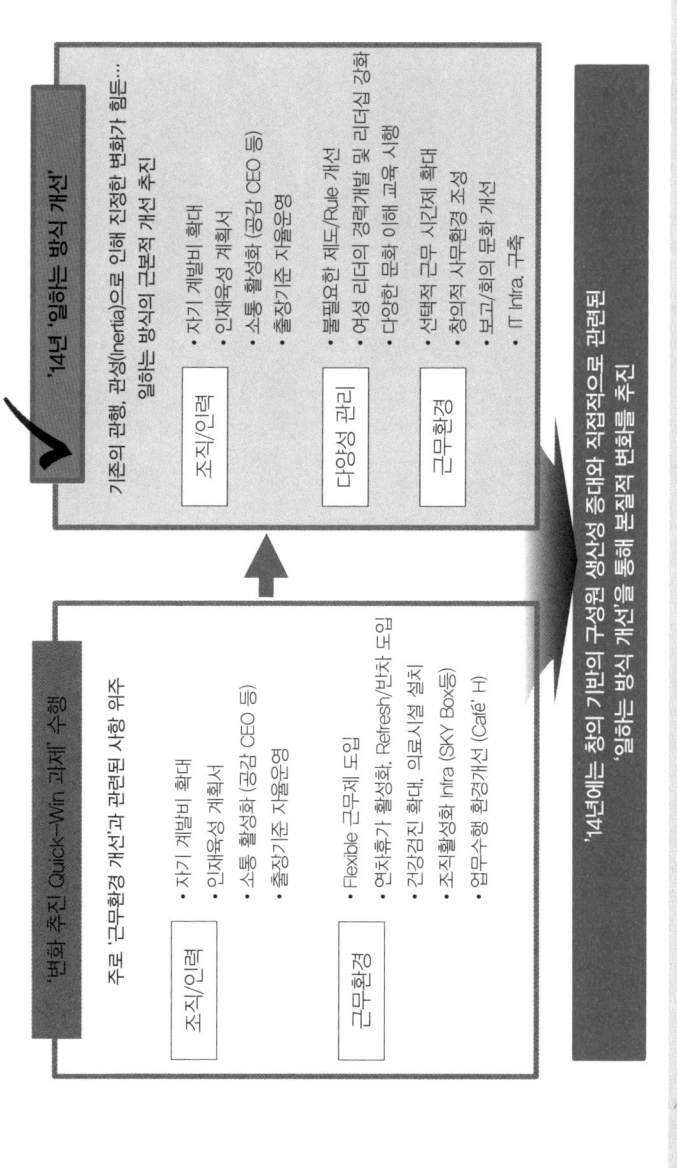

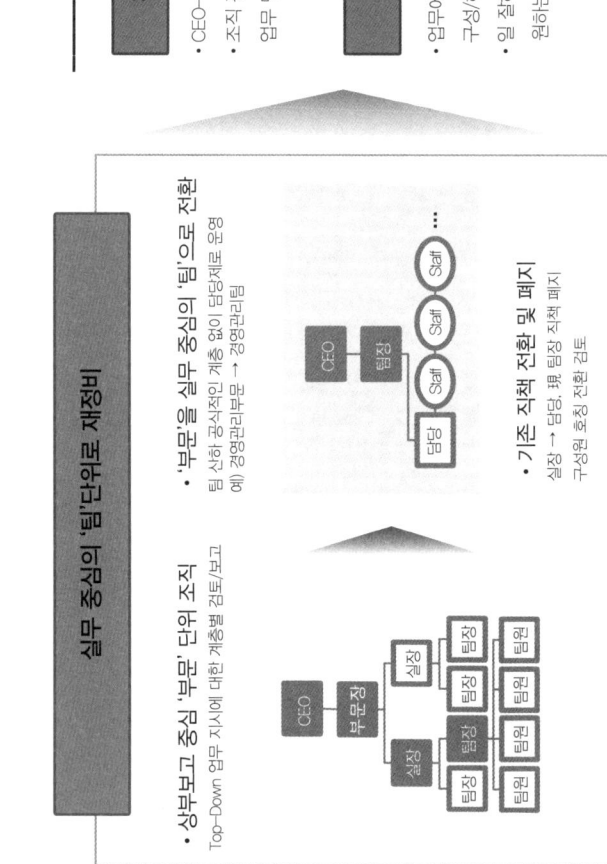

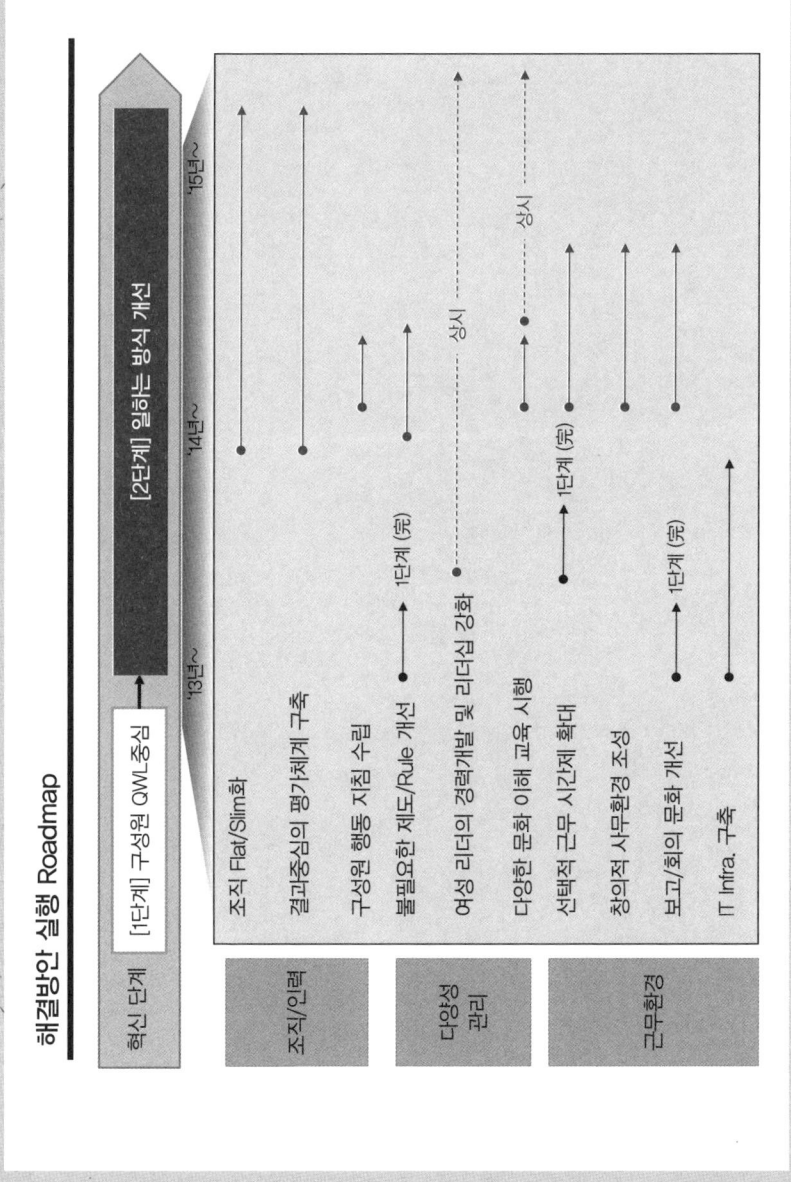

Chapter 5

일 처리 단계별 분석 도구

"나는 세상을 강자와 약자, 성공과 실패로 나누지 않는다.
나는 세상을 배우는 자와 배우지 않는 자로 나눈다."
– 벤저민 바버

문제해결을 위한 기획을 할 때 분석 도구가 필요한 이유는 일 처리 단계별로 발생할 수 있는 복잡한 문제를 간단한 기법을 활용하여 쉽게 시사점이나 해결방안 등을 도출할 수 있기 때문이다. 다시 말해 분석 도구를 활용하면 복잡한 문제도 손쉽게 해결이 가능하다.

기획서 작성에 활용하는 기법들은 기획자가 적용하기 쉬워야 하며, 보고 받는 상사도 이해하기 쉬워야 한다. 종종 복잡한 기법을 활용했다가 상사가 오히려 내용을 이해하지 못해 기획이 사장되거나 의사결정이 지연되는 상황을 초래하기도 하므로 회사 내 모든 구성원이 쉽게 이해하고 동일하게 적용할 수 있는 분석 도구를 정리하여 사용하는 것이 바람직하다. 이럴 경우 상사 혹은 고객 간에 일관된 의사소통 수단으로 활용할 수 있을 것이다.

그래서 이번 챕터에서는 대표적인 분석 도구를 정리하여 모든 기획자가 쉽게 이해하고 동일하게 적용할 수 있도록 분석 도구를 소개하고자 한다. 여기서 제시한 기본적인 도구 이외의 다른 도구를 활용하여도 좋다.

격의 없이 자유로운 회합 방식
캔미팅 도구

캔미팅Can Meeting이란 앞서 말했듯 조직 구성원들이 일상의 업무활동으로부터 독립된 장소에서 수시로 정해진 문제에 대하여 격의 없이 자유롭게 논의하는 SK 고유의 회합 방식이다. 문제와 관련한 모든 구성원들이 논의에 참여하게 되며, 캔미팅 결과에 대한 최종 의사결정권을 가진 리더가 반드시 있어야 한다.

캔미팅 주제가 여러 조직과 관련한 것일 경우, 다수 조직의 구성원과 리더가 함께 참여하여 진행할 수 있다. 이때 가능한 한 일상의 업무활동과 독립된 장소에서 논의해야 하는데, 이는 일상 업무 활동에 간섭받지 않고 캔미팅에 전념할 수 있는 분위기 조성이 필요하기 때문이다. 문제 해결을 위해 필요할 때마다 언제든지 구성원들이 논의할 수 있어야 하며, 한 번의 회합으로 해결되지 않을 경우에는 추가 캔미팅을 통하여 지속적으로 해결방안을 찾는 것이 중요하다.

캔미팅에서 다루는 문제는 조직의 목표 달성을 위해 구성원 간의 합의와 공유가 필요한 주제로 주로 업무와 관련한 것이며 주제에 대한 특별한 제한은 없다.

격의 없이 자유롭게 논의하는 것은 캔미팅에 있어 가장 중요한 요소이다. 따라서 상하의 구별 없이 대등한 입장에서 허심탄회하게 대화를 할 수 있어야 한다. 이를 위해서는 평상시 구성원 상호간에 충분한 의견 개진이 가능하도록 조직 분위기를 구축하여야 하며, 캔미팅을 통하여 자유로운 토론 문화를 더욱 공고히 하여야 할 것이다.

또한 캔미팅이 막연한 대화로 끝나지 않도록 구성원이 주제나 각자 준비해야 할 과제를 분명히 하여 충분히 의견을 정리할 수 있도록 사전 준비를 철저히 해야 할 것이다. 특히 리더는 회의 결과에 따라 실행이 이루어질 수 있도록 합의 사항을 반드시 팔로우업 Follow-up 하여야 하며, 진행 상황에 대해 구성원에게 수시로 피드백하여야 한다.

캔미팅 시에 공통적으로 적용될만한 기본적인 도구를 다음과 같이 정리하였다. 이외의 다른 도구를 활용하여도 좋다.

브레인스토밍

브레인스토밍Brain storming은 1941년에 미국의 광고회사 부사장 알렉스 F. 오즈번Alex F.Osborne이 제창하여 그의 저서 《독창력을 신장하라》로 널리 소개되었다. 기발한 아이디어는 사람들이 내놓은 의견들이 서로 충돌하고 조율하는 과정에서 나온다. 따라서 문제가 발생하거나 현재 수준을 개선하려면 다른 사람과 의견을 교환하고 이를 토대로 문제를 입체적으로 바라봐야 한다.

짧은 시간 내 많은 의견을 교환하고 아이디어를 도출하게 하는 기법이 브레인스토밍이다. 자유분방하게 무엇이든 생각나는 대로 의견이나 아이디어를 내고, 나온 아이디어에서 자극 받아 나온 2차, 3차 의견들을 조합해가는 과정에서 창의적인 아이디어로 결실을 맺게 하는 방법이라 할 수 있다.

아이디어는 한 사람보다 다수의 사람이 함께해야 제기되는 아이디어가 많고, 아이디어 수가 많을수록 질적으로 우수한 아이디어가 나올 가능성이 높다. 또한 아이디어는 비판하지 않으면 많아지는 경향이 있으므로 어떠한 내용의 발언이라도 그에 대한 비판을 해서는 안 되며, 오히려 자유분방하고 엉뚱하기까지 한 의견을 출발점으로 해서 전개해나가도록 한다. 이때 다음의 4가지 원칙을 지킨다면 더욱 효과를 볼 수 있다.

[그림 5-1] 브레인스토밍 진행 프로세스

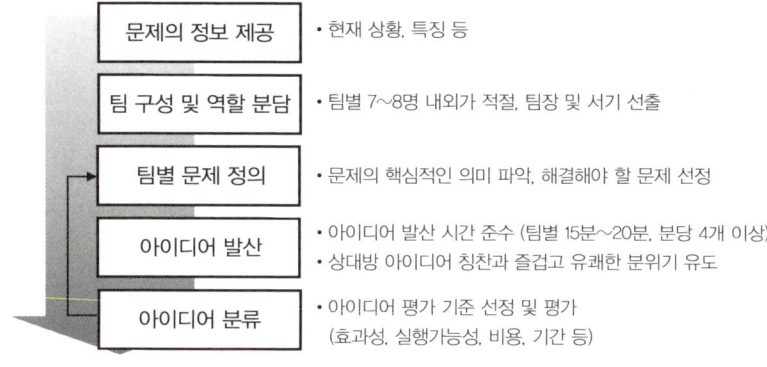

- 비판 엄금 : 어떤 경우든 아이디어 비판을 금지한다.
- 자유분방 : 엉뚱한 아이디어일수록 좋으며 문화의 장벽을 없앤다.
- 질보다 양 : 아이디어는 숫자가 많아야 한다. 시간을 정해서 많은 아이디어를 내게 한다.
- 편승 환영 : 다른 사람의 아이디어를 발전시키거나 두 가지 이상의 아이디어를 제3의 아이디어와 결합 또는 조합시켜 새로운 아이디어로 발전시킨다.

그러나 '사공이 많으면 배가 산으로 간다'는 말처럼 진행 프로세스를 명확히 세우지 않으면 결론을 얻기 어렵다. [그림 5-1]과 같이 프로세스를 수립해서 브레인스토밍을 진행하는 것이 좋다. 브레인스토밍을 진행할 때에는 다음의 사항을 유념하도록 한다.

1. 참석자 모두가 문제나 문제점을 공유한다.
2. 모든 문제에는 원인이 반드시 존재한다. 원인에 대한 분석 없이 대책은 존재하지 않는다.
3. 감상적이거나 불분명한 의견, 논의 주제를 벗어난 의견은 진행자가 바로 잡는다. 필요한 의견들을 수렴해 문제를 입체적으로 바라볼 수 있도록 해야 한다.
4. 구체적인 해결방안이 도출되도록 한다. '이렇게 해야 한다', '저렇게 해야 한다'는 식으로 일단 해보면 도움이 될 것이라는 나열식 사고방법이나 '정보 교환이 원활하지 않다', '시스템 사용이 어렵다'는 식의 추상적인 대책으로 흐르지 않도록 한다. 지금 당장, 반드시 해야 하는 것이 무엇인지를 명확히 결론짓는 게 중요하다.

6개의 생각하는 모자

6개의 생각하는 모자 Six Thinking Hats 기법은 창의적 사고의 대가인 에드워드 드 보노 Edward de Bono 에 의해 개발되었다. 그는 지휘자가 오케스트라를 이끌듯이 이 모자들이 우리에게 특정한 사고를 유도하고 우리의 사고의지를 불러일으키고, 어떤 상황에서든 당면한 문제를 일상적

[그림 5-2] 6개 모자별 의미 및 특징

구분	특징과 질문법
Infomation	• 중립적·객관적인 사실, 자료, 정보에 기초한 사고 - 나는 어떠한 정보를 필요로 하는지? - 결정을 하는 데 있어서 도움이 될 수 있는 사실은 무엇인가?
Benefits	• 낙관주의, 긍정적, 밝은 측면에 집중하는 사고 - 좋은 점은 무엇인가? - 왜 이것이 좋은 것인지?
Judgement	• 아이디어에 대한 반로, 무엇이 잘못되었는지 검토 및 비판 - 이것의 문제가 무엇인지? - 있음 직한 위험과 문제는 무엇일까?
Feelings	• 감정, 두려움, 좋아함과 싫어함의 느낌, 직관에 기초한 사고 - 이것에 대한 나는 이떻게 느끼는가? - 나는 이 아이디어에 대해 무엇이 좋은지?
creative	• 창의성, 기능성, 대안적 새로운 아이디어의 산출과 관련된 확산적, 창초적 사고 - 어떤 새로운 아이디엉가 가능한가? - 나의 제안은 무엇인가?
Thinking about thinking	• 사고과정의 경영과 관계, 전체적인 검토, 요약, 평가 및 결론을 이끌어 내는 사고 - 어떤 사고가 필요한가? - 모든 생각들을 종합적으로 검토하면?

사고 틀에서 벗어나 다른 각도로 생각할 수 있도록 유도한다고 하였다.

이 기법은 가장 단순 명료하게 사고함으로써 가장 효과적으로 사고하기 위한 것이다. 자신의 생각을 버리고 의도적으로 다른 관점으로 생각하게 함으로써 폭넓은 사고력을 신장시킬 수 있다. 쉽게 말하면 각자의 의견이나 아이디어를 자유롭게 이야기하되 그것이 일정한 방향에 집중되도록 하는 일종의 정신적인 역할극Mental Role Play인데, 그 진행 프로세스를 정리해보면 다음과 같다.

1. 참여자Thinker는 모자 중에 하나를 쓰거나 벗는다.
2. 진행자는 참여자에게 모자 중 하나를 쓰거나 벗도록 한다.
3. 모든 참여자들을 일정 시간 동안 모두 모자를 쓰고 있도록 한다.
4. 각각의 참여자는 일정 시간 동안 각각의 모자를 돌아가면서 쓰도록 안내를 받는다.

스캠퍼

스캠퍼SCAMPER는 브레인스토밍 기법을 제안했던 오즈번Osborn이 창의적인 사고를 자극할 수 있도록 제시한 질문리스트에서 일부 주요한 질문만을 골라낸 것이다. 그뒤 밥 에버럴Bob Eberle에 의해 기억하기 쉽도록 정리된 창의적 사고원칙들을 적용함으로써 7가지로 간단하게 만들어졌다.

보다 상세히 말하자면 사고하는 사람의 상상력을 자극하는 적절한 질문들을 미리 정해놓고, 아이디어 발상이나 캠미팅을 할 때 그 준비된 질문들을 던짐으로써 참여자들이 다양한 자극을 받고 상상력을 동원할 수 있도록 해주는 기법이라 할 것이다.

S : 스캠퍼의 첫 철자인 S는 '대체substitute'한다는 것이다. 기존의 것을 대체하는 아이디어를 개발할 때 좋은 방법이다.

- 현재의 상황에서 대체할 수 있는 재료, 장소, 사람, 방법 등은 어떤 것이 있을까?
- 뭔가를 다른 것으로 대체할 수 있는가? 그 외의 누구를? 그 외 무엇을?
- 규칙을 바꿀 수 있는가?
- 다른 부분은? 다른 자료는? 다른 힘은? 다른 장소는? 다른 접근 방법은?
- 대신 무엇을 사용할까? 이것 대신 그밖의 어떤 부분을?
  예) 쇼핑 카트, 보온병 머그컵, 결혼식 하객 대행, 아이스크림 소다 등

C : 두 번째 철자인 C는 '결합combine'에 대한 질문이다. 스캠퍼 기법 중 가장 많이 활용되는 조합은 두 가지 또는 그 이상의 것들을 혼합해서 새로운 것을 생각해내는 것이다.

- 무엇이 결합될 수 있는가?
- 용도를 결합할 수 있는가?
- 분류하는 것은 어떤가? 섞는 것은? 조화시키는 것은?
- 단위를 결합할 수 있는가? 자료를 결합시킬 수 있는가? 어떤 항목이 이것과 결합될 수 있는가?

- 어떻게 결합할 수 있는가?
- 용도를 배가시키기 위해서는 무엇이 결합되어야 하는가?
- 공감되는 부분을 결합할 수 있는가?

  예) 맥가이버 칼, 만년필, 볼펜, 형광펜, 일체형 TV 등

A : 세 번째 철자인 A는 어떤 형태, 원리, 방법들을 다른 분야의 조건이나 목적에 맞도록 '적용adapt'할 수 있을까를 생각하는 것이다.

- 주제에 맞게 타인의 아이디어나 과거의 아이디어 등을 적용시킬 수 있는가?
- 그 밖의 무엇이 이것과 같은가? 이것이 어떤 아이디어를 제시하는가?
- 과거에 유사한 일이 있는가?
- 무엇을 모사할 수 있는가? 누구를 모방할 수 있는가?
- 어떤 아이디어를 종합할 수 있는가?
- 다른 어떤 과정이 적용될 수 있는가? 그 밖의 무엇이 적용될 수 있는가?
- 콘셉트에 다른 어떤 배경을 놓을 수 있는가?
- 내가 연구하는 영역 바깥의 어떤 아이디어를 포함시킬 수 있는가?

  예) 엉겅퀴 식물이 붙는 것을 보고 적용한 벨크로, 민들레씨를 보고 적용한 낙하산, 오리발을 보고 적용한 물갈퀴 등

M : 네 번째 철자인 M은 수정modify, 확대magnify, 축소minify 하면 어떻게 되는지에 대한 질문을 하는 것이다.

- 더 나아지기 위해 어떻게 수정해야 하는가?
- 어떤 부분을 수정할 수 있는가?
- 새로운 방식은?
- 의미, 색깔, 움직임, 소리, 냄새, 형태, 모양을 바꿀 수 있는가?
- 이름을 바꿀 수 있는가?
- 계획, 과정에서는 어떤 변화가 이루어질 수 있는가?
- 어떤 다른 형태를 가질 수 있는가?

  예) 아이패드, 휴대용 선풍기, 뻐꾸기 시계, 블라인드 등

P : 다섯 번째 철자인 P는 '다른 용도로 쓰일 수 없는지put to other use'를 묻는 것이다. 즉 어떤 사물이나 아이디어를 다른 방법으로 활용하는 방법을 찾는 것이다.

- 이것을 그 밖의 어떤 용도로 사용할 수 있을까?
- 이것을 있는 그대로 사용할 수 있는 새로운 방법이 있을까?
- 수정한다면 어떤 용도가 있을까?
- 이것으로부터 그 밖의 무엇이 만들어질 수 있는가?

- 다른 확장이 있을 수 있는가? 또 다른 시장은?

  예) 포스트 잇, 청바지, 시리얼 등

E : 여섯 번째 철자인 E는 사물의 어떤 부분을 '삭제$_{eliminate}$' 해서 새로운 아이디어를 떠올리는 방법이다.

- 이것이 보다 작다면? 수효를 작게 해서 말한다면?
- 무엇을 생략할까? 무엇을 삭제할까? 불필요한 것은 무엇일까?
- 이것을 나눠야 할까? 분리해야 할까? 이것을 다른 부분으로 독립시켜야 할까?
- 간소화해야 할까? 축소시켜야 할까? 농축시켜야 할까? 압축시켜야 할까?
- 규칙이 제거될 수 있는가?

  예) 자판을 없앤 핸드폰, 지붕을 제거한 오픈카 등

R : 마지막 철자인 R은 '재배열$_{rearrange}$'하거나 '거꾸로$_{reverse}$' 하면 어떻게 되는지를 묻는 것이다. 즉 형식, 순서, 구성 등을 바꾸어서 새로운 상품이나 문제해결의 아이디어를 얻는 방법이다.

- 어떤 배열이 더 좋은가?

- 구성요소를 상호 교환할 수 있을까?
- 다른 패턴은? 다른 설계는? 다른 순서는? 순서를 바꾸면?
- 원인과 결과를 바꿔 놓으면?
- 속도를 바꾸면? 계획을 바꾸면?
- 역할을 바꾸면? 위치를 바꾸면?

예) 양면 프라이팬, 뒤로 밟는 자전거, 상시 평가제로 등

명목그룹기법

명목그룹기법NGT, Nominal Group Technique은 구성원들이 모여서 문제나 문제점들을 식별하고 순위를 정하는 가중서열화법weighted ranking method을 말한다. 일반적으로 그룹활동이란 구성원 간 토의나 상호작용을 생명으로 하지만 명목그룹은 다르다. 토의나 상호작용을 하지 않고 진행해야 한다. 그래서 '명목적 그룹'이라는 명칭이 생겨난 것이다. 명목그룹기법은 그룹 내의 영향력 있는 사람을 중립화시키고 참가자 모두의 동등한 목소리를 듣기 위해서 필요하다. 진행 프로세스는 다음과 같다.

1. 문제 제기 : 당면한 문제를 소개하고 명확히 한다. 문제를 모두가 볼 수 있도록 벽면이나 보드판에 게시한다.
2. 아이디어 도출 : 참가자들은 각자 포스트잇에 아이디어를 적되 상

[그림 5-3] 명목 그룹 기법 프로세스

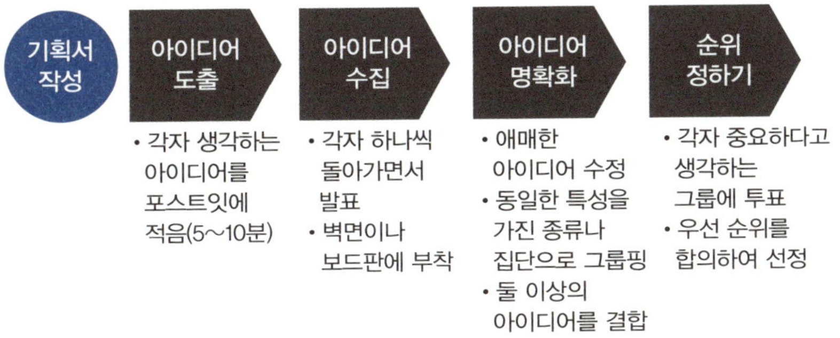

- **기획서 작성**
- **아이디어 도출**
  - 각자 생각하는 아이디어를 포스트잇에 적음(5~10분)
- **아이디어 수집**
  - 각자 하나씩 돌아가면서 발표
  - 벽면이나 보드판에 부착
- **아이디어 명확화**
  - 애매한 아이디어 수정
  - 동일한 특성을 가진 종류나 집단으로 그룹핑
  - 둘 이상의 아이디어를 결합
- **순위 정하기**
  - 각자 중요하다고 생각하는 그룹에 투표
  - 우선 순위를 합의하여 선정

호 협의해서는 안 되며, 모든 참가자가 기록을 종료할 때가지 이야기를 하면 안 된다. 일반적인 아이디어를 많이 산출하기에 충분한 시간을 제공한다. 하지만 길고 세부적인 아이디어 리스트를 산출할 정도의 긴 시간은 주지 않는다. 주제의 복잡성에 따라 5~10분 정도가 적절하다.

3. **아이디어 수집** : 참가자들은 자신의 아이디어를 차례로 읽어주고, 이를 벽면이나 보드판에 부착한다. 이때도 토론이나 대화는 금지된다.

4. **아이디어 명확화** : 진행자가 각각의 아이디어를 큰소리로 읽어준다. 만일 아이디어가 애매하면 그 아이디어의 제안자가 즉시 설명해야 하고, 여기서 불명확한 어구로 표현된 것은 정리하도록 한다. 그런 다음 동일한 특성을 가진 종류나 집단으로 그룹핑한다. 또한

제안자들이 동의하는 경우에 한하여 둘 이상의 아이디어를 결합할 수 있다. 만일 제안자들이 동의하지 않으면 두 아이디어를 분리한 채로 놓아둔다.

5. 순위 정하기 : 그룹핑들을 재정리한 후 채택 여부를 팀원의 투표로 결정한다.

이렇듯 명목그룹기법은 다양한 아이디어를 의미 있는 개념으로 만들기 위해 구조화된 형태로 아이디어 창출과 개념의 공감대를 형성하는데 효과적이고 효율적이다. 이는 일부 혹은 모든 팀원이 함께 일을 해본 적이 없을 때, 안건이 복잡하고 논쟁의 여지가 많을 때, 대안의 우선순위를 정할 때 등 의사결정의 합의를 이루는 데 유용하다.

입체적 Location 파악 도구

문제를 해결하기 위해서는 먼저 문제와 관련된 모든 주위환경을 입체적으로 살펴볼 필요가 있다. 또한 문제의 중요성과 난이도에 따라 내외부 경영환경을 심도 깊게 혹은 간략하게 파악해야 한다.

문제와 관련된 환경은 기업이 당면한 외부 산업환경과 내부 경영전략 및 목표관점에서 살펴볼 수 있으며, 이러한 환경분석을 통해 가변적인 경영환경 변화에 능동적으로 대응하는 해결방안을 수립할 수 있다.

기업을 둘러싼 심도 깊은 내외부 경영환경 분석은 주로 단기 혹은 중장기 경영전략 수립 시에 대체로 활용하며, 간단한 내외부 경영환경 분석은 경영에서의 문제해결 등에 주로 활용된다.

[그림 5-4] 3C 분석 구조

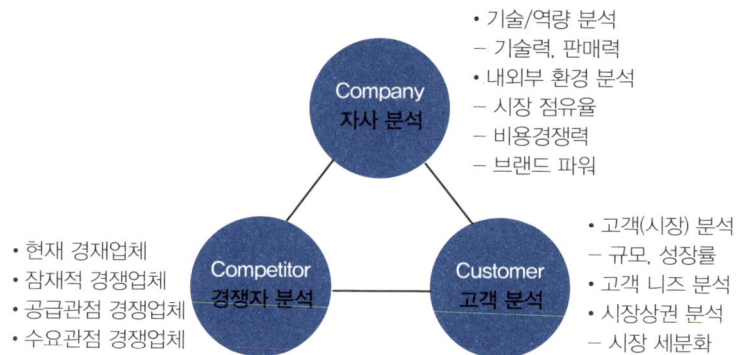

3C 분석

고객은 기업이 존재하는 근본적인 이유이다. 고객이 원하는 가치를 제공하지 못하는 기업은 궁극적으로 경쟁우위를 상실하고 도태하게 된다. 이러한 문제를 해결하기 위한 도구적 기법으로 3C가 있다.

3C는 마케팅 전략을 수립할 때 자사 분석Company, 경쟁자 분석Competitor, 고객(시장) 분석Customer으로 핵심 주제를 나누어 분석하는 것이다. 경우에 따라서는 네 번째 C인 유통Channel을 추가하기도 한다. 이를 통해 고객에게 경쟁사보다 우월한 가치를 제공할 수 있다.

- 자사 분석 : 자사의 매출과 이익의 추이, 시장점유율의 변화, 비용 구조와 유통 상황, 최근의 전략과 전술 등의 정보를 분석해야 한다.

[그림 5-5] 입체적 Location 파악을 위한 질문

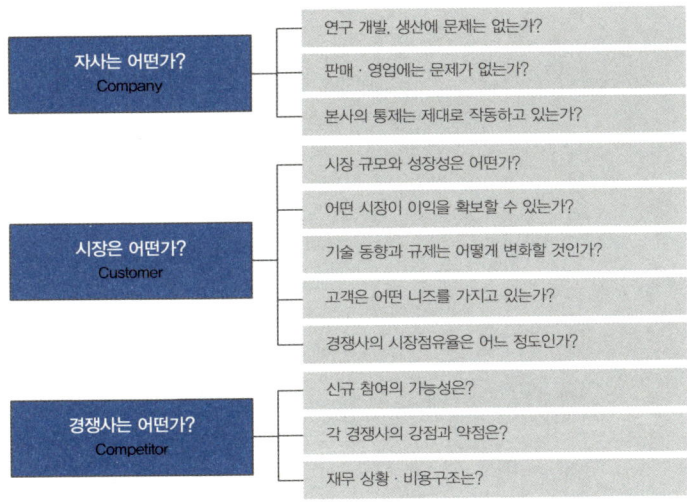

- 고객(시장) 분석 : 전체 시장의 크기로부터 시작해서 분야별 세분 시장에 대한 분석, 각 제품별 시장점유율 등은 물론 시장의 트렌드 등을 분석해야 한다.
- 경쟁자 분석 : 경쟁 회사 또는 경쟁 브랜드가 어떤 전략을 통해 어떤 실행 방안들을 보이며 움직이고 있는가를 분석해야 한다.

일의 상황을 파악하기 위해서는 팩트를 확보해야 한다. 이를 위한 방법으로 위와 같은 3C 분석을 활용하는 것이며, 이 3가지를 바탕으로 팩트의 의미를 파악하고, 자사의 강점과 약점, 경쟁사의 강점과 약점을

파악해야 한다. 이러한 과정을 통해 시사점을 추출할 수 있을 것이다. 3C 분석은 "적을 알고 나를 알고, 그리고 고객을 알라."는 말로 정리할 수 있다.

4P 분석

4P는 마케팅을 논할 때 가장 광범위하게 이용되는 분석 프레임이다. 효과적인 마케팅을 위해 제품의 매력을 어떻게 가져가야 할지 정하는 제품전략 Product, 제품의 가격을 얼마로 설정할지를 정하는 가격전략 Price, 제품의 홍보, 광고, 판촉 활동에 대한 촉진전략 Promotion, 점포나 마케팅 채널 등에 대한 유통 전략 Placeo으로 나누어 분석한다.

이 도구는 마케팅에 대한 입체적 Location 파악에 있어서 누락이나 중복된 것이 없는지를 조사하기 위한 체크리스트로 유용하다.

- **제품전략** : '어떤 제품(서비스)을 판매할 것인가?'라는 제품(서비스)를 개발에 관한 전략으로 가장 핵심적인 마케팅 활동이다. 제품의 차별화를 할 것인가, 서비스의 차별화를 할 것인가, 아니면 둘 다 할 것인가를 따져 보는 것이다
- **가격전략** : 제공하는 가치에 걸맞은 가격을 책정하는 것이다. 통상적으로 고객이 느끼는 가치 Value에 비해 낮게, 생산비용 Cost보다는

[그림 5-6] 4P 분석 구조

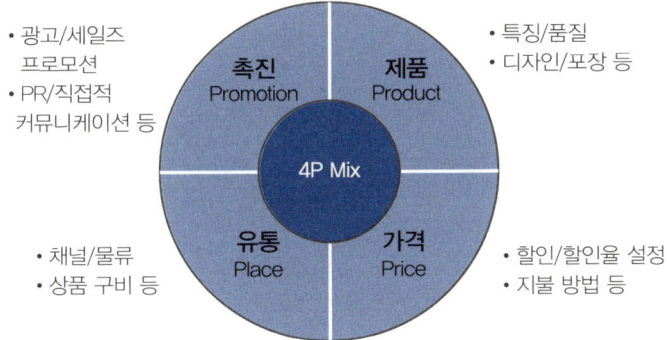

높게 매겨야 한다. 즉 V(가치)〉P(가격)〉C(비용)라 할 수 있다. 한편, 기업이 설정하는 가격은 이윤 극대화, 판매 극대화, 경쟁자 진입 규제 등 시장 전략에 따라서 달라질 수도 있다.

- **촉진전략**: 아무리 고객의 니즈에 부합되고 적절한 가격으로 설정된 제품 또는 서비스라 하더라도 소비자가 인식하지 못하면 아무런 소용이 없으므로 광고, PR Public relations, 다이렉트 마케팅, 판매촉진 등 다양한 방법으로 고객과의 커뮤니케이션을 하는 것을 의미한다. 고객과 이뤄지는 다양한 소통의 방식을 말하며, 기업이 사회적 책임을 앞세워 사회와의 연계성을 강화하는 것도 그 일환이라 할 수 있다.
- **유통전략**: 기업이 제품이나 서비스를 판매하거나 유통시킬 수 있는지 장소를 파악하는 것이다. 쉽게 말해 제품이 고객에게 노출되

[그림 5-7] 스타벅스의 4P 사례

Product
- 최고급 아메리칸 원두 사용
- 커피 맛의 표준화
- 다양한 종류의 커피와 신선한 디저트 메뉴
- 커피 관련 액세서리 판매

Price
- 프리미엄 가격 정책
- 품질에 비례하는 커피 가격
- 여러 제휴를 통한 Free Extra 제공

Place
- 백화점, 유통업체입점
- 프렌차이즈 방식이 아닌 직영방식
- 일반 슈퍼마켓을 통한 대중적 판매

Promotion
- 미디어 간접광고
- 바이럴 마케팅
- 감성마케팅
- 사회공헌활동
- 최근 SNS활동

는 장소라는 물리적 개념이기도 하면서 동시에 유통경로와 관리 등을 아우르는 공간적 개념까지도 포함한다. 마케팅 경로의 다양성과 효과적 운영은 매출액 신장과 직결되기 때문이다. 예를 들어 명품을 재래시장에서 판매한다면 고객입장에서는 받아들이기 힘들며 판매도 일어나지 않을 것이다.

이른바 마케팅 효과를 극대화하기 위해 4가지 핵심 요소를 혼합하는 방법을 4P 믹스 4P Mix로 일컫는다. 예를 들어 제품·서비스 믹스 브랜드·가격·서비스·제품라인·스타일·색상·디자인 등, 유통 믹스 수송·보관·하역·재고·소매상·도매상 등, 커뮤니케이션 믹스 광고·인적판매·판매촉진·디스플레이·퍼블리시티·머천다이징·

카탈로그 등가 그것이다. 마케팅 믹스는 고정된 것이 아니라 기업이나 제품에 따라 달라지며, 환경변화에 따라 수정될 수 있다. 예를 들어 스타벅스 사례를 4P로 작성해보면 [그림 5-7]과 같다.

SWOT 분석

SWOT 분석은 기업의 내부 환경인 자사가 보유하고 있는 강점Strengths과 약점Weaknesses을 파악하고, 외부환경에 따른 새로운 기회Opportunities를 살리는 방법과 잠재적인 위협Threats을 방어하는 방법 등 4가지 관점으로 구성되어 있다.

이 분석은 전통적인 군사전략의 기본원칙과 일맥상통한다. 이를테면 손자병법의 "적을 알고 나를 알면 백번 싸워도 위태롭지 않다知彼知己 白戰不殆"는 말과 영국의 군사전략가인 리델 하트Lidell Hart가 전쟁에서 승리의 원리는 "자신의 강점을 적의 약점에 대해 집중하는 것"이라고 한 말과 같다. SWOT 분석 방법은 2단계로 이루어진다.

1단계는 외부환경의 기회요인(O)과 위협요인(T)을 분석하여 기술하고, 기업 내부환경의 강점(S)과 약점(W)을 분석하여 기술하는 것이다. 예를 들어 기회요인과 위협요인외부환경에는 시장동향, 정부정책, 경제상황, 사회적 수준, 기술발전 현황 등이 포함되며, 강점과 약점내부환경에는 기업자원, 인사제도, 기업문화, 경영자 가치관 등의 요인들이 포함된다.

[그림 5-8] SWOT 분석 구조

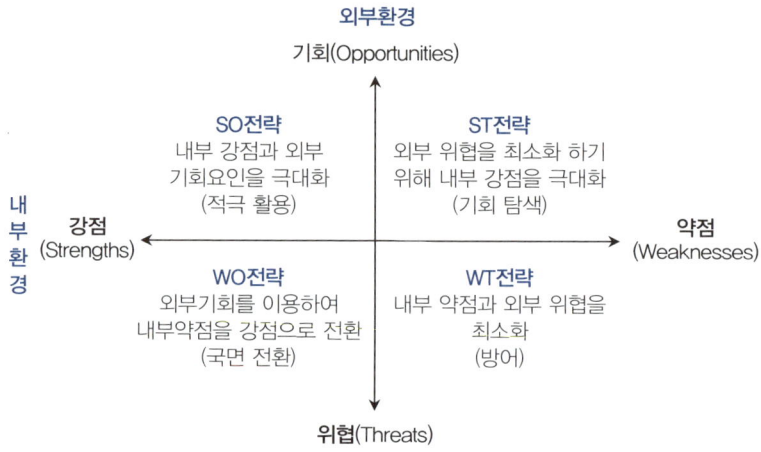

2단계는 1단계에서 각 관점에 따라 기술된 내용의 상관관계를 분석한 후 시사점을 도출하는 것이다. 예를 들면, 강점과 기회를 묶어보고 WO 전략, 강점과 위협을 묶어 보고 ST 전략, 약점과 기회를 묶어 보고 WO 전략, 약점과 위협 WT 전략을 서로 묶어 보는 것이다.

각 전략에 따라 경쟁기업과 비교하여 고객으로부터 인식되는 자사의 강점을 활용하거나 약점을 보완하여 기회요인을 극대화하거나 위협요인을 극소화하는 미래 전략적인 대안을 수립해야 할 것이다.

예를 들어 A 음반회사를 SWOT 분석해보면 [그림 5-9]와 같을 것이다. 하지만 단순히 내부요인을 강점과 약점, 외부요인을 기회와 위협으로 분류하면 시사점 도출에 크게 도움이 되지 않는다.

[그림 5-9] A 음반회사의 SWOT 분석

	강점(Strengths)	약점(Weaknesses)
내부요인	개성이 강한 POP 계열 신인 라인업	TV등 대규모 미디어에 대한 노출 부족, 브랜드 파워 부족
	기회 (Opportunities)	위협 (Threats)
외부요인	음악 다운로드, 홈 AV 서버 등 새로운 미디어의 등장	전체 음악 CD 시장 매출 감소

    SWOT을 조금 더 발전된 형식으로 A 음반회사를 교차Cross SWOT 분석해보면 [그림 5-10]와 같다. 이는 SWOT의 내부요인을 Y축으로 놓고 외부요인을 X축으로 놓은 매트릭스 구조이다. 교차 SWOT 분석해보면 매트릭스의 격자별로 진출, 강화, 방어, 철수하는 시사점이 드러나게 된다. 입체적 Location 파악의 방법으로 SWOT을 사용할 것이라면 교차 SWOT으로 확장시켜 분석하는 것이 바람직하다.

5F 분석

    5F Five Forces 분석은 시장의 매력도를 판단하는 5가지 경쟁요인을 분

[그림 5-10] A 음반회사의 교차 SWOP 분석

		외부요인	
		기회	위협
		새로운 미디어 등장	음악 CD 매출의 감소
내부요인	강점 개성이 강한 POP 계열의 신규 컨텐츠	**진출한다** 개성이 강한 POP 계열의 신규 컨텐츠로 새로운 미디어로 진출	**방어한다** 목표 시장을 대상으로 한 판촉 활동의 실시와 복사 방지 CD 사용
	약점 메이저 미디어에 대한 노출, 브랜드 파워	**강화한다** 새로운 미디어에서의 브랜드 파워 구축	**철수한다** 메이저 미디어를 통한 CD 판촉 활동의 축소

석하여 기업이 당면한 현재 경쟁환경의 시사점을 도출하는 것이다. 보통 업계를 분석할 때는 흔히 업계 내의 경쟁에만 관심을 갖기 쉬운데, 신규 참여와 대체재의 위협 및 공급업자와 구매자의 협상력 등 다른 힘의 작용도 업계의 수익성을 결정하는 중요한 요소로 포함되므로 이를 함께 분석하는 도구라 할 수 있다.

- 업계 내의 경쟁 Rivalry among Existing Competitors : 업계에 따라 경쟁 방법은 자연히 달라진다. 대부분의 경쟁은 경쟁자들이 경쟁위치 competitive position 개선에 대한 압력을 느끼거나 그 기회를 찾고 있을 때 일어난다. 경쟁양상은 가격경쟁, 광고/홍보 전쟁, 제품 출시 등으로 나타난다.

[그림 5-11] Five Forces 분석 구조

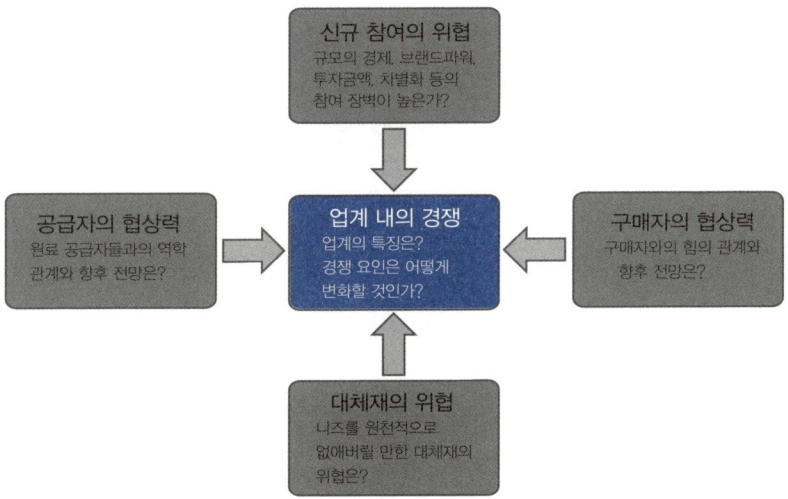

- 신규 참여 위협Treat of new entrants : 업계의 매력도는 신규 참여의 위협에도 영향을 받는다. 대표적인 진입 장벽으로는 고액의 설비 투자, 강한 브랜드, 정부 규제, 높은 기술력, 규모의 경제성 유무 등이 있다. 진입 방벽이 높으면 신규 참여의 위협이 작아지기 때문에 수익을 확보할 수 있어 업계의 매력도는 높아진다. 일반적으로 규제 완화는 신규 참여를 촉진하기 때문에 경쟁을 초래한다. 그렇기 때문에 금융, 보험, 통신, 의료 분야 등에서의 규제 완화는 기존 참여 기업들에게는 큰 위협으로 작용한다.
- 대체재의 위협Treat of substitutes : 기존 제품이나 서비스에 대한 대체재가 있는지 여부가 업계를 분석하는 중요한 요인이다. 디지털 카메

[그림 5-12] A 음반회사의 5F 분석

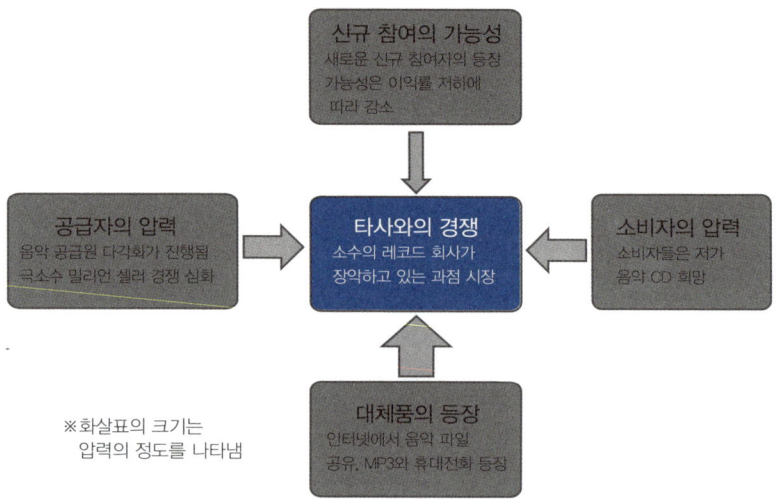

라가 주류 상품이 된 결과 필름의 수요가 없어져 버린 것이 좋은 예이다.

- 공급자의 협상력Bargaining of suppliers : 공급자들은 가격을 인상하거나 품질을 저하시키려는 위협으로 교섭력을 제고할 수 있다. 또한, 강력한 협상력을 갖고 있는 공급자들은 더 이상 원가를 상승시킬 수 없을 정도로 수익성을 잠식할 수도 있다.

- 구매자의 협상력Bargaining power of customers : 구매자들은 가격인하 및 품질제고 압력을 통하여, 또는 판매경쟁자간 수익성을 훼손토록 조정하면서 산업과 경쟁한다.

예를 들어 A 음반회사를 5F 분석을 해보면 [그림 5-12]와 같다. 여기서 도출되는 시사점은 '음악 CD 회사에서 가장 큰 위협은 CD의 기능을 대신하는 대체 상품의 등장'이 될 것이다.

5F 분석에 있어서는 업계의 구분, 즉 영역과 경계를 어디로 할 것인지가 중요하다. 이 예에서 업계의 영역을 CD를 판매하는 업계가 아니라 음악 콘텐츠를 제공하는 업계로 다시 정의하면 '대체품 등장의 위협'이라는 MP3와 휴대전화는 오히려 '음악 제공'이라는 새로운 사업기회로 받아들여질 수 있다.

이처럼 업계 영역의 구분을 잘못하는 예는 의외로 많이 볼 수 있다. 예를 들면 가정용 비디오의 등장을 할리우드 영화사는 기회가 아니라 위협으로 판단하여 소니에 대해 8년여에 걸쳐 재판을 벌였다. 그러나 현재 할리우드 영화사는 수입의 절반가량을 비디오를 통해 매출을 올리고 있다.

BCG 매트릭스 분석

BCG 매트릭스Matrix는 상대적 시장점유율과 시장성장율에 따라 각 분면에 배치된 사업부·제품의 적절성 등 내부균형을 파악하는 것이다.

과거와 현재의 포트폴리오를 비교함으로써 각 사업부·제품이 움직이는 방향을 파악하고, 이를 바탕으로 미래를 예측, 경영자의 투자 및 경영자원 배분에 관한 의사결정을 지원한다. 또한 주요 경쟁기업의 포트폴리오와 자사를 비교·분석함으로써 경쟁기업의 미래 전략적 전환에 대한 예측 가능하고 각 분면별로 사업부·제품이 가진 비중을 파악함으로써 자사의 재무적 상황에 대한 통찰력을 얻을 수 있다.

- Star 영역 : 수익성과 현금흐름이 양호하나 현상유지 및 확장을 위해 지속적인 투자를 집중육성해야 하는 사업을 의미한다. 경우에 따라서는 집중적 육성을 위해 현금유입Cash-in보다 현금유출cash-out, 즉 투자가 더 클 수 있다.
- Cash Cow 영역 : 높은 수익성과 안정적 현금흐름을 창출하고 있으나 수요가 정체되어 매력적인 투자대상이 되지 못하므로 현상유지 또는 다른 사업으로 자금을 재배치해야 하는 사업을 의미한다.
- Dog 영역 : 수익성과 현금흐름이 낮은 한계사업으로서 혁신 실패 시 신속하게 철수해야 하는 사업을 의미한다.
- Question Mark 영역 : 현재 수익성이 떨어지나 미래 성장 가능성이 있으므로 선별적인 투자를 통해 스타Star로 육성하거나 퇴출시켜야 하는 사업을 의미한다.

[그림 5-13] BCG 매트릭스 분석 구조

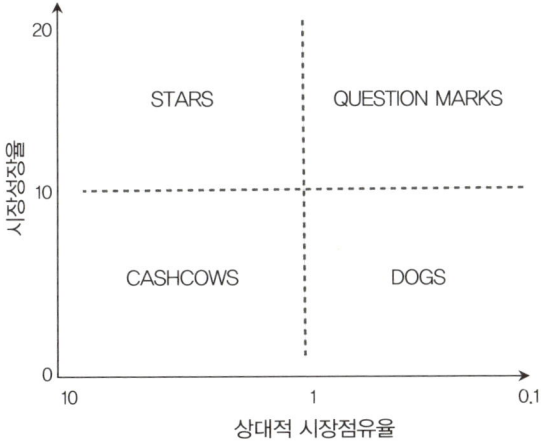

GE 매트릭스 분석

GE 매트릭스Matrix는 GE가 다각화 사업들을 분석하기 위해 개발한 분석방법이다. 시장의 매력도와 사업의 경쟁력을 고려하여 각 사업들에 대한 자원배분의 우선순위를 결정하는 데 유용하다.

전략적 사업단위별 산업 내 위치를 파악하고 경쟁우위 확보를 위한 전략적 의사결정의 기본 자료로 이용된다. 또한 사업단위의 경쟁력·경쟁위치와 시장·산업 매력도를 통해 회사가 영위하고 있는 사업단위에 대한 위치를 파악하여 각 사업들에 대한 자원배분의 우선순위를 결정하는 데에도 활용된다.

- 회색 영역 : 시장매력도가 높고 자사의 경쟁력이 높은 사업으로 집중육성 대상이 되어 경영자원이 우선적으로 배분된다.
- 흰색 영역 : 시장매력도가 낮고 자사의 경쟁력이 낮은 사업으로 철수 대상이 되어 자원배분이 중단된다.
- 파란색 영역 : 경쟁력이 약해 선별적 투자 또는 독립수익화를 통해 자체 수익기반을 구축한다.

매트릭스 내에 있는 원$_{SUB}$을 전략 사업단위라고 하는데, 원의 면적은 사업단위의 크기를 나타내며, 부채꼴의 면적은 그 사업에 대한 자사 사업단위의 시장점유율을 나타낸다. 이런 식으로 표현을 하면 자사의 사업단위가 시장에서 어느 정도의 점유율을 가지고 있고, 그 시장의 매력도가 어느 정도인지를 한눈에 파악할 수 있어 유용하다.

- 투자/육성
① 최대한 성장투자/경쟁위치 방어
② 선도자에 도전/선택적 경쟁력 강화/취약부문 보완
④ 유망시장 집중투자/경쟁대응 능력배양/생산성 향상

- 선택적 투자/수익관리
③ 강점 이용 전문화/약점 보완/성장 가능성 없으면 철수

[그림 5-14] GE 매트릭스 분석 구조

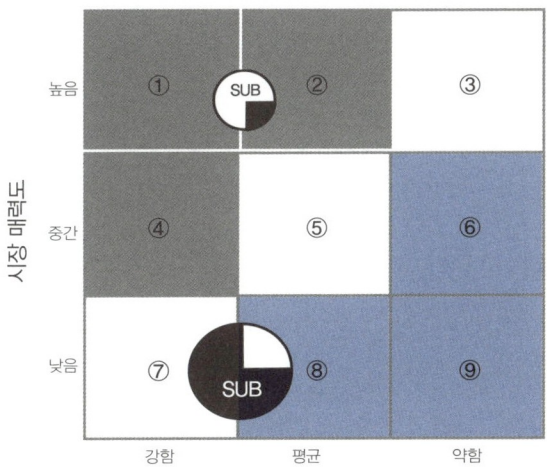

⑤ 현 프로그램 보호/수익성 높고 위험 낮은 부문에 집중 투자

⑦ 단기수익 중심 관리/매력부문 재 집중/현 위치 방어

• 수확/철수

⑥ 위험 낮은 부문 확장 모색/투자 제한/영업 합리화

⑧ 수익성 좋은 부문 위치 방어/제품 고급화/투자 최소화

⑨ 값 좋을 경우 매도/추가 투자 회피

7S 프레임 분석

7S 프레임은 기업의 전체 모습을 이해하기 위한 도구이다. 조직의 효과성을 결정하는 7개의 S로 시작하는 요소로 나누어 분석한다.

경영전략, 조직구조, 운영제도는 명문화하거나 도식으로 표현하기 쉽다는 점에서 '하드Hard S', 경영방식, 인재, 조직역량, 공유가치는 암묵적인 요소가 강하다는 점에서 '소프트Soft S'로 분류한다. 자사와 경쟁사를 나란히 놓고 각각의 7S를 비교해보면 양사의 성격·특징의 차이를 한눈에 알 수 있다. 사람에 비유하면 성격 분석과 같은 것이라고 할 수 있다.

- 경영전략Strategy : 회사가 추구하는 현재의 전략과 미래의 전략이 무엇이며, 지속 가능한 경쟁우위의 보유 정도생산 비용, 품질, 서비스, 기술력 등는 어떠한지, 하부 기능 활동들시장 진입, 신제품 개발, 업무프로세스 및 고객 서비스 개선 등이 전략적인 우선순위와 얼마나 연관이 있는지 등을 분석하는 것이다.
- 조직구조Structure : 조직도에 따라 업무적인 권한과 보고 의무를 부여하는 방식, 조직구조의 형태, 필요한 활동을 조직 간 혹은 조직 구성원들이 조정·통합하는 방식 등에 대해 분석하는 것이다. 인체로 비유하면 골격에 해당한다.
- 운영제도System : 경영을 지원하고 조직을 관리하기 위하여 사용되

[그림 5-15] 7S 프레임 분석 구조

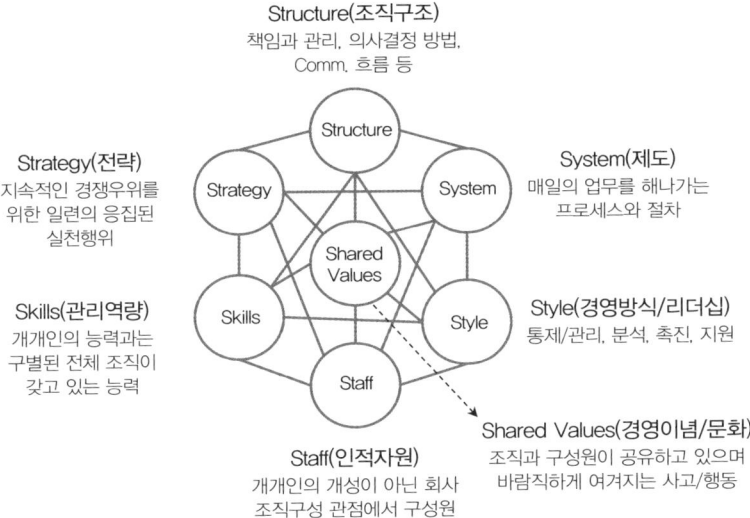

는 공식적인 절차나 규정이다. 경영관리 시스템, 성과보상 시스템, 예산편성, 의사결정 프로세스 등 사업 운영에 필요한 시스템이 얼마나 효과적인가에 대해 분석하는 것이다. 인체에 비유하면 신경계에 해당한다.

- 경영방식Style : 최고경영자의 리더십 스타일과 조직 운영관리 스타일, 리더의 조직관리 및 업무 스타일, 구성원 간 혹은 구성원이 고객들과 상호간 교류하는 방법 등에 대해 분석하는 것이다.
- 인재Staff : 인적자원의 수준과 보유 역량의 정도, 그것을 달성하기 위한 인사관리 및 조직이 개발해야 할 필요가 있는 새로운 능력,

장래 경쟁을 위하여 배워야 할 능력에 대해 분석하는 것이다.
- 조직 역량 Skills : 전략 목표와 공유된 가치를 달성하기 위한 핵심성공요소 KFS 에 대한 능력으로 현재의 능력 보유 정도와 개발, 미래의 요구 능력에 대한 준비 여부를 분석하는 것이다.
- 공유 가치 Shared Value : 회사의 전략과 중요한 행동원칙으로서 사용되는 핵심 또는 근본적인 가치들이 조직에 널리 공유되고 있는지, 회사의 존재이유와 비전을 공유하고 있는지, 최고 경영자는 이것을 어떻게 지원하고 있으며, 구성원은 다른 회사와 구별되는 정체성을 어떻게 생각하고 있는지에 대하여 분석하는 것이다.

5W 2H 분석

문제는 조직의 목표 달성을 위해 업무와 관련된 것을 말한다. 5W 2H 는 이러한 문제의 특성이 구성원 간에 원활히 합의와 공유가 이루어지도록 다양한 질문, 즉 누가 who, 언제 when, 어디서 where, 무엇을 what, 왜 why, 어떻게 How, 얼마나 How much 로 만들어 분석하는 것을 말한다. 이는 간결하게 문제의 환경이나 상황을 정리하기 위한 발상의 기본이다. 주로 개선 아이디어를 얻으려는 목적으로 공정 또는 제품을 검토하고 분석하려 할 때, 잠재적인 문제 또는 돌파구가 될 기회를 찾으려 할 때, 혹시 있을지도 모르는 간과한 안건이나 원인을 발견하려 할 때 사용된다.

예를 들어 조직 내부에서 발생하는 정보 단절과 관련된 문제가 있을 때 구성원 간의 효과적인 소통 방안에 대한 5W 2H 질문은 다음과 같이 개발할 수 있다.

- Who : 관련된 사람들은 누구인가?, 누가 만족하지 않는가? 또는 만족하는가?
- What : 만족이란 무엇인가?, 구성원들이 소통하는 동기는 무엇인가?
- Where : 구성원들은 어디서 소통을 열심히 하는가?
- When : 언제 구성원들이 소통에 대해 불만을 갖는가?, 직장 상사들이 구성원과 소통하려고 노력할 때는 언제인가?
- Why : 왜 구성원 간의 소통이 필요한가?
- How : 어떻게 구성원들이 소통하는데 필요로 하는 자원을 더 잘 제공할 수 있겠는가?, 어떻게 구성원들의 업무를 수행하는 방법을 결정하는데 구성원을 참여시킬 수 있겠는가?, 어떻게 하면 구성원들 간의 협력을 높일 수 있겠는가?
- How much : 얼마의 비용이 소요되는가?

가장 중요한 것은 '문제 자체가 아니라 문제가 어디에 있는가?'이다. 문제 혹은 특정 상황에 대해 계속적인 세분화가 필요하며, 새로운 사실을 발견할 때까지 계속 나누어야 하는 점을 기억해야 한다. 세분화는 자신이 해결 가능한 크기까지 나눠야 한다.

KFS 추출 및 목표수준 설정 도구

KFS는 회사의 목표 달성을 위해 개인 및 단위 조직이 해야 할 가장 핵심이 되는 과제나 일을 말한다. 다시 말해 입체적 Location을 파악하여 회사의 생존과 성장을 위해 자신의 일에서 R&C~Resource&Capability~를 집중시켜야 할 핵심영역을 찾는 것이다. 한편 목표수준 설정이란 KFS의 목표수준을 설정하는 것으로 구성원의 합의를 통해 목표를 설정한다.

KFS 추출 및 목표 수준 설정 시에 공통적으로 적용될 만한 기본적인 도구를 정리하였다. 이 이외의 다른 도구를 활용하여도 좋다.

[그림 5-16] VOC&VOB 매칭 분석 구조

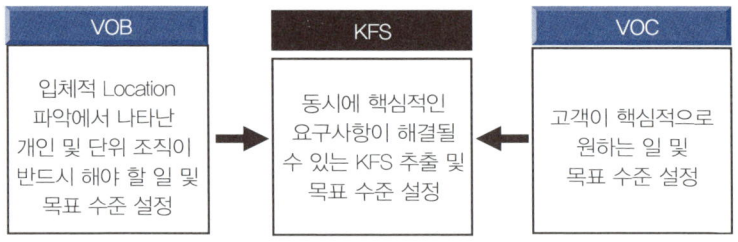

VOC&VOB 매칭 분석

핵심적인 고객 요구사항인 VOC Voice Of Customer와 핵심적인 사업 요구사항인 VOB Voice Of Business을 도출한 후 두 가지 사항을 모두 충족시킬 수 있는 일이 무엇인지 정의하여 KFS를 추출 및 목표 수준을 설정하는 방법이다.

먼저, VOB는 입체적 Location 파악에서 나타난 개인 및 단위조직이 반드시 해야 할 일을 도출하고 목표 수준을 설정하는 것이다. 다음으로 VOC는 VOB에서 도출한 일에 대해 고객조사 Customer Survey, 포커스 그룹 인터뷰 Focus Group Interview 등을 하여 고객이 핵심적으로 원하는 일을 파악하고 목표 수준을 설정하는 것이다. 마지막으로 VOB와 VOC를 동시에 충족시킬 수 있는 KFS를 추출하고 목표 수준을 설정하면 된다.

[그림 5-17] 벤치마킹 4단계 절차

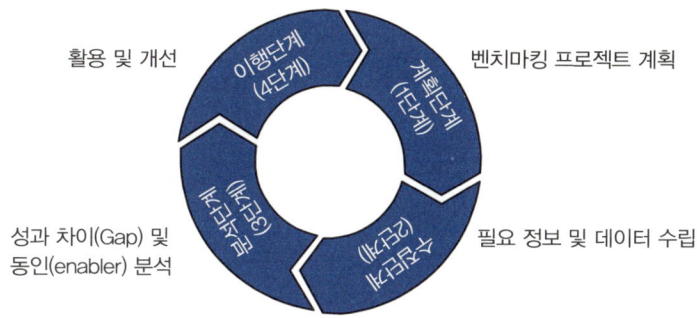

벤치마킹 분석

벤치마킹Benchmarking은 원래 토목 분야에서 사용되던 말이었다. 강물 등의 높낮이를 측정하기 위해 설치된 기준점을 벤치마크benchmark라고 부르는데, 그것을 세우거나 활용하는 일을 벤치마킹이라고 부른 것이다.

그 후 경영 분야에 도입되면서 경쟁사 혹은 선진기업의 우수한 사례를 통해 자사의 수준을 비교 분석함으로써 우리가 배워야 하는 KFS를 추출하는 방법으로 활용되고 있다. 또한 비교분석을 통해 KFS 목표 수준을 설정하고 현재 수준과의 차이를 극복하기 위한 문제점 도출 및 해결방안 수립에도 널리 사용되고 있다.

다시 풀어서 설명하면 벤치마킹을 위해서는 대상이 되는 기업의 경쟁력 분석이 선행되어야 한다. 그 다음으로 자사의 성과에 큰 영향을 미치는 내부경영 방식환경으로 경쟁사나 선진기업과 비교분석을 한다. 이러한 분석을 통해 미래의 바람직한 수준과 현재 수준과의 격차를 해소할 수 있는 KFS 목표를 설정하고 현실적인 문제점을 도출한 후 실천 가능한 해결방안을 수립하는 것이다. 결국 뛰어난 상대에게서 배울 것을 찾아 배우는 것이라 할 수 있다. 벤치마킹은 비교대상에 따라 다음의 3가지 유형이 있다.

- 선진기업World-Class Benchmarking : 산업에 관계없이 특정 분야에 있어서 세계 최고 수준의 기업을 찾아 비교하는 방법이다. 예를 들어 제록스Xerox는 물류시스템 개선을 위해 카탈로그 통신판매 회사인 L.L.Bean을 벤치마킹하였고, 퍼스트 시카고First Chicago 은행은 고객 대기 시간을 줄이기 위해 아메리칸 에어라인American Airline 같은 항공회사를 벤치마킹하였다.
- 경쟁사 벤치마킹Industry Benchmarking : 같은 산업 내의 경쟁사와 비교분석하는 방법이다. 경쟁사의 정보나 데이터 수집이 어렵고 성공해도 경쟁사와 비슷한 정도의 개선에만 머무를 수 있는 한계가 있다.
- 내부 벤치마킹Internal Benchmarking : 같은 조직 내의 다른 사업단위를 비교하는 방법으로 데이터의 수집은 용이하나 내부지향적이라는 한계가 있다.

1989년 로버트 캠프 박사의 《벤치마킹》이란 저서에 따르면, 벤치마킹 기법을 활용한 경영혁신의 추진은 일반적으로 벤치마킹 적용분야의 선정, 벤치마킹 상대의 결정, 정보수집, 성과와 차이의 확인 및 분석, 벤치마킹 결과의 전파 및 회사 내 공감대 형성KFS추출 및 목표 수준 설정, 혁신계획의 수립문제점 도출 및 해결방안 수립, 실행 및 평가의 순으로 진행된다고 하였다. 이후 데밍에 의해 개발된 벤치마킹 프로세스는 4단계 절차로 구성된다.

1단계(계획단계)

기업은 반드시 자사의 핵심성공요인, 핵심 프로세스, 핵심 역량 등을 파악해야 한다. 벤치마킹되어야 할 중요한 프로세스는 반드시 문서화되어야 하고 그 프로세스의 특성이 정확히 기술되어야 한다. 벤치마킹 파트너 선정을 위해 필요한 요구조건도 반드시 작성되어야 한다. 이 3가지 사항을 고려하여 다음과 같은 업무를 수행한다.

- 자사의 전략적 프로세스, 핵심 프로세스, 핵심 성공 요소를 판단한다.
- 벤치마킹 수행 대상 프로세스를 결정하고 측정단위 등 조작적 정의를 작성한다.
- 벤치마킹 파트너 선정을 위하여 정보를 수집한다.
- 프로세스 오너의 참여를 확보한다.

- 벤치마킹 팀을 편성한다.
- 프로세스 흐름 분석 및 성과 측정단위를 설정한다.

2단계(수집단계)

내부 데이터 수집, 자료 및 문헌조사, 외부 데이터 수집이 포함된다. 수집단계에서는 자사 프로세스의 절차 및 성과 등을 프로세스 맵 등을 통하여 분석한다. 내부적 자료수집이 끝나면 가능한 벤치마킹 대상 기업을 선정하고 2차로 자료 및 문헌 조사를 실시한다. 이 단계에서는 관련 잡지, 학술지 혹은 언론 매체, 컨설팅 기관 등을 통하여 초우량 프로세스에 관한 연구조사를 실시한다. 그리고 대상 기업이 선정되면 외부 데이터 수집을 수행하여야 한다. 외부 데이터 수집 방법은 전화 인터뷰, 설문지 작성, 면접, 인터뷰 등이 사용될 수 있다. 궁극적으로는 현장을 방문site visit하여 실무 감각을 느끼고 프로세스의 형태, 성과 등을 관찰해보는 것이 필요하다. 자료 수집 단계에서는 다음과 같은 업무를 수행한다.

- 자사의 프로세스 데이터 수집
- 벤치마킹 가능 파트너 리스트 선정
- 자료 및 문헌 조사
- 파트너 분석 및 결정

- 파트너와의 업무 협조 및 교류협조 획득
- 설문지 인터뷰 조사 수행
- 갭 분석
- 사이트 방문 실시 및 검증

3단계(분석단계)

이터 분석, 근본 원인 분석root cause analysis, 결과 예측, 동인 판단 등의 업무를 수행하여야 한다. 분석단계의 목적은 벤치마킹 수행을 위해 개선 가능한 프로세스 동인들을 확인하기 위한 것이다. 이 단계에서는 경쟁회사의 프로세스 성과 차이에 대한 분석을 수행하여야 하며 어떤 프로세스 혹은 프로세스 내의 어떤 활동들이 성과 차이에 영향을 미치는가를 분석하기 위한 심층연구를 하여야 한다. 이 단계에서의 주요 활동 내역은 다음과 같다.

- 성과차이 분석을 위해 자료분석과 도표화
- 공통 측정단위에 의한 객관적 성과 분석
- 현재 자사의 성과와 벤치마킹 대상기업과의 성과 비교
- 차이 분석 및 요인 분석
- 성과 변화 추세 예측
- 초우량 프로세스 개발

- 프로세스 개선을 이끄는 동인driver 추출
- 동인driver의 현재 체제에의 적용 가능성 평가

4단계(이행단계)

올바른 목표의 설정은 프로세스 향상을 위한 필수적인 요소이다. 기업은 개선 단계에서의 목표를 단기 목표short-term goal, 등가 목표parity goal, 바람직한 목표 수준KFS 목표 수준의 3단계로 설정할 수 있다. 단기목표는 벤치마킹 활동을 하지 않을 경우에도 자사 업무의 분석으로 인해 얻어질 수 있는 개선 목표를 말한다. 등가 목표는 벤치마킹 파트너의 프로세스 및 동인을 분석하여 적용함으로써 얻어질 수 있는 목표를 말하고, 바람직한 목표 수준은 여러 회사를 벤치마킹한 장점의 효과를 살리고 시너지 효과를 올려서 경쟁사의 성과 이상으로 책정한 성과 목표를 말한다. 3종류의 성과 목표는 [그림5-18]에 나타나 있다.

개선 단계

개선단계에서의 궁극적인 목표는 자사의 핵심 프로세스를 개선함으로써 벤치마킹 결과를 현실화시키자는 것이다. 이 단계에서는 벤치마킹 연구를 통해 얻은 정보를 활용함으로써 향상된 프로세스를 조직에 적응시켜 지속적인 향상을 유도하여야 한다. 이 단계에서의 주요 활동 내역은 다음과 같다.

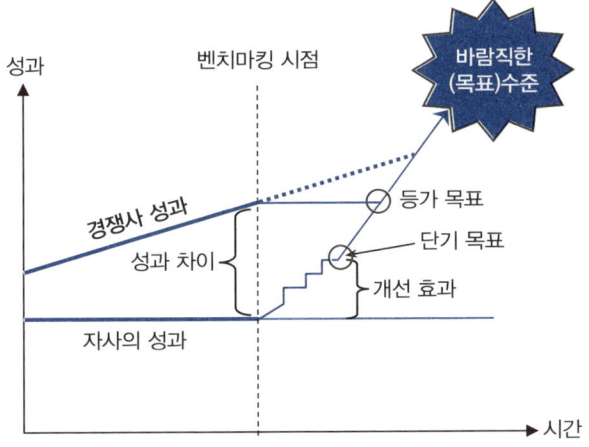

[그림 5-18] 벤치마킹에 의한 성과 차이 분석

- 성과차이를 극복할 수 있는 목표 설정
- 최상의 업무 수행 방안 및 동인 driver 결정
- 기업 문화 및 구조에 적합하게 프로세스 동인 개발
- 개발된 동인을 프로세스에 접목
- 개선 업무 수행을 위한 실행 계획 수립
- 최고 경영자의 승인 획득
- 자원 투입 및 이행
- 개선 과정 측정 및 보고
- 미래 벤치마킹 기회 연구 및 주기적 업무성과 측정

[그림 5-19] 전표처리 오류에 대한 파레토 분석 사례

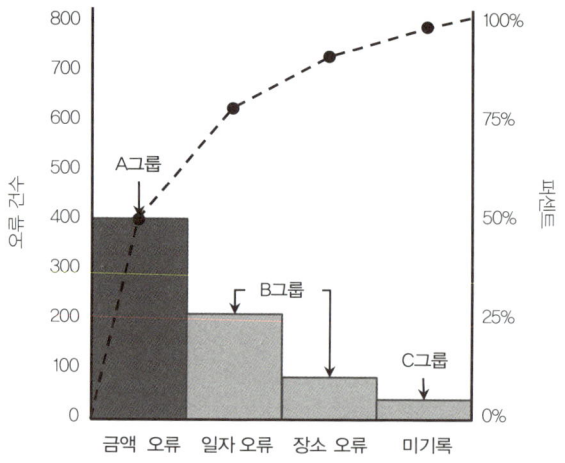

파레토 분석

파레토 분석Pareto Analysis은 "극히 소수의 요인에 의해 대세가 결정된다."라는 파레토의 법칙에서 도출된 분석방법이다. 이는 KFS 추출 및 공격적인 목표 수준을 설정하기 위해 주로 사용된다.

먼저 결점, 불량, 사고, 고장, 실패 등과 같은 KFS를 추출하여 분류한다. 그런 다음 추출한 KFS를 가로 축에 우선 순위대로 나열하고, 세로 축에는 오류건수, 손실금액, 불량개수, 불량률, 발생 수 등 크기를 막대그래프와 누적곡선으로 나타낸다. 예를 들어 [그림5-19]과 같이 전표처리 프로세스 유형별 불량 현황을 분석하여 KFS 추출 대상을 A, B, C 그룹으로 나누고, 먼저 A그룹을 우선 KFS로 선정하여 목표 수준을 설

[그림 5-20] 금액 오류에 대한 파레토 분석 사례

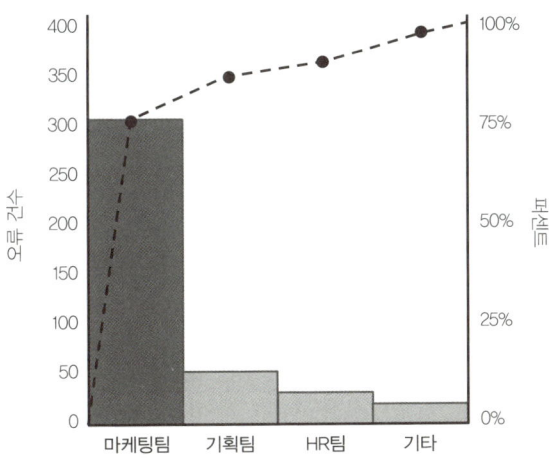

정함으로써 효과를 높이려는 분석방법이다. 하지만 B, C그룹도 중요하다면 KFS로 선정되어도 무방하다. 이 분석의 주요 특성은 다음과 같다.

- KFS의 크기, 순위를 한눈에 알 수 있다.
- 어느 항목이 큰 KFS가 되는지를 쉽게 찾아낼 수 있다.
- 각 KFS 항목이 전체의 어느 정도를 점유하는지 알 수 있다.
- 복잡한 계산을 필요로 하지 않기 때문에 수월하게 그림을 그릴 수가 있다.

다음으로 KFS로 선정한 A그룹을 집중 분석하여 KFS 목표 수준을 설정하면 된다. 예를 들어 앞서 추출한 KFS인 금액 오류를 관련한 구성원과 합의를 통해 "KFS 목표 수준을 100건 이하로 줄이겠다."로 정할 수 있을 것이다. 더 심도 깊게 분석하여 마케팅팀이 가장 많은 오류 건수를 가지고 있는 것으로 나타났다면 KFS 목표 수준을 "마케팅팀의 금액 오류 건수를 50건 이하로 하겠다."로 설정할 수도 있을 것이다.

문제점 도출 도구

목표 수준에 도달하는 데 문제가 되는 문제점들을 제대로 파악하기 위해서는, 프로세스의 현상을 세부적으로 나누어 조사·파악해야 한다. 또한 논리적 사고를 기반으로 한 구성원들 간의 집단지성을 통하여 문제영역의 핵심적인 근본원인을 찾아내는 것이 필요하다.

여기서는 문제점을 도출할 때 공통적으로 적용할 만한 기본적인 도구를 정리하였다. 이외의 다른 도구를 활용하여도 좋다.

문제 분석 사고 기법

대부분 사람들은 어떤 문제가 발생하면 자신의 경험에 기대어 직관

[그림 5-21] 문제 분석 사고 기법

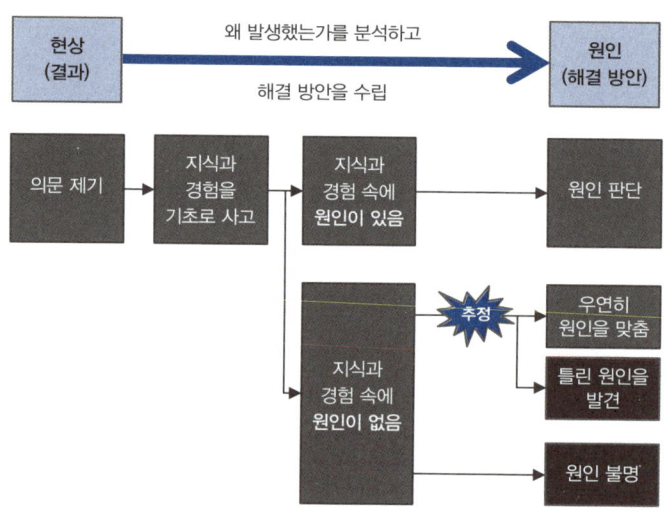

에 의해 해결방안을 찾아내고자 한다. 하지만 개인의 지식과 경험이 부족할 경우 정확한 원인을 밝혀내지 못하고 잘못된 해결을 하는 경우가 생긴다. 그렇기 때문에 기획자는 일정한 문제해결 프로세스에 따라 근본 원인을 밝혀내는 것이 좋다.

5 Why 기법

5Why는 어떤 문제가 있으면 왜 그렇게 되었는지 간단한 사실로부터 5번을 자문해 문제에 대한 근본적인 문제점의 실마리를 찾는 것이

[그림 5-22] 5Why 분석 구조

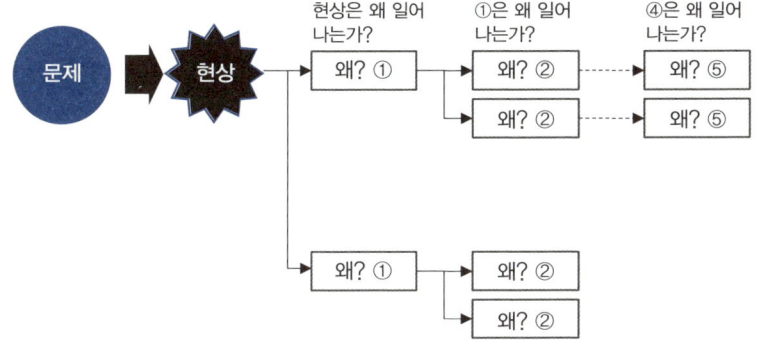

다. 모든 문제에는 원인이 있으며, 여러 가지 보이는 원인이 있을 수 있으나 대부분은 표면적으로 나타난 원인에 대한 대증요법으로 그치는 경우가 많다. 그러나 "왜?"를 반복적으로 물어보면 결국엔 근본원인이 있고, 그 근본원인을 제거하지 않는 한 그 문제는 언제고 지속적이고 주기적으로 발생함을 저절로 깨닫게 된다.

여기서 유의할 사항은 "왜"와 "어디를"이라는 것을 혼동하지 말아야 한다는 것이다. 예를 들어 "어디에서 불량품을 간과하는가?"라고 묻게 되면 사람이나 부품을 교체할 가능성이 높아진다. 하지만 5Why는 "그것이 왜 그렇게 되었지?"라고 묻는 것이다. 그러면 전혀 다른 해결방안이 도출되게 된다.

문제 : 육안 검사 시 불량품을 간과한다.

1 Why : 왜 불량품을 간과하는가?

→ 제대로 보지 못하는 경우가 많다.

2 Why : 왜 제대로 보지 못하는가?

→ 잘 보이지 않을 때가 있다.

3 Why : 왜 잘 안 보이는가?

→ 작업장 조명이 어둡다.

4 Why : 왜 조명이 어두운가?

→ 조명의 위치가 좋지 않다.

5 Why : 왜 조명 위치가 좋지 않은가?

→ 작업장 조명 위치에 대한 기준이 없다.

해결방안 : 작업장 조명 위치 및 밝기 기준을 표준화한다.

피쉬 본 분석

피쉬 본Fish Bone은 이시카와, 특성요인도법 등 여러 가지로 불리고 있다. 이 기법은 문제의 결과특성가 어떠한 원인요인에 의해 야기되었는가를 도식화하여 문제점을 파악하고 해결방안을 도출하는 것이다. 문제에 영향을 주고 있다고 생각되는 문제점을 큰 뼈, 중간 뼈, 작은 뼈로 범주화해서 작성한다. 즉 문제에 대하여 어떤 원인이 어떤 관계로 영향을

[그림 5-23] 피쉬 본 분석 구조

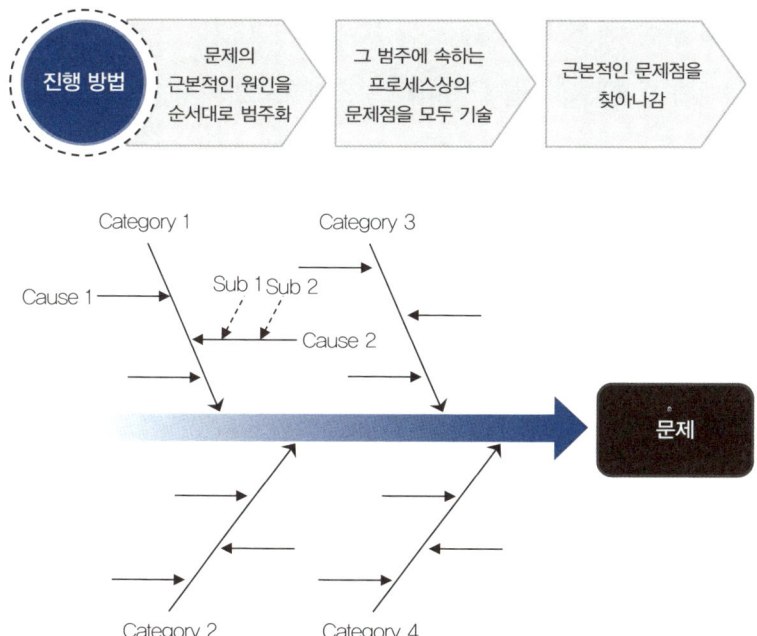

미치고 있는지 명확히 하여 원인 규명을 쉽게 할 수 있도록 하는 기법이다.

　문제와 문제점을 설명할 수 있는 모든 아이디어 도출이 용이하며, 수많은 아이디어들을 관리할 수 있다. 또한 어떠한 문제점이 어떤 관계로 영향을 미치고 있는지 구조적으로 볼 수 있기 때문에 어떠한 유형의 문제점이라 해도 대부분 분석이 가능하다. 데이터를 통해 이론을 검증하기 어려운 정성적 분석에 이론을 제시하고 잠재적 원인과 결과의 인과

관계를 정리하기도 용이하다.

　예를 들어 '자동차 통제능력 상실'에 대한 간단한 특성요인도를 작성한다면 통제능력 상실에 기여하는 문제점으로써 펑크 난 타이어, 미끄러운 도로, 기계적 결함과 운전자의 실수 등이 있을 수 있다. 이 주요 요인들은 다양한 원인 때문에 발생할 수 있다. 타이어 펑크는 나사, 돌, 유리 혹은 타이어 자체의 결함으로 인한 것일 수 있다. 상관관계는 필요하다면 더 깊게 추적할 수 있다. 통제 능력은 기계적 결함으로 발생할 수 있다. 이 기계적 결함은 오일의 손실 또는 낡은 패드로 인해 발생될 수 있다. 이러한 특성요인도는 추가적으로 다른 문제나 문제점들을 덧붙일 수 있다는 장점이 있다.

문제점 해결방안 수립 및 실행 도구

문제점을 해결하는 방안은 문제점을 도출하기 위해서 관련 정보나 자료를 분석하는 과정에서 대부분이 이루어진다. 그러나 적합한 해결방안운영 체계 등을 만들어낼 때에는 관련 업무 실무자 또는 전문가들의 의견이 중요하다. 이를 통해 실제적인 해결방안을 만들기 위해서 다양한 기법들이 활용되고 있다.

문제점 해결방안 수립 및 실행을 할 때 공통적으로 적용될 만한 기본적인 도구를 정리해보았다. 이외의 다른 도구를 활용하여도 좋다.

분할 분석

분할 분석Fractionation Analysis은 도출된 문제점의 특성을 두 개의 단어로 분할하여 각 단어에 관련한 속성들을 찾아내 이들 속성들을 해결할 수 있는 아이디어를 만들어내는 분석방법이다.

예를 들면 '소매 매장 활성화'를 위해 판매직원의 역량 및 주인의식 강화가 대두되었고 그 문제점으로 '판매직원의 동기부여 미흡'이 도출되었다고 하자.

먼저 '판매직원의 동기부여 미흡'이라는 문제점을 '동기부여'의 속성을 나타내는 두 단어 '내적 동기부여'과 '외적 동기부여'로 분할할 수 있을 것이다.

그리고 그 단어마다 속성을 나타낼 수 있는 단어로 세분화하는데, 내적 동기부여는 다시 '비전'과 '문화'이라는 단어들로, 외적 동기부여는 '인센티브'와 '인증제도'이라는 단어로 분할할 수 있을 것이다.

마지막으로 이렇게 분할된 각각의 핵심 단어를 중심으로 해결방안을 개발하면 된다.

역 가정 분석

역 가정 분석Reverse Assumptions Analysis은 문제점에 대한 전통적인 가정을 찾아 그와 반대되는 상황을 만들어 이를 해결할 수 있는 창의적인

[그림 5-24] 분할 분석 프로세스

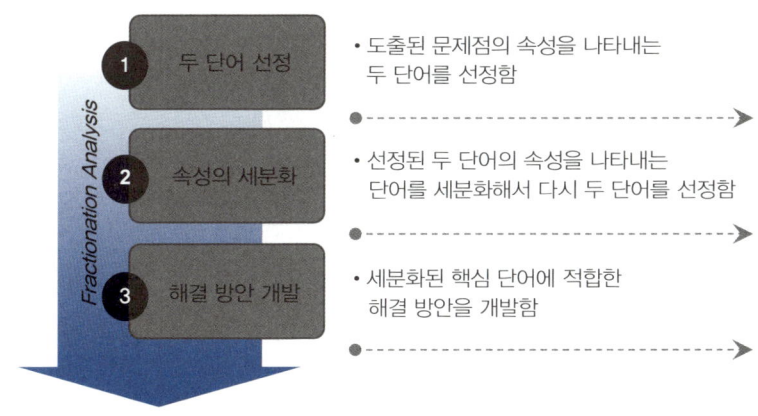

[그림 5-25] 분할 분석 사례

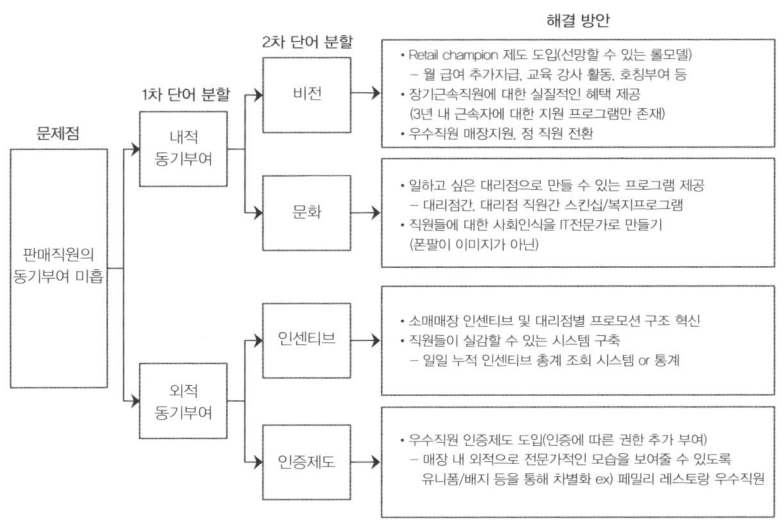

Chapter 5 일 처리 단계별 분석 도구   323

해결방안을 만들어내는 분석방법이다.

예를 들면 소매 매장 활성화를 위한 판매직원의 역량 및 주인의식 강화에 대한 다른 문제점으로 '판매직원들이 변화에 소극적·수동적'이라는 점이 도출되었다고 하자.

먼저 도출된 문제점의 보편적인 가정은 '오래된 직원일수록 매너리즘에 빠져 있다', '기존의 판매 방식을 편하게 여긴다', '판매직원이기 때문에 수동적일 수밖에 없다' 등으로 찾아낼 수 있다.

이들 보편적인 가정과 반대되는 상황의 가정은 '경력이 많은 직원일수록 적극적·능동적일 수 있다', '새로운 판매 방식이 더 편할 수 있다', '변화를 성공한 경험이 있는 직원은 능동적이고 적극적으로 변할 수 있다' 등으로 도출할 수 있다.

마지막으로 반대되는 상황으로 도출된 가정을 기반으로 해결방안을 개발하는 것이 역 가정분석이다..

How-How 분석

How-How 분석 How-How Analysis 은 문제점에 대해 '어떻게 How 해결할 것인가?'라는 1단계 질문을 통해 실행방안을 도출하고, 이를 '어떻게 How 실행할 것인가?'라는 2단계 질문을 통해서 구체적인 실행계획을 수립하는 방법이다. 만약 더 구체적인 실행계획을 수립이 필요하다면

[그림 5-26] 역 가정 분석 프로세스

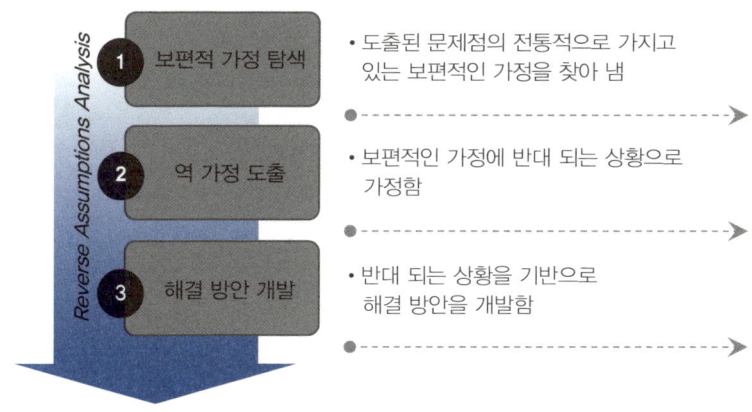

[그림 5-27] 역 가정 분석 사례

문제점	전통적인 가정	역 가정	해결 방안
판매직원들이 변화에 소극적/수동적	• 오래된 직원일수록 매너리즘에 빠져있다.	• 경력이 많은 직원일수록 적극적/능동적일 수 있다.	• 경력에 대한 자부심을 줄 수 있는 제도를 마련 - 직급제도, 인증제, 인센티브 등
	• 기존의 판매 방식을 편하게 여긴다.	• 새로운 판매 방식이 더 편할 수 있다. (상품 결합 판매 / 선제적 고객관리 - TM).	• 기존의 판매 방식의 비효율적인 부분을 제거하고, 쉽게 전달하여 새로운 방식에 대한 거부감 축소
	• 판매직원이기 때문에 수동적일 수 밖에 없다	• 변화를 성공한 경험이 있는 직원은 능동적이고 적극적으로 변할 수 있다.	• 작은 변화, 성공이라도 성공 사례로 만들어 전파/ 공유 - 판매직원에게 변화에 대한 자신감 부여

[그림 5-28] How-How 분석 프로세스

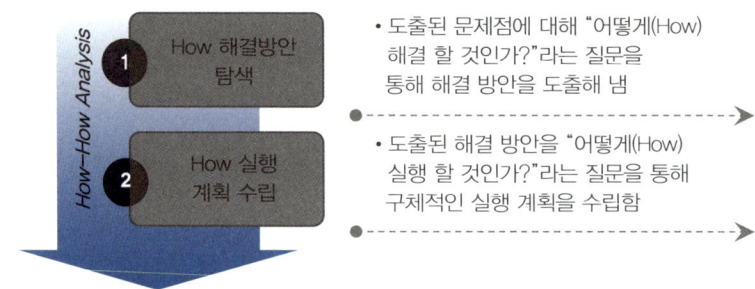

[그림 5-29] How-How 분석 사례

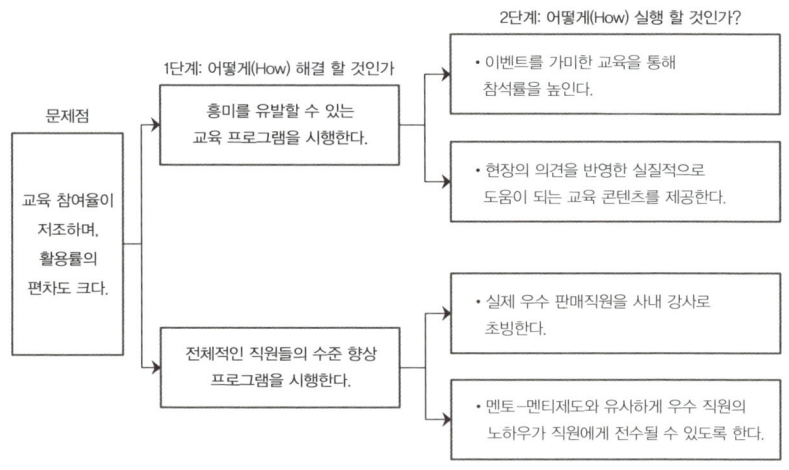

'어떻게How'를 반복해서 질문하면 된다.

예를 들면 '교육 참여율이 저조하고, 활용률의 편차도 크다'라는 문제점을 '어떻게 해결할 것인가?'라는 1단계 질문을 통해 해결방안을 도출해보면, '흥미를 유발할 수 있는 교육 프로그램을 시행한다', '전체 직원의 수준을 향상시킬 수 있는 교육을 시행한다' 등으로 도출할 수 있다.

도출된 해결방안을 다시 '어떻게 실행할 것인가?'라는 2단계 질문을 통해 도출해보면 '이벤트를 가미한 교육', '현장의 의견을 반영한 실질적으로 도움이 되는 교육 콘텐츠 제공', '우수 판매직원 사내 강사 초빙', '우수직원의 노하우 전수' 등으로 실행계획을 수립할 수 있을 것이다.

단어 다이아몬드 분석

단어 다이아몬드 분석Word diamond Analysis은 문제점을 구성하는 4개의 핵심 단어나 문구를 변형시켜 가면서 다양한 해결방안을 만들어내는 분석방법이다.

예를 들면 '유통망과 당사의 전략 방향성 차이'의 문제점에서 4개의 핵심단어를 '방향성', '성장', '목표', '의지'로 선정하고 단어 다이아몬드를 만든다. 다음으로 단어 다이아몬드의 4개 단어 중 2개의 단어를 조합한 '성장 + 의지', '목표 + 방향성', '성장 + 방향성', '목표 + 의지'를 만

[그림 5-30] 단어 다이아몬드 분석 프로세스

- 도출된 문제점을 구성하고 있는 네 개의 주요 단어나 문구를 선정함

- 네 개의 단어나 문구를 자유롭게 조합하면서 해결 방안 개발함

[그림 5-31] 단어 다이아몬드 분석 사례

단어 다이아몬드	두 개 단어 조합	해결 방안

방향성
 	
의지 — 유통망과 당사의 전략 방향성 차이 — 성장
 	
목표
	성장 + 의지	• 성장에 대한 대리점 간 인식 차이가 있으므로, 대리점 특성에 맞게 그룹별로 자극한다.
		  - 의지가 약한 대리점 : 라이벌 대리점과 경쟁 구도를 조성하여 성장 의지 고취
		  - 의지는 강하나 방법을 모르는 대리점 : 사례 공유
		  - 의지가 강한 대리점 : 상위 대리점 벤치마킹

	목표 + 방향성	• 단기간 영업 정책 보다는 당사와 관련된 장기적인 비전을 제시한다. 해야 한다 가 아니라 "why"를 설명. • 목표와 방향성을 일관된 방향으로 관리한다. 단기 실적 이슈로 인해 방향성을 희석시키는 목표를 제시하지 않는다
	성장 + 방향성	• 중간 관리자와는 Comm. 이 용이하다는 장점이 있으나, 실질적인 대리점의 방향성은 대표자가 결정한다. • 중간 관리자가 아닌 대리점 대표자와 함께 당사의 방향성을 공유하는 자리를 열어, 성장에 대한 방향성을 일치시키는 기회를 갖는다. (월 1회, 본부장/팀장 주관으로 매월 첫 째 주)
	목표 + 의지	• 당사의 일방적인 목표 설정이 아니라, 대리점의 의지 목표를 기간 별 단계적으로 설정하여, 목표에 대리점 대표자가 개입할 수 있게 만든다. • 관련 목표에 대해서는 마케터들이 지속적으로 피드백하여, 진척도 관리를 한다.

[그림 5-32] 간트 차트

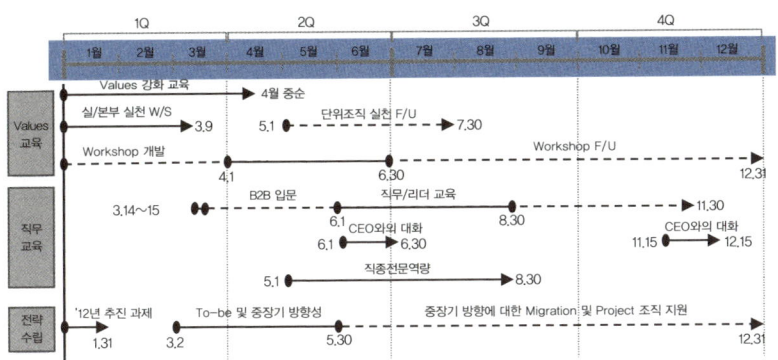

든다. 마지막으로 조합된 단어에 대해 해결방안을 도출한다.

간트 차트 기법

간트 차트 기법Gantt Chart은 시간의 축에 따라서 업무 일정계획을 그래프로 만들어 프로젝트의 업무 추진 계획을 수립하는 기법이다. 일정계획이 수립되어 있지 못하면 병목현상이 발생하고 비효율이 내재되어 전체 시스템의 기능이 저하된다. 즉 프로젝트의 실제 실행 일정과 계획된 일정을 비교해서 프로젝트 진행을 통제할 때 이 기법은 매우 유용하다.

한 축에 시간의 흐름을 표시하고 다른 한 축에 생산 사이클에서 요구

[그림 5-33] 플로우 차트

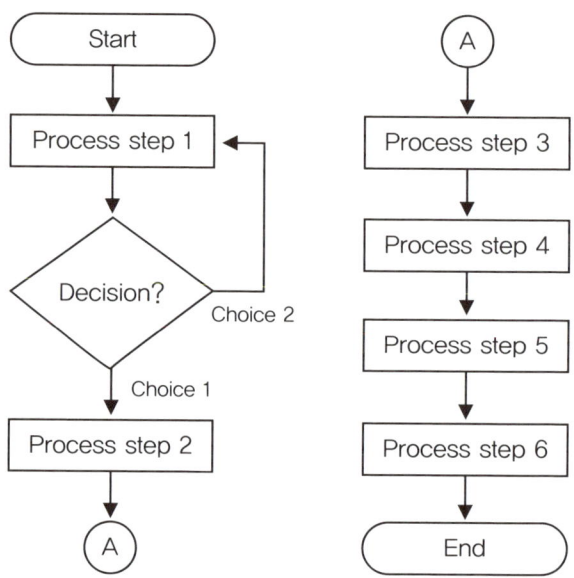

되는 과업들을 표시, 전체 생산공정의 일정계획을 수립할 수 있고, 핵심과업이나 지체작업을 손쉽게 파악할 수 있다.

플로우 차트

플로우 차트Flow Chart는 문제의 범위를 정하여 분석하고 그 해법을 명확하게 하기 위해 필요한 작업이나 사무처리의 순서를 통일된 기호와 도형을 사용해서 도식적으로 표시한 것을 말한다. 프로그램에서 말할

[그림 5-34] Hey Jude 플로우 차트

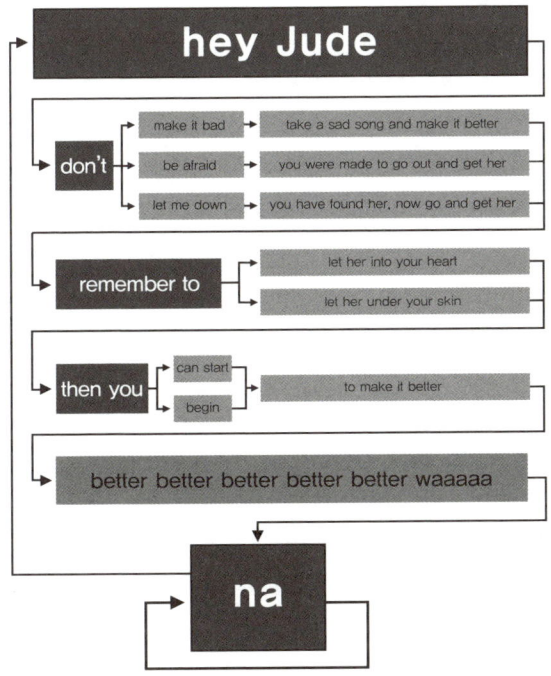

때는 논리의 흐름을 특정 기호를 사용해서 도식적으로 표현한 다이어그램 또는 블록 다이어그램을 말하기도 한다.

최근 온라인 커뮤니티 게시판에 영국 출신 밴드 비틀즈의 명곡 'Hey Jude' 빨리 외우기 방법이 공개되어 시선을 끌었다. 공개된 게시물을 보면 플로우 차트를 이용해서 가사를 정리한 것을 볼 수 있는데, 화살표를 따라가면 가사를 쉽게 따라 부를 수 있는 것이 특징이다.

에필로그

"알고 지내던 목수 한 분이 있었다.
언젠가 그 노인이 내게 무얼 설명하면서
땅바닥에 집을 그렸습니다.
그는 먼저 주춧돌을 그린 다음
기둥, 도리, 들보, 서까래, 지붕의 순으로 그렸습니다.
그가 집을 그리는 순서는 집을 짓는 순서였습니다.
일하는 사람의 그림이지요.
세상에 지붕부터 지을 수 있는 집은 없는 데도
늘 지붕부터 그려온 나의 무심함이 부끄러웠습니다."

— 신영복, 《한 그루 나무에서 배우는 것》 중에서

문제해결에서 기획서 작성까지 각종 문제점을 분석하고 구체적인 작성방법에 대해 정리하며 우수 사례를 발굴해나가는 동안 목수의 심정으로 이 책을 준비했다.

기획자는 늘 막중한 책임감을 가지고 신중하고 주의 깊게 기획에 임해야 한다. 회사의 전략뿐만 아니라 일하는 방식의 개선까지 모두가 기획에 의해 의사결정이 되기 때문이다. 내비게이션에 목적지를 잘못 설정하면 엉뚱한 곳에 도착할 수밖에 없는 것처럼 기획은 신중하게 준비해야 하는 것이다.

기획은 오케스트라의 연주이고, 기획자는 지휘자라는 사실을 잊지 않았으면 좋겠다. 오케스트라 연주자들이 지휘자의 손끝을 통하여 아름답고 조화로운 화음을 만들어내듯, 기획도 팀워크를 바탕으로 기획자의 지휘에 따라 문제와 해결방안, 그리고 실행을 조화시켜 고객상사에게 감동을 주어야 한다는 점에서 그렇다.

둘 사이에 다른 점이 있다면 기획에는 연습이 없고 오직 실전뿐이라는 것이다. 그래서 상사로부터 지시받은 업무는 어디에서부터 손을 대야 할지 늘 막막하다. 하루 업무가 끝나고 나서 시계를 보면 항상 막차 시간 직전이고, 이건 아니다 싶어 일찍 출근해 봐도 결국은 야근하는 상황이 되어버린다. 일찍 퇴근하고 싶지만, 현실은 맹목적인 삽질로 인해 야근의 연속인 나날들이 계속되어 힘들다.

'내가 이렇게 무능력하단 말인가?' 자괴감만 들고, 어떻게 해야 하는지 물어봐도 돌아오는 말은 "일단 한 번 해봐." 뿐이다. 이처럼 오랫동안 기획업무를 하면서 상사에게 깨지고 시행착오를 겪으면서 방법을 터득했더라도 기획에 들이는 시간과 성과는 비례하지 않는다. 오직 올바른 방법만이 비례할 뿐이다.

이 책은 누구나 일의 종류에 관계없이 적용할 수 있도록 문제해결에서 기획서 작성까지 적용되는 일반적인 원칙이자 철학을 담았다. 나아가 뛰어난 기획자가 되기 위하여 알아야 할 기획서 작성법까지 다양한 사례를 통하여 알기 쉽게 설명하였다. 여기서 제시한 기획의 방법을 제대로 익히면 기획을 보는 새로운 눈이 뜨일 것이며 실질적인 도움을 받을 수 있을 것이다.

그러나 주의할 점이 있다. 이 책에서 나온 내용을 자신의 일하는 방법으로 '익힐 때까지 계속해야 한다는 것'이다. 뛰어난 기획자의 비밀은 이것을 실천한 것이다. 실천은 거창하지도, 먼 데 있는 것도 아니다. 나부터, 지금부터, 여기서부터, 할 수 있는 것부터, 쉬운 것부터 하는 것이다. 이런 작은 실천에 대한 노력이 모여 문제해결과 기획서 작성의 틀을 바꾸고 나아가 자신의 경쟁력을 높일 것이다.

부디 이 책이 독자들이 겪고 있는, 또는 겪게 될지 모를 문제를 해결하는 가이드라인이 되길 바란다.

참고문헌

《기획서 잘 쓰는 법》나카노 아키오 저, 나상언·김원종 역, 21세기북스

《기획이란 무엇인가》길영로 저, 페가수스

《논리적 사고와 비주얼로 승부하라》강금만 저, 새로운 제안.

《대통령 보고서》대통령비서실 보고서 품질향상 연구팀 저, 위즈덤하우스

《대한만국 핵심인재를 위한 기획특강》김영민, 새로운 제안

《로지컬 씽킹》테루야 하나코·오카다 게이코 저 김영철역, 일빛

《맥킨지 문제 해결의 기술》오마에 겐이치·사이토 겐이치 저, 김영철 역, 일빛

《맥킨지 문제해결의 이론》다카스기 히사타카 저, 현창혁 역, 일빛

《맥킨지식 전략파워 프로페셔널》사이토 요시노리 저, 3mecca 역

《맥킨지 차트의 기술》진 젤라즈니 저, 안진환 역, 스마트비즈니스

《모든 비즈니스는 기획이다》강성호, 비즈니스맵.

《바로 해답을 찾아내는 문제해결의 기술》사토 인이치 저, 이봉노 역, 새로운 제안

《반드시 통하는 기획서 시크릿 코드》이영곤 저, 새로운제안

《아웃런》에린 조 저, 한국경제신문

《전략사고 컴플리트북》가와세 마고토 저, 현창혁 역, 일빛

《직장인 고민, 답을 나와 있다》니시우치 히로무 저, 최려진 역, 부키

문제를 해결하는 기획
일처리 5단계 SK 경쟁력의 비밀

초판 1쇄 발행 2014년 1월 10일
초판 3쇄 발행 2019년 1월 30일

지은이 한봉주
펴낸이 윤주용

펴낸곳 초록비책공방
출판등록 2013년 4월 25일 제2013-000130
주소 서울시 마포구 월드컵북로 400 문화콘텐츠센터 5층 19호
전화 0505-566-5522
메일 jooyongy@daum.net
포스트 http://post.naver.com/jooyongy

ISBN 979-11-951742-0-1 13320

- 잘못된 책은 바꿔드립니다.
- 정가는 뒤표지에 있습니다.

국립중앙도서관 출판시도서목록(CIP)

문제를 해결하는 기획 : 일처리 5단계 SK 경쟁력의 비밀 / 지은이: 한봉주. — 서울 : 초록비책공방, 2014
p. ; cm

ISBN 979-11-951742-0-1 13320 : ₩18000

기획[企劃]

325.1-KDC5
658.401-DDC21   CIP2013028249